Tristan Gooley
Der natürliche Kompass

PIPER

Zu diesem Buch

Eine ganz grundlegende Fähigkeit der Menschen ist im Begriff, an eine effiziente und allgegenwärtige Technologie verloren zu gehen: Natürliche Navigation ist die Kunst, sich mithilfe der Natur zurechtzufinden und besteht hauptsächlich in der heute selten gewordenen Fähigkeit, ohne Instrumente und Geräte, nur anhand natürlicher Anhaltspunkte wie Sonne, Mond, Sterne, Land, Meer, Wetter, Pflanzen und Tiere seine Position und Richtung zu bestimmen – durch Beobachtungen und die Schlussfolgerungen, die man daraus zieht. Tristan Gooley zeichnet hier die wichtigsten Methoden der natürlichen Navigation auf, bevor sie irgendwann vollständig vergessen sind und er schildert die Schönheit und das Potenzial dieser Art der Orientierung.

»Der Meister der natürlichen Navigation, Tristan Gooley, lehrt die vergessene Kunst der Orientierung anhand des Himmels und der Natur.« *Outdoor Magazin*

Für seine Expeditionen braucht Tristan Gooley keinen Kompass – seine Wegweiser sind Pfützen und schmelzende Butter.« *Die ZEIT*

Tristan Gooley, geboren 1973, studierte über zehn Jahre die natürliche Navigation und erprobte sie auf seinen Abenteuerreisen und Bergbesteigungen. Als einziger Mensch überquerte er den Atlantik im Soloflug sowie im Einhandsegler. Er ist Mitglied der Royal Geographical Society sowie des Royal Institute of Navigation und leitet Kurse in »Natürlicher Orientierung«. Tristan Gooley lebt mit seiner Familie in West Sussex.
www.naturalnavigator.com

Tristan Gooley

DER NATÜRLICHE KOMPASS

Wie uns Bäume, Sterne und das Meer
bei der Orientierung helfen

Übersetzung aus dem Englischen
von Gaby Wurster

Mit 26 Schwarzweißabbildungen

PIPER

Mehr über unsere Autoren und Bücher:
www.piper.de

Unser Versprechen für mehr Nachhaltigkeit
• Klimaneutrales Produkt
• FSC®-zertifiziertes Papier
• Hergestellt in Europa

MIX
Papier | Fördert gute Waldnutzung
FSC www.fsc.org FSC® C021394

Ungekürzte Taschenbuchausgabe
ISBN 978-3-492-31190-8
1. Auflage Februar 2018
4. Auflage Februar 2023

Titel der englischen Originalausgabe: »The Natural Navigator«,
Virgin Books, London 2012

erschienen im Verlagsprogramm Malik National Geographic
Umschlaggestaltung: Birgit Kohlhaas
Umschlagabbildung: Dieter Braun/DIETER@BRAUNTOWN.COM
Illustrationen: Ruth Murray, mit Ausnahme S. 120: Science Museum SSPL
Satz: Fotosatz Amann, Memmingen
Gesetzt aus der Whitman
Gedruckt bei ScandBook in Litauen
Printed in the EU

Für Sophie, Benedict und Vincent

Inhalt

VORWORT

Zwei Reisen

Die Idee zu diesem Buch kam mir vor vielen Jahren, sie entsprang dem Bedürfnis nach einer Rettungsaktion. Eine ganz grundlegende Fähigkeit der Menschen war im Begriff, an eine effiziente und allgegenwärtige Technologie verloren zu gehen, die unsere räumliche Orientierung zu beherrschen begann. Ich träumte davon, all die Methoden natürlicher Navigation aufzuzeichnen, bevor sie irgendwann vollständig vergessen wären. Dieser Wunsch wurde im Lauf der Jahre immer drängender, zumal die moderne Welt die Möglichkeiten dieser seltenen Fertigkeit auch vollkommen unterschätzte. Niemand schien die früheren Überlebensstrategien als Kunst auch für unsere Zeit zu betrachten, für mich aber sind sie das: eine Kunst, die am schönsten und wirkungsvollsten ist, wenn sie als etwas Auserlesenes und Tiefgründiges gesehen wird und nicht nur als ein Kapitel der Geschichte oder als eine Reihe von Tricks, die moderne Überlebenskünstler anwenden.

Als ich zehn war, machten wir im Sommer Urlaub in Bembrigde auf der Isle of Wight. Nach einem fünftägigen Segelkurs auf einer Holzjolle fragte der Segellehrer meinen Kumpel und mich, als wir die Jolle startklar machten: »Wo wollt ihr denn heute hinsegeln?«

Lässig sprachen wir über die möglichen Ziele, als sei dies die normalste Sache der Welt. Dann ließen wir beiden Jungs unsere *Mirror* zu Wasser, setzten Segel und nahmen Kurs auf einen nahe gelegenen Strand zum Picknick. Ich erinnere mich noch, wie wir dabei in unserer Phantasie durch die Hochsee schipperten – das Boot mit den Betreuern segelte rücksichtsvoll außer Sichtweite. Ich war erst zehn Jahre alt und hatte mir schon die Fähigkeit erworben, zu segeln, wohin ich wollte – nicht wohin die Lehrer mich schickten, nicht wohin meine Eltern wollten, sondern wohin mich selbst es zog. Ganz schön verwegen!

Mit der Zeit wurden meine Reisen anspruchsvoller, und mit Mitte zwanzig hatte ich eine gewisse Erfahrung im Wandern, Segeln und Fliegen von Leichtflugzeugen. Mich faszinierte nicht so sehr die körperliche Betätigung, sondern die Wissenschaft und die Kunstfertigkeit, von A nach B zu kommen, das Know-how, mit dem ich Reisen planen und durchführen konnte. Und ich entdeckte, dass diese wunderbare Kunst einen Namen hat: Navigation.

Um mich darin zu üben, beschloss ich, den Atlantik erst im Alleinflug, dann einhand mit dem Boot zu überqueren. Ganze sieben Jahre später – ich war währenddessen zweimal Vater geworden, und der Arbeitsdruck war immens – war es so weit: Prinz Philip verlieh mir am 1. Januar 2008 vor der Royal Geographical Society den *Royal Institute of Navigation's Award.*

In diesem Buch geht es um eine andere Reise; sie fand im Schatten meiner von den Medien begleiteten Atlantiküberquerungen statt – und ist auch die weitaus interessantere.

Während ich nachts Bücher über Luftrecht und Funkverkehr las, musste ich leider feststellen, dass diese formalen und technischen Details nur wenig mit der Leidenschaft zu tun hatten, die mich seit meiner frühen Kindheit fesselte. Es war frustrierend. Ich reiste schon immer gern, lange bevor ich begriff, dass sich in dem Wort »Navigation« meine unterschiedlichen Interessen vereinen könnten. Aufregend war für mich die Verbundenheit mit der Natur, die ich auf Reisen empfand, der Kontakt mit der Welt um mich herum. Ich begann mich so umfassend wie möglich über instrumentenlose Navigation zu informieren – die Fähigkeit, eine Art »natürlichen Kompass« zu verwenden. Und die Frustration verschwand, während sich dieses neue Interesse immer intensiver entwickelte.

Während ich mir die Fertigkeiten aneignete, um die erträumten Reisen zu unternehmen, musste ich eine andere Welt betreten, eine Welt, die von meinen romantischen Vorstellungen und Sehnsüchten so weit entfernt war, wie man sich nur denken kann: Monitore, Bürokram, Checklisten, unzählige Abkürzungen. Ich lernte, was GPS ist, AIS, ILS, ADF, NDB, VHF, DME, UHF, SSB, VOR, ASI, VSI … Die Liste nimmt kein Ende. Klar, ich musste diese Welt begreifen, aber leben wollte ich darin nicht. Vielmehr kam es mir darauf an, für die Zukunft die natürlichen Faktoren des Reisens zu verstehen.

Als ich mich dann mit natürlicher Navigation und Orientierung befasste, stieg in mir ein regelrechtes Hochgefühl auf. Eine Welt, die sich nicht wesentlich verändert hatte, wurde lebendig mit der Frage: »Wohin blicke ich?« Sie war für mich wie ein Schlüssel, mit dem ich mir die Natur erschließen konnte. Bald stellte ich fest, dass nicht die Antwort ausschlaggebend ist, sondern *wie* wir diese Antwort finden – oder unter Umständen auch nicht finden. Aus diesem Grund will ich mit dem vorliegenden Buch auch mehr anstoßen, als nur eine Antwort auf jene Frage zu geben.

Es besteht ein Unterschied zwischen dem *Finden* und dem *Kennen* des Wegs. Es ist möglich, jemandem in nur wenigen Minuten beizubringen, wie er sich bis auf einen Kompassgrad genau orientieren kann. Dann hat er das Know-how, um sich ohne Karte, Kompass oder Navigationsgerät auf den Weg zu machen, mehr aber auch nicht. Er schlägt vielleicht die richtige Richtung ein, seiner Reise fehlt aber trotzdem noch das gewisse Etwas.

In den folgenden Kapiteln will ich zeigen, wie man sich an naturgegebenen Hinweisen orientieren kann, vorrangig aber will ich dem Leser die Schönheit und das Potenzial der natürlichen Orientierung vor Augen führen. Sie kann ebenso eine mentale wie auch eine physische Reise sein – genau das macht sie zu einer hohen Kunst. Die Art und Weise, wie wir unsere Sinne und unseren Verstand nutzen, um die Frage »Wohin blicke ich?« zu beantworten, vermag Gedanken, Assoziationen und Vorstellungen zu wecken, die so aufregend sind wie die Reise selbst.

Sie, liebe Leser, stehen nun kurz davor, in die absolute Weltspitze der Navigatoren aufzusteigen, sich zu jenem einen Prozent hinzuzugesellen, das den natürlichen Kompass zu benutzen weiß.

Willkommen in dieser so seltenen Kunst!

EINFÜHRUNG

Die Kunst der Navigation und Orientierung anhand naturgegebener Faktoren

Wenn analytisches Denken, das Messer, auf die Erfahrung angewandt wird, geht dabei immer etwas zugrunde. Das ist auch recht gut bekannt, zumindest in der Kunst. Mir fällt ein, wie es Mark Twain erging, der, nachdem er das analytische Wissen erworben hatte, das man braucht, um Mississippi-Schiffer zu werden, auf einmal feststellen musste, dass der Fluss seine Schönheit verloren hatte. Irgendetwas geht immer zugrunde. Aber – und dies ist in der Kunst weniger bekannt – es wird auch immer etwas Neues geschaffen.

ROBERT M. PIRSIG,
Zen und die Kunst, ein Motorrad zu warten

Natürliche Navigation ist die Kunst, sich mithilfe der Natur zu orientieren. Sie besteht hauptsächlich in der seltenen Fähigkeit, ohne Instrumente und Geräte, nur anhand natürlicher Anhaltspunkte wie Sonne, Mond, Sterne, Land, Meer, Wetter, Pflanzen und Tiere seine Position und Richtung zu bestimmen – durch Beobachtungen und die Schlussfolgerungen, die man daraus zieht.

Natürliche Navigation ist eine alte Kunst aus einer Zeit, als es noch gar keine andere Möglichkeit gab, sich zu orientieren. Um die Sache voll und ganz zu erfassen, muss man zurückblicken. Die ersten Wanderungen und Reisen sind noch immer geheimnisumwittert. Es gibt nur wenige handfeste Beweise, aber wir wissen, dass sie stattgefunden haben, denn die Menschen haben ihren Weg in jeden Winkel der Erde gefunden. Durch archäologische Funde können die Routen nachgezeichnet werden, die frühesten Navigationsmethoden aber bleiben weitgehend im Dunkeln. Auf einer Insel vor der Pazifikküste der USA fand man einen 13 000 Jahre alten Oberschenkelknochen, der mit seinem Besitzer vom Festland gekommen war. Das beweist, dass Menschen schon damals Bootsfahrten unternahmen, es erklärt aber nicht, wie sie ihren Weg fanden.

Natürliche Selektion führte dazu, dass Tiere und Menschen, die nicht in der Lage waren, sich zu einem überlebenswichtigen Ort durchzuschlagen, nicht zum Genpool der kommenden Generation beitrugen. Und selbst wenn die Hinreise nicht gefährlich war – die Rückreise war es womöglich. Es war keine große Sache, in die Welt hinauszuziehen, aber wem die Fähigkeit fehlte, zurück zu Nahrung sowie Unterschlupf und Geborgenheit zu finden, für den konnte das Abenteuer tödlich ausgehen. Die Evolutionstheorie konzentriert sich dabei meistens auf den physischen Aspekt. Als Regel gilt generell: Je schneller das Tier, desto besser seine Chancen. Doch wenn es beim »großen Rennen«, dem Kampf ums Überleben, in die falsche Richtung läuft, scheidet es schnell aus – wie auch bei jeder anderen Reise. Heute wissen wir, dass wir zum Teil deswegen existieren, weil unsere Vorfahren sich orientieren konnten, auch wenn uns noch nicht so richtig bekannt ist, wie sie das überhaupt angestellt haben.

Reisen früherer Zeiten vermögen die der Moderne zu bereichern, weil die Menschen damals ihre Umwelt besser zu lesen verstanden als die meisten heutigen Globetrotter. Von den Alten können wir viel lernen – aber es ist in keinem Buch niedergeschrieben. Einige Puzzleteilchen wurden mündlich überliefert oder aus frühen Steinbildern gedeutet.

Die Mythen einer bestimmten Kultur setzten ihre Angehörigen jeweils miteinander und mit der sie umgebenden Welt sowie mit ihrer Vergangenheit in Beziehung. Man sollte diese Geschichten nicht ganz außer Acht lassen – selbst wenn sie nur im übertragenen Sinn zu verstehen sind, so musste der Erzähler doch einen gewissen Grad an Wirklichkeit einfließen lassen, um sein Publikum zu überzeugen. Dazu war es unter anderem notwendig, den Rahmen seiner Geschichte möglichst detailliert und authentisch zu gestalten. Die Erzählung selbst mochte seiner Phantasie entsprungen sein, aber sie spielte in der Welt seiner Zuhörer. Der ägyptische Gott Horus hilft uns nicht direkt bei der Orientierung, aber die Mythen, die ihn umgeben, gewähren uns einen Einblick in die Himmelswahrnehmung der alten Ägypter: Horus nahm die Gestalt eines Falken an, seine Augen waren Sonne und Mond. Sein linkes, das Mondauge, war verletzt, manchmal war er auf diesem Auge blind; doch auch wenn er sehen konnte, war sein Mondauge immer schwächer als das rechte, das

Sonnenauge. Die Ägypter kannten also die Mondphasen – vom unsichtbaren Neumond hin zum Vollmond und zurück. Die Sonne hingegen hat keine Phasen.

Mythen wurden aber nicht geschaffen, um dem modernen Reisenden zur Seite zu stehen, daher bleiben uns die Lektionen, die sie lehren könnten, oft verborgen. Die Mythen um Perseus sagen uns heutzutage vielleicht eher wenig, doch wenn man weiß, dass der griechische Held die äthiopische Königstochter Andromeda vor einem Seeungeheuer gerettet hat, kann man den Nachthimmel besser lesen – die Sternbilder Perseus und Andromeda stehen nämlich nebeneinander.

Religiöse Texte sind eine weitere Quelle aus dem Altertum. Je nach Sichtweise spiegeln sie die Realität wider oder versuchen diese zu erklären, aber so oder so liefern sie wertvolle Informationen über frühe Weltsichten, Reisen und Navigationsmethoden. Im Koran (Sure 16, Verse 12–16) werden Sonne, Mond, Sterne, Schatten, Flüsse, Pfade und Wegzeichen als Orientierungshilfen erwähnt. In einem dieser Verse heißt es bekräftigend: »Siehe, hierin ist wahrlich ein Zeichen für einsichtige Leute.«

Die Geschichtsschreibung der Navigation will hauptsächlich eine Antwort auf die Frage finden: »Wie haben sich Menschen orientiert?« Aber vielleicht sollte man als Erstes besser fragen: »Warum?« Da Navigation zu den praktischen Aspekten des Reisens zählt, ist jeder Anlass, sich zu orientieren, untrennbar mit den Reisemotiven verbunden.

Mitte der zweiten Hälfte des zehnten Jahrhunderts floh der legendäre Wikinger Erik der Rote nach einem Mord, den sein Vater begangen hatte, mit seinen Eltern aus Norwegen. Sie überlebten die Fahrt über den kalten Nordatlantik und ließen sich auf Island nieder. Doch dort wurde auch Erik wegen Mordes verurteilt und aus dem Land verbannt. Er zog weiter, dieses Mal nach Grönland. Den Namen »grünes Land« wählte er, um isländische Kolonisten für ein Gebiet anzuwerben, das alles andere als grün war. Fünfundzwanzig Schiffe setzten in Island Segel, um Erik an die neuen Ufer zu folgen. Die Besatzungen und Passagiere von elf Schiffen konnten sich allerdings nicht selbst von der euphemistischen Benennung Grönlands überzeugen, sie schafften es nicht übers Meer. Aber der Rest der Flotte kolonisierte die grönländische Südspitze, und Erik der Rote ging in die Geschichte ein als Entdecker dieses Landes und als großer Seefahrer, der den Europäern diese Route erschlossen hat.

Gewalt – in weit größerem Ausmaß als bei Erik – war schon immer ein Auslöser für große Reisen und Pionierleistungen in der Navigation. Kriege und Eroberungen trieben ganze Völkerscharen zu epischen Unternehmungen an. Hinter vielen großen Expeditionen stand der Hunger nach neuem Land, angefangen bei dem an verschiedenen Stellen in der Bibel erwähnten Pharao Necho II. – er wollte um 600 v. Chr. Kanäle durch sein Reich ziehen und betrieb außerdem die Erstumsegelung Afrikas von Osten nach Westen – bis hin zu den Europäern, die sich im ausgehenden 19. Jahrhundert auf die Jagd nach afrikanischen Kolonien machten. Die frühen Wanderungen waren wahrscheinlich oft dem Hunger und dem Kampf ums Überleben geschuldet. Wenn die Ressourcen eines Gebietes erschöpft sind, muss sich das hungernde Volk entscheiden, ob es weiterzieht oder bleibt und stirbt. Aus der Geschichte der Menschheit spricht jedoch ein Appetit, der nur schwer zu stillen ist. Heutzutage nimmt ein Navigator im Kampf gegen den Hunger eine Karte, geht an Bord einer Hercules und transportiert Hilfsgüter in den Sudan. Eine ganz andere Art Hunger bekämpft jener, der auf der Brücke eines Containerschiffs im chinesischen Hafen Ningbo die Karte konsultiert und dann mit einer Ladung Plastikspielzeug Kurs auf die USA nimmt.

Nach einer unserer vielen selbstgefälligen Meinungen gehört der Wunsch, zu reisen, um eine intellektuelle Neugier zu befriedigen, angeblich in unsere Zeit. Doch schon der athenische Staatsmann und Dichter Solon reiste um 600 v. Chr. vom Fernweh getrieben nach Ägypten, und der römische Dichter und Astrologe Marcus Manilius, der um die Wende des ersten vor- und des ersten nachchristlichen Jahrhunderts lebte, gab seinem Erstaunen darüber Ausdruck, dass die Leute eher reisten, um Kunst und Tempel zu sehen, als den Ätna in seiner Naturgewalt zu bewundern.

Auch Impulsivität, Spontaneität und Abenteuerlust haben beim Reisen schon immer eine Rolle gespielt. Die großartigen natürlichen Navigatoren des mikronesischen Atolls Puluwat hatten die Angewohnheit, sich zu betrinken und dann auf die benachbarte unbewohnte

Insel Pikelot zu segeln: »Ein Minimum an Ausrüstung und ein Maximum an Lebensmitteln werden eingeladen, dann segeln sie singend und grölend los, kreuzen durch die Lagune und hinaus auf die offene See, während die Frauen und andere nüchterne Seelen am Strand stehen und ihnen missbilligend nachblicken«, schreibt der Anthropologe Thomas Gladwin.

Der Grund für solche Reisen mag zum Teil eine zeitweilige Flucht vor Verantwortung sein. Wer könnte aufrichtig behaupten, er hätte noch nie den Wunsch gehabt, seine Siebensachen zu packen und einfach »abzuhauen«?

Gewisse andere Reisegelüste werden nicht unbedingt bei einer Abendgesellschaft ausgeplaudert, obwohl sie bekannt sind: Wir machen uns auch für Sex auf die Socken. Lange bevor die Pazifikfahrer des 18. Jahrhunderts mit Geschichten über schöne Frauen und deren Freizügigkeit zurückkamen, versprachen neue Gegenden auch sexuelle Abenteuer. Das historische Verständnis dieser Thematik hat wegen seiner Phallozentrik zwar etwas Schlagseite, aber es war nie vollkommen einseitig. Die sumerische Liebesgöttin Inanna besah sich ihre Vulva und war ergötzt von der Macht ihres Schoßes. Mit einem Boot begab sie sich auf einen Plünderungszug, auf dem sie Sex als Waffe einsetzte. Sie machte den Erdgott Enki – den Herrn über Wasser und Weisheit, dessen Geschlechtstrieb so groß war wie seine Zurückhaltung beim Bierkonsum gering – betrunken, liebte ihn, bis er völlig erschöpft war, und machte sich davon. In ihrem Boot türmte sich genau die Beute, auf die sie aus gewesen war. Nicht zum letzten Mal sollte sich so eine Taktik als wirksam erweisen …

Wir reisen aber nicht nur, um zu entkommen, zu konsumieren und zu kopulieren, sondern auch um nachzudenken und kreativ zu sein. Jean-Jacques Rousseau schrieb in *Bekenntnisse*: »Wenn ich mich nicht bewege, kann ich kaum denken.«

Navigation ist ein Aspekt des Unterwegsseins, aber unsere Chancen, uns eine Reise umfänglich zunutze zu machen, steigen, wenn wir unsere Gründe dafür hinterfragen. Ob wir nun von Hunger, Durst, Habgier, Liebe, Sex, Krieg, von philosophischen oder kulturellen Motiven oder vom Wunsch getrieben sind, das Meer zu riechen – diese Gründe werden sehr wahrscheinlich darüber bestimmen, wie wir die Welt betrachten und was wir daraus für Schlüsse ziehen.

DIE STILLE REVOLUTION

Die Navigation durchlief einen tief greifenden Wandel. In der Kunst der Wanderschaft gab es eine stille technische Revolution.

Einfache Instrumente wie das Kamal – eine Holzplatte mit einer langen Schnur zur Winkelbestimmung – wurden von den Arabern schon vor über tausend Jahren erfunden. Das Kamal war der Vorläufer des Sextanten, mit dem ein Winkel ziemlich genau berechnet werden kann. Eine der frühesten Erwähnungen des Kompasses findet sich Anfang des 13. Jahrhunderts in Guyot de Provins' Spottgedicht *Bible*. Dort lässt sich der Beginn einer

Entwicklung nachvollziehen, durch die ein Mensch, der die bis dato wertvollen Kenntnisse über die Sterne, die Sonne, den Mond und das Meer hatte, von einem »hässlichen bräunlichen Gestein, dem sich Eisen willig zugesellt« aus dem Feld geschlagen wurde. Und nun wird die Überlegenheit des Kompasses vom unaufhaltsamen Aufstieg der Satellitennavigation infrage gestellt.

Das Verständnis der bahnbrechenden Veränderung in der Beziehung zwischen Navigator und Natur, die mit der Erfindung immer feinerer, immer exakterer Instrumente eingeleitet wurde, ist hilfreich, wenn wir die Rolle der Orientierung für das Reisen untersuchen.

Das Ausmaß dieser Revolution zeigt sich im veränderten gesellschaftlichen Status des Navigators. Seine Stellung in seinem Umfeld sagt sehr viel über die Beziehung dieses Umfelds zur Umwelt aus. In vielen Kulturen gibt es einen Zusammenhang zwischen männlicher Reife und der Fähigkeit, den Weg zu finden. Der Evolutionsbiologe Robin Baker (1981) schildert, wie junge Aborigines als Initiationsritus auf eine längere Reise gehen müssen. Der Erwerb von Kenntnissen zur räumlichen Orientierung gilt als Metapher für den Erwerb von Lebenstüchtigkeit und wird durch dieses Ritual charakterisiert.

Im Pazifik wurde Navigatoren traditionell ein höherer Status zuerkannt, sie standen nicht weit unter den Priestern. Ihr Wissen wurde von den Vätern an die Söhne weitergegeben und eifersüchtig gehütet. So wie sprichwörtlich der Einäugige im Land der Blinden König ist, so konnten sich wohl auch die Pioniere unter den Navigatoren ihren gesellschaftlichen Rang aussuchen, denn sie ermöglichten Reisen und unter Umständen auch neue Besiedlungen. Der Legende nach führte Nana-Ula vor tausend Jahren eine große Expedition von Tahiti nach Hawaii und wurde der erste König des Archipels.

Es ist nicht weiter erstaunlich, dass jede Fähigkeit zur Steigerung der Überlebenschancen an Orten wie zum Beispiel der Arktis, wo die Natur unerbittlich und das Leben gefährlich ist, zu einem wichtigen Status in der Gesellschaft verhilft. Bei den Inuit »wird ein guter Navigator still verehrt, ein schlechter wird leise verlacht«, wie John MacDonald schreibt, der über viele eigene Erfahrungen mit dieser Volksgruppe verfügt.

In unseren Industriegesellschaften verliert der Navigator langsam den Platz, der einem Menschen mit wertvollem Können zusteht, und gilt nur mehr als Gerätebediener. Auch der Beruf als solcher stirbt aus, weil Computer die Navigation übernehmen und sich Aufgaben verschmelzen. So sitzen in Flugzeugcockpits zwar noch Piloten, die navigieren können, aber nur wenige sind ausgebildete »Navigatoren«.

WARUM NATÜRLICHE NAVIGATION?

Die Orientierung mittels des natürlichen Kompasses ist, wie gesagt, eine äußerst seltene Kunst, sie ist aber noch nicht ganz verschwunden. Meist sehen wir sie nur in Zusammenhang mit der Frage, wie frühere Kulturen ihre Umwelt wahrnahmen. Unsere heutige Haltung gegenüber den Errungenschaften der Vergangenheit hat etwas Gönnerhaftes – gemeinhin wird die Beziehung unserer Vorfahren zur Natur als etwas angesehen, dem es noch an Perfektion mangelte. Das ist eine Krankheit unserer Zeit: So wie wir unser Leben führen, nehmen wir uns meistens keine Zeit für eine eingehende Betrachtung unserer natürlichen Umwelt; wir erachten diese Lebensweise als höherwertig, verkennen dabei jedoch, was verloren gegangen ist. Mit einer historischen Herangehensweise an die natürliche Navigation kann der moderne Reisende erfassen, was möglich war und ist, aber damit sollte das Thema nicht erschöpft sein. Der natürliche Kompass gehört nicht ins Museum.

Der zweite Bereich, in dem diese Kunst überdauert hat, ist die Überlebenstechnik. Darunter wird allerdings oft nicht »Survival« an sich, sondern eher das sogenannte »Bushcraft« verstanden, die Fähigkeit, sich durch Wissen und praktische Fertigkeiten über längere Zeiträume in einer natürlichen Umgebung zu bewegen und dabei möglichst wenig moderne Technologie zu benutzen. Durch die Naturverbundenheit steht Bushcraft meinem Ansatz näher als der klassische Survivalismus, die Unterschiede liegen jedoch meist nur in einzelnen Akzenten und Strategien. Andererseits ist Bushcraft voll und ganz praktisch ausgerichtet, ich aber verstehe die historischen, mythologischen und philosophischen Hintergründe als integrale Bestandteile meines Ansatzes zur Orientierung mittels des natürlichen Kompasses.

Eine andere Variante der Überlebenstechnik ist die Notfallnavigation – David Burchs gleichnamiges Buch, in dem er den Begriff prägte, kann ich wärmstens empfehlen. Dass ein Navigator sich auch zurechtfinden sollte, wenn die Elektronik oder auch die Kompasse ausfallen, sollte im Grunde eine Selbstverständlichkeit sein; es ist aber nicht notwendigerweise ein vorrangiges Motiv für das Erlernen dieser Techniken, denn im Normalfall funktionieren die Instrumente, ein Ausfall ist eher die große Ausnahme.

Es gibt über die Verwendung des natürlichen Kompasses nur wenige Bücher, das Thema wird aber, wenn auch oberflächlich und lediglich auf ein paar Seiten, in den vielen Hundert Veröffentlichungen zu Überlebenstechniken angesprochen – und zwar fast immer unter einem extrem pragmatischen Aspekt. Sonne und Sterne dienen der Orientierung, mehr muss man darüber nicht wissen. Überleben ist per definitionem ein dringender Notfall, daher wird fast alles ausgeblendet, was daran auch faszinierend ist. Survivalisten nehmen sich nicht die Zeit, den griechischen Astronomen Hipparch zu lesen oder über die geheimnisvolle Beziehung zwischen Strand und Mond zu sinnieren.

Mitunter wird natürliche Orientierung als eine Reihe von Tricks und Kniffen behandelt, aber bei dieser oberflächlichen Betrachtungsweise bringen wir uns um die Chance, richtig mit der Natur in Beziehung zu treten. Manchmal findet man den Weg mit natürlichen Hilfsmitteln in wenigen Sekunden, ohne sich groß auf unsere Umwelt einzulassen. Doch um den Weg zu kennen, muss man ein grundlegenderes Wissen über sie haben. Zur Bereicherung unserer Erfahrungen ist es also wichtiger, zu begreifen, *warum* eine Methode funktioniert, als sie tatsächlich anzuwenden. Das ist der Unterschied zwischen der Orientierung im Rahmen der Überlebenskunst und jener mithilfe des natürlichen Kompasses.

Methoden zur Orientierung wurden aus der schieren Notwendigkeit heraus entwickelt, und jahrtausendelang war das größte Bedürfnis der Menschen auf Wanderschaft eine verbesserte Sicherheit. Orientierung hatte schon immer mit Sicherheit zu tun. Man kann daraus schließen, dass diese bei jeder Reise auch weiterhin Vorrang hat, aber wir sollten die Reisemotive nicht außer Acht lassen. Neben dem Bestreben, sein Ziel sicher zu erreichen, gibt es auch die pure Freude an der Herausforderung, dieses Ziel erst einmal zu finden.

Man scherzt ja gern darüber, dass die meisten von uns ihr Leben lang klapprige, unbequeme Autos fahren, und die wenigen, die sich irgendwann einmal einen Rolls-Royce mit allem Drum und Dran leisten können, den Schlüssel dann ihrem Chauffeur geben … Wenn also das Schöne an einer Reise darin liegt, die Welt zu begreifen, in der wir uns bewegen, warum sollten wir alles einem Navi überlassen?

Die gute Nachricht: Man muss sich nicht mehr zwischen Erlebnis und Sicherheit entscheiden. Heutzutage kann man beides haben. Die Art und Weise, wie natürliche Navigatoren ihren Weg suchen, bedeutet keineswegs, die Sicherheit zu vernachlässigen, vielmehr wird sie sogar noch erhöht, wenn man neben dem natürlichen Kompass auch verantwortlich mit den Geräten umgeht.

Darin liegt eine wundervolle Ironie. Die neuen Technologien ermöglichen uns wieder einen Kontakt mit der

Natur, der vor hundert Jahren undenkbar gewesen wäre. Navigationsinstrumente geben uns Gelegenheit, den natürlichen Orientierungshilfen – Land, Meer, Himmel, Wind – mehr Aufmerksamkeit zu schenken.

Es stellt sich die Frage, ob es überhaupt nötig ist, sich auf natürliche Weise zu orientieren. Da man auch ohne die geringste Ahnung von dieser so alten Kunst durchs Leben kommt, lautet die Antwort ganz klar: nein. Aber man überlebt ja auch, ohne etwas über Musik, Theater oder Geschichte zu wissen. Die bessere Antwort wäre also: Es ist egal, ob man sich eine Zeitung kauft oder den Ozean überquert, aber durch die Nutzung des natürlichen Kompasses bekommt man ein besseres Verständnis von seiner Umwelt.

Abgesehen davon, ist berechtigterweise anzuführen, dass Menschen, die für die Sicherheit anderer verantwortlich sind, ob nun beim Militär oder in einem zivilen Rahmen, eigentlich die Pflicht haben, sich zumindest mit den Grundlagen der natürlichen Navigation auseinanderzusetzen, damit sie im Falle größerer Systemabstürze oder fataler elektromagnetischer Störungen ihren Aufgaben überhaupt nachkommen können.

Jedenfalls ist die natürliche Orientierung eine Befähigung für die Gegenwart und die Zukunft. Sie ist eine Kunst für die Zeiten, in denen alles eher glatt läuft, weniger für jene, in denen unser Leben in Gefahr ist. Viele bekommen damit einen »Schlüssel« in die Hand, »mit dem sie sich einen faszinierenden Text in der reich ausgestatteten Bibliothek der Erde erschließen können«, wie es ein Teilnehmer eines meiner Kurse beschrieb.

Vertrautheit ist die Grundlage jeder frühen Orientierungserfahrung. Kleine Kinder haben ihre Eltern oder ihr Zuhause gern in Sichtweite und verlassen sich bei der Orientierung auf bekannte Punkte. Je älter das Kind wird, desto weiter entfernt es sich auf seinem Weg in die Welt hinaus von seinem Heim.

Als Erwachsene haben wir diesen Prozess so verinnerlicht, dass wir kaum darüber nachdenken, *wie* er funktioniert. Aus der Vertrautheit mit der Umgebung erwachsen Assoziationen, die meist logisch und hilfreich sind: Wer auf einem Hügel wohnt, wird schnell begreifen, dass es bergab wohl kaum nach Hause geht. Aber Menschen neigen auch zu falschen Annahmen – aus ein paar Gebäuden in der Ferne schließen sie, dass dort eine Stadt sei, wohingegen sie in Wirklichkeit in der anderen Richtung liegt. Bei der Verwendung des natürlichen Kompasses kommt es daher auf eine effektive Kombination von Beobachtung und Deduktion an. Ein Hinweis in eine bestimmte Richtung hilft nicht weiter, wenn man daraus die falschen Schlüsse zieht.

Wir lernen, unsere heimische Umgebung mithilfe einer Reihe wiedererkennbarer Punkte zu »lesen«, ob es nun von Menschenhand Geschaffenes ist, zum Beispiel Geschäfte oder Straßenkreuzungen, oder ein Flussufer, zu dem wir uns in einer bestimmten Entfernung befinden. Dabei ist es gleichgültig, ob es ein künstlicher oder ein natürlicher Orientierungspunkt ist, Hauptsache, es funktioniert. Wir widmen unsere Aufmerksamkeit automatisch dem Punkt, der uns am wegweisendsten erscheint, auch wenn wir dadurch frühere Orientierungsfähigkeiten einbüßen. Die Inuit in Nordalaska sollen John MacDonald zufolge natürliche Navigationsmethoden verlernt haben, nachdem sehr viel eindeutigere Orientierungshilfen wie Funkmasten, Türme und hohe Gebäude errichtet worden waren. Als man 1990 einige große Radarstationen schließen wollte, baten die ansässigen Inuit darum, die Bauten als nützliche Landmarken stehen zu lassen, weil man sie noch aus sechzig Kilometer Entfernung sieht. Diese Anpassung ist auch im Tierreich zu beobachten: Bienen orientieren sich gleichermaßen an wiedererkennbaren natürlichen wie auch an künstlichen Punkten.

Folgende Aspekte zu nutzen, ist nun die erste Methode zur instrumentenlosen Orientierung: die Vertrautheit und Wiedererkennbarkeit unserer Umgebung, die Beziehung der einzelnen Orientierungspunkte zueinander sowie zu unserem Standort und Ziel. Die Sache hat jedoch zwei Haken: Die Orientierung anhand natürlicher Wegzeichen funktioniert nur an Land und auch nur dann, wenn man ein Gebiet gut kennt. Außerdem ist unsere Wahrnehmung der Umwelt subjektiv. Meine innere Landkarte unterscheidet sich stark von der einer anderen Person. Wie oft hat uns schon ein Einheimischer einen Weg beschrieben, den er für idiotensicher hielt: »Gehen Sie über den Hügel und bei den Kiefern dort rechts, dann ist es das zweite Haus hinter dem Haus mit dem roten Dach …« War mit dem Hügel die Erhebung da hinten oder die da vorn gemeint? Sind das hier die Bäume, die er erwähnt hat? Und ist dieses Dach dort rot oder doch eher orange …?

Es gibt aber eine Möglichkeit, Orte zu beschreiben, ohne sie zu kennen und ohne subjektiv zu sein. Dabei muss man allerdings anders vorgehen. Es ist wie eine neue Sprache.

SCHLUSS MIT DEN KONVENTIONEN

Die Lage jedes Ortes in der Welt kann in Beziehung zu einem bekannten Punkt und zu der Entfernung von ebendiesem Punkt beschrieben werden. Dazu müssen jedoch alle Beteiligten genau wissen, wo dieser Punkt ist, wie man eine Richtung angibt und was das für die Entfernungsangabe verwendete Längenmaß bedeutet. Wenn diese Kriterien übereinstimmen, gibt es kein Richtig oder Falsch, es zählt nur, was funktioniert. In der Sprache der internationalen Navigation ist es üblich, einen Ort durch seine Lage südlich oder nördlich des Äquators (Breitengrad) und östlich oder westlich von Greenwich (Längengrad) zu bestimmen. Die Richtung wird angegeben, indem man, beginnend bei »Nord«, also am Nordpol, den Kreis in 360 Grade einteilt und sich im Uhrzeigersinn nach Süden und wieder zurück bewegt. Diese sehr verbreitete Methode ist jedoch kein Universalsystem. Muslime beispielsweise orientieren sich an Mekka. Viele Menschen legen auch vertraute heimische Gegebenheiten zugrunde; wenn man sagt: »Ich geh rauf in die Stadt«, kann »rauf« statt »nach Norden« auch »nach Süden« bedeuten.

Der Gebrauch von Breiten- und Längengraden ist eine nützliche Konvention, in alltäglichen Situationen aber wirken diese Angaben gekünstelt und mathematisch. Winkelgrade werden üblicherweise mit Instrumenten gemessen, auch wenn wir das hier nicht tun; dennoch ist es im Grunde eine ganz natürliche Sache: Zehn Grad sind schlicht und ergreifend ein Sechsunddreißigstel eines Kreises, ob man sie nun mit dem Sextanten, dem Kompass oder der am ausgestreckten Arm geballten Faust misst (bei Erwachsenen umfasst das etwa zehn Grad).

Entfernungsangaben sind etwas komplizierter, weil Längenmaße bis heute von Nation zu Nation differieren. Aber auch hier liegen die Wurzeln in der Natur: »Meile« kommt vom römischen *mille passus*, »tausend Schritte«, und der »Meter« wurde 1791 von der französischen Nationalversammlung als der zehnmillionste Teil der Entfernung zwischen Nordpol und Äquator via Paris definiert.

All das ergibt schon eine Sprache, eine Art Stenogramm, um Richtung und Entfernung zu übermitteln. Wobei eine bestimmte stenografische Darstellung nicht automatisch korrekter oder inkorrekter ist als eine andere. Wenn unter Freunden eine Richtung in Bezug zu einem lokalen Orientierungspunkt und die Entfernung zu einer bestimmten Stelle in Bananenlängen angegeben wird, kann das selbst das Royal Institute of Navigation nicht widerlegen. Birmingham ist und bleibt am selben Ort, ob man nun sagt, es liege vom Postamt aus in Richtung des Pubs *Hound and Fox* 947 976 Bananenlängen entfernt, oder ob man sagt, es liege 162 Kilometer nordwestlich von London oder 52,5° Nord und 2° West. Da aber die meisten Menschen die beiden letztgenannten Angaben eher nachvollziehen können, entsteht eine Konvention – eine Sprache, die das Leben leichter machen soll. Das Erlernen einer neuen Sprache schreckt oft aber auch ab, weshalb die Kunst der Navigation durchaus befremdlich wirken kann, selbst wenn die meisten Prinzipien, auf denen sie basiert, ganz natürlich und einfach sind. Das gilt auch für andere Bereiche, in denen Konventionen entstanden sind, zum Beispiel in der Astronomie.

Sterne werden nicht schöner, wenn man ihre Namen auswendig kennt. Sternbilder gibt es nur in unserer Vorstellung, insofern ist es eine ganz persönliche Entscheidung, ob wir die konventionellen Bezeichnungen übernehmen oder eigene Namen erfinden. Der Stern Kastor im Sternbild Zwillinge – ist das tatsächlich nur ein Stern in einem Sternbild? Oder der sterbliche Sohn des Tyndareos, wenn nicht gar des Zeus, der Bruder der schönen Helena? Ist er ein seltenes, 52 Lichtjahre von der Erde entferntes Sechsfachsternsystem? Oder ein »Biber«? Denn das bedeuten *castor* im Lateinischen und *kástoras* im Griechischen. Natürlich ist er das alles und noch viel mehr, je nach Perspektive.

Wie so viele Befähigungen der Menschen wurde auch die Kunst der Navigation durch Konvention zu einer Art Geheimwissenschaft. Schade. Denn es ist ein tolles Thema, das zudem auch so wichtig für unser Leben ist. Es wäre sehr viel zugänglicher und damit sehr wahrscheinlich auch bekannter, packte man es nicht in Fachausdrücke. Was man heute landläufig »Entdeckungen« nennt, hat vor allem mit der Fähigkeit zu tun, sich zu orientieren. Entdeckungen fesseln unsere Phantasie durch eindrucksvolle Bilder und spannende Schilderungen; solche Abenteuer sind aber nur durch Navigation möglich.

Wenn ich mich hier nach der Konvention ausdrücke, tue ich dies nur, weil es am verständlichsten ist, und nicht, weil es der Schönheit dieses Themas gerecht würde. Natürliche Navigatoren müssen die Freiheit haben, die Konvention in jene Sprache zu übersetzen, die ihnen am leichtesten fällt, seien es nun Bananenlängen oder was auch immer.

Der erste Schritt auf dem Weg zum Gebrauch des natürlichen Kompasses ist die Beobachtung, und die erste Lektion lautet, dass Beobachtung nicht nur etwas mit Sehen zu tun hat. Und selbst wenn – das Erfasste geht weit über das rein Optische hinaus.

VERBUNDENHEIT MIT DER NATUR

Die Natur ist langweilig. Irgendein Pelztier trabt über den Bildschirm, während ein Kommentator sich monoton darüber auslässt. Ein Boot dümpelt unter einer gleißenden Sonne auf dem endlosen blauen Meer, die Crew spielt schwitzend Karten und vergeht vor Langeweile. Die immer gleichen Bäume fliegen an einem Autofenster vorbei ... Doch im nächsten Moment ist plötzlich alles anders.

Mit der Luft, die durch den offenen Spalt des Autofensters dringt, weht der unvergleichliche Duft des Meeres herein. Wir nähern uns der Küste, Kindheitserinnerungen an Spritztouren ans Meer werden wach, aus lauter Sentimentalität blicken wir aus dem Fenster: Wir spüren den Sand im Mund, wie damals, als wir unsere Sandwichs aßen – und sehen auf einmal ein Reh. Es blickt uns an und läuft davon.

Wir hören es am Bug platschen, doch es klingt anders als das übliche Rauschen, Spritzen und Gurgeln, und so laufen wir schnell nach vorn und sehen neben dem Boot einen Delfin in den Wellen spielen. Und da! Ein Albatros kreist hoch über dem Boot, und irgendetwas warnt uns: Wenn wir den Vogel nicht achten, erleiden wir die gleichen Qualen wie der alte Seemann in der Ballade von Samuel Taylor Coleridge, der einen Albatros mit der Armbrust schießt, obwohl das Tier dem Schiff den Weg aus der Eiswüste der Antarktis weist.

Wir packen die Fernbedienung, als wir so ein komisches Ding auf dem Bauch der schwarzen Spinne sehen, eine rötliche Zeichnung, die wie ein Stundenglas geformt ist. Mit einem Mal erkennen wir, um was für eine Spinne es sich handelt, und zögern umzuschalten, lange genug, um zu hören, wie der Kommentator jetzt ganz aufgeregt von der Schwarzen Witwe spricht: Ihr Gift rufe Krämpfe und Muskelschmerzen hervor, und das Weibchen verspeise das Männchen nach der Paarung. Unsere Synapsen feuern los. Sie schütten Botenstoffe aus, unsere Phantasie ist angeregt. Auf einmal ist die Natur gar nicht mehr so langweilig.

Durch Zeitdruck blenden wir meistens aus, was wir in unserer Umwelt beobachten, doch damit schotten wir uns von der detailreichen Vielfalt ab, die uns umgibt, und werden unaufmerksamer.

Bei der natürlichen Navigation muss man lernen, den Kontakt mit unserer Umgebung neu zu ergründen, muss herausfinden, wie wichtig unsere Sinne für die Orientierung sind und wie sie unsere Erfahrungen und Wahrnehmung steuern. Wache Sinne sind unumgänglich, wenn man sich dem natürlichen Kompass anvertrauen möchte, nur sie ermöglichen es uns, eine Reise in ihrer Gesamtheit zu genießen.

Mit der Zeit benutzt ein natürlicher Navigator seine Sinne ganz intuitiv. So erwachte der amerikanische Entdecker und Handlungsreisende Captain Edmund Fanning (1769–1841) plötzlich mitten in der Nacht mitten auf dem Pazifik, eilte an Deck und befahl seiner Mannschaft beizudrehen. Erst am nächsten Morgen sahen sie, dass sie fast auf ein etwa anderthalb Kilometer entferntes Riff aufgelaufen wären. Am Seegang hatte Fanning die gefährliche Nähe des Riffs gespürt.

Für alle, die nicht blind oder sehbehindert sind, ist der Gesichtssinn eine Selbstverständlichkeit. Unsere Augen übermitteln sehr viel mehr detaillierte Informationen an unser Gehirn, als wir überhaupt verarbeiten können. Daher filtern wir sie, versuchen sie zu begreifen und uns auf das zu konzentrieren, was uns am wichtigsten erscheint. Evolutionsbedingt erkennen wir durch die schnelle Zusammenarbeit von Augen und Gehirn als Erstes den herumstreifenden Tiger, erst dann wenden wir uns einer Blüte zu, um ihre Farben zu analysieren. Das ist zwar effizient, aber nicht perfekt.

Erstens ist unsere optische Wahrnehmung aus psychologischen Gründen und sicherlich auch durch evolutionäre Notwendigkeit voreingenommen – das zeigt sich daran, *was* wir überhaupt sehen. Wir achten sehr viel mehr auf Formen als auf Farben, wie schon der australische Luftfahrtpionier und Navigator Harold Gatty (1903–1957) hervorhob. Wir sehen, dass ein Weg vor uns abbiegt, den leichten Farbverlauf auf der Erde aber erkennen wir nicht. Zweitens müssen wir nicht mehr ums Überleben kämpfen und auf Bedrohungen reagieren, so verlernen wir zwangsläufig instinktive Reaktionen auf die Welt, die wir sehen. Der natürliche Navigator der Neuzeit muss stehen bleiben und die Umwelt in einer Weise betrachten und interpretieren, wie es wohl nicht mal unsere scharfsinnigsten Vorfahren taten. Nichts in der Natur ist ganz zufällig, aber sie kann komplex und chaotisch erscheinen. Also müssen wir lernen, diese Komplexität zu durchschauen und Muster zu finden, an denen wir uns orientieren können.

Dieser Prozess muss nicht unbedingt mühsam sein. Auf Einzelheiten zu achten kann zu einer schönen, reizvollen Gewohnheit werden, wie auch der Polarforscher Frederick Cook (1865–1940) feststellte: »Die Wolken erschienen erst violett, nahmen dann nacheinander alle Farben an, in denen der Himmel über ihnen spielte. Das glänzte in Gold, Orangerot, Blau, Grün und hundert anderen harmonischen Farbenmischungen; dazwischen verlief hin und wieder ein Streifen wie aus blankem Silber, der die Farben erst recht hervortreten ließ. Schlag 12 Uhr öffnete sich eine feurige Wolke und enthüllte ein Stück des oberen Sonnenrandes.«

Harold Gatty spricht in seinem Buch *Nature is Your Guide* vom Duft des Rosmarins vor der spanischen

Küste, vom Geruch brennenden Torfs vor den Falkland-Inseln und dem der Orangenhaine auf den Kapverden. Diese Erfahrungen machten alle Seeleute, die längere Zeit auf dem Meer unterwegs gewesen waren. Die Verbindung zwischen Gerüchen und Erinnerungen ist bekannt, und sie ist umso einschneidender, als unser Geruchssinn in mittleren Jahren am höchsten entwickelt ist; mit dem Alter lässt er dann nach. Dennoch nehmen selbst die wachsten und aufmerksamsten Menschen nur einen sehr begrenzten Teil der Fülle des olfaktorischen Universums wahr – John D. Carthy (1923–1972) vergleicht uns hier mit »einem Farbenblinden bei der Beurteilung eines farbenprächtigen Gemäldes«. Doch selbst innerhalb unserer menschlichen Grenzen entgehen uns leicht eine Menge Details. Das liegt zum einen am Geruchssinn selbst, zum anderen an der Deduktion. Wenn wir an Land das Meer riechen, reagieren wir darauf mit einer allgemeinen und positiven Feststellung: »Ich rieche das Meer.« Schärfen wir unsere Sinne und versuchen, daraus eine detailliertere Schlussfolgerung zu ziehen, nehmen wir vielleicht im Meeresduft einen starken Tanggeruch wahr, der auf Ebbe hindeutet, weil der Tang dann am Strand der Luft ausgesetzt ist. Und das Meer überhaupt zu riechen sagt uns, dass der Wind auflandig ist, also vom Meer her weht und nicht umgekehrt wie am Abend, wenn das Land abkühlt. »Ich rieche das Meer« heißt nun: »Ich glaube, ich weiß, was Wind und Wasser tun.«

Im Vergleich zu den meisten Tieren haben Menschen nur einen schwach entwickelten Geruchssinn, aber sie haben ihn. An stechenden Geruchssignalen, wie etwa von Klärwerken, sind urbane Regionen leicht zu erkennen. Auf dem Markt in der North End Road in West-London gibt es frisches Obst, Gemüse, Fisch und Fleisch, er lockt daher eine Menge Möwen an. Daraus leitet sich eine ungewöhnliche sensorische Karte des Viertels ab, in der auch der Anblick und das Geschrei der Möwen vorkommen, die Straße selbst aber riecht je nach Tages- und Jahreszeit anders. An einem Wintermorgen kann man mithilfe der Nase nicht beurteilen, wie weit man vom Markt entfernt ist, an einem Sommerabend jedoch wird der Geruch überreifer Früchte, die auf der Straße zertreten wurden, vom Wind Hunderte Meter weit getragen.

Die Wechselbeziehung von Temperatur und Geruch kann man sich auch im ländlichen Raum zunutze machen. Der Unterschied zwischen dem Duft des Waldes und dem der Wiesen und Felder kann einen bei einer Brise aus einem Wald herausführen. Unter Umständen findet man sogar eine Lichtung, wenn die Sonne scheint und ein leichter Wind weht, denn in der wärmeren Luft auf der freien Fläche sind die Düfte der Pflanzen intensiver.

Ungewöhnliche Gerüche in freier Natur weisen auf Menschen, Tiere oder eine Veränderung der Landschaft hin. Die Wüste riecht sehr rein, bis Menschen, Tiere oder Wasser ins Spiel kommen. Alle drei Faktoren gibt es in einer Oase oft gleichzeitig – dann wird der Geruch stärker, und man vernimmt zudem das Summen und Surren Tausender umherschwirrender Fliegen.

Unsere Geschmacksknospen reagieren auf süß, sauer, salzig und bitter; der Vollständigkeit halber sei auch *umami* erwähnt, das »Herzhafte« – obgleich dies nichts an der Verbindung zwischen Geruch und Geschmack ändert, denn fast alles andere wird von unserem Geruchssinn bestimmt. Wenn wir uns die Nase zuhalten, schmeckt jedes Fleisch gleich, auch wenn es unterschiedliche Stücke von unterschiedlichen Tieren sind. Man stelle sich Geruchs- und Geschmackssinn wie ein Tandem vor. Am Salzgehalt kann man überprüfen, ob ein fließendes Gewässer Süß- oder Gezeiten-, also Meerwasser führt. So lässt sich in der Wildnis einem Fluss folgen und die Küste finden.

Horace Beck, Sammler und Autor von Seemannsgeschichten, erzählt von einem alten Seebären, der angeblich genau beurteilen konnte, an welcher Stelle er auf dem Meer war, indem er am Senkblei der Lotleine leckte, die er vom Meeresboden heraufgezogen hatte. Bei Nebel wollte ihn die Crew einmal hereinlegen und tunkte das Blei heimlich in Hühnermist. »Erst sah er es an, roch und leckte schließlich daran. Ganz aufgeregt rief er: ›Luvt an, Jungs, luvt an! Hier ist was oberfaul – laut dem Senkblei stehen wir mitten in Missis Murphys Hennenstall auf Smith Island!‹«

Auch Geräusche gehören fest zu einer Landschaft und zu einer Reise. Was wir alles hören können, lernt man am besten von jenen, die des Augenlichts beraubt sind. Blinde benutzen einen Stock, um sich im Nahbereich zu orientieren. Sie interpretieren dabei auch das Echo der Berührung von Stock und Hindernis. Wie effektiv ein Echo ist, kann man leicht testen, auch ohne das verfeinerte Gehör eines Blinden zu besitzen: In meinen Kursen bitte ich die Teilnehmer, die Augen zu schließen, die Hände auf dem Rücken zu verschränken und schweigend auf eine Mauer zuzugehen, bis sie glauben, gleich anzustoßen. Dann fordere ich sie auf, das Gleiche noch mal zu tun, nun aber ständig »la, la, la« zu singen. Normalerweise kommen sie der Mauer dabei fast einen halben Meter näher. Auf diesem Prinzip basieren Radar und Echolotung, doch es wurde schon in früheren Zeiten angewandt. Horace Beck schildert, wie Navigatoren im Puget-Sund bei Nebel den Abstand des Schiffes zu den Klippen schätzten, indem sie die Zeit maßen, nach der das Echo eines Pfiffs wieder zurückkam. Am Klang des Echos hörten sie auch, wie die jeweilige Klippe beschaffen war, die den Schall reflektierte. Polarforscher nutzten eine Variante dieser Methode, um die Dicke des Eises zu messen. Apsley Cherry-Garrard (1886–1959), der mit Robert Scott in der Antarktis war, schrieb: »Wir sondierten sie [die Spalte], und überall war es hohl, und so setzten wir mit dem Schlitten darüber, und alles war in Ordnung.«

Der Sender CBS berichtete 2006 von Ben Underwood, einem krebsbedingt erblindeten Jugendlichen aus Kalifornien. Ben konnte zu Hause und in der näheren Umgebung durch Echolokation problemlos umhergehen und sogar Rollschuh fahren. Er nahm aus einiger Entfernung Autos oder Mülltonnen wahr, indem er mit der Zunge schnalzte und das Echo auffing. Auch beim Tischfußball und bei Videospielen konnte er die Geräusche hervorragend interpretieren. Leider erlag Ben mittlerweile seinem Krebsleiden.

Ein schönes Beispiel für die Orientierung nach Gehör sind auch die Erlebnisse Frederick Spencer Chapmans

(1907–1971) bei den grönländischen Inuit, die ihren Heimatfjord am Gesang der dort nistenden Schneeammern erkannten, wenn sie bei Nebel im Kajak an der Küste entlangfuhren.

Jahrhundertlang wurden Bojen mit Glocken als Navigationshilfen für Seeleute benutzt, wenn Nebel herrschte. Mit ausreichend krimineller Energie erfanden Strandräuber eine einträgliche, wenn auch makabre Einkommensquelle: Sie ruderten zu den Bojen hinaus und stopften einen Lappen in die Glocke, dann legten sie sich auf die Lauer. Die Crews warteten nervös auf ein Läuten, doch die Glocke blieb stumm. So strandeten die Schiffe, und die Räuber plünderten sie.

Vernimmt man an Land den Klang von Wasser, ist höchstwahrscheinlich ein Bach oder Fluss in der Nähe, das Geräusch kann jedoch auch etwas über die Struktur der Landschaft aussagen. Wasser fließt natürlich bergab, aber der Erdboden leitet den Schall nicht gut. Was wir hören, hängt von der Höhe unseres Standorts und der Beschaffenheit der Umgebung ab. Unterschiedliche Oberflächen tragen den Schall unterschiedlich weit und unterschiedlich gut und reflektieren ihn auch jeweils anders. Der Klang unserer Schritte vermag uns Hinweise auf die Feuchtigkeit des Bodens und damit auch auf den Verlauf eines Weges zu geben.

Die Aborigines wanderten auf einzigartige Weise nach Gehör. Ihre »Traumpfade« durchziehen ihr Gebiet in Noten und Wörtern, Liedern und Geschichten, die die einzelnen Stämme des Volkes wie Verkehrswege miteinander verbinden; zum Teil werden sie sogar noch heute benutzt. Jede Strophe korrespondiert mit einer bestimmten Wegmarke, einem Hügelkamm oder einer Quelle. Wenn man das Lied kennt, kann man immer seinen Weg durchs Land finden, wie Bruce Chatwin (1940–1989) erzählt. Dank dem Gehör leben die Erinnerungen der Aborigines an die Reise und ihre dort gemachten Erfahrungen auch über ihr Ziel hinaus weiter.

Das Gefühl, wieder festen Boden unter den Füßen zu haben, war für Seeleute immer ein großer Moment, doch auch wer zu lange auf dem Eis war, empfand genauso. »Man könnte Bücher darüber schreiben, welche Freude es ist, wieder den Fuß auf eisfreies Gestein zu setzen, nachdem man 14 Wochen lang nichts anderes als Eis und Schnee gesehen hat!«, frohlockte Antarktislegende Robert Scott (1868–1912).

Doch der Kontrast ist meist subtiler. Der Unterschied zwischen einzelnen, durch einen Grat getrennte Bergflanken ist im Laufe von Millionen Jahren durch Erosion entstanden, die Veränderung, die man unter den Sohlen spürt, ist jedoch minimal, sie verläuft beispielsweise von grobem zu feinerem Geröll. Ein Weg kann sich auf der rechten Bergseite anders anfühlen als auf der linken, auch wenn er gleich aussieht. Vielleicht ist die eine Seite eher den vorherrschenden Winden ausgesetzt, die den Boden austrocknen, ihn rauer und harscher machen. Bei strengem Bodenfrost kann man sich manchmal auch in schwarzer Nacht tastend zurechtfinden. Wege und Pfade liegen normalerweise höher oder tiefer als das sie umgebende Gelände, sodass der Raureif, je nachdem, in der wärmeren Luft des Tages länger oder kürzer auf ihnen verbleibt. Wenn der Weg niedriger liegt, kann man sich nachts am knirschenden, überfrorenen Gras orientieren.

Doch oft regt nicht das, was wir fühlen, sondern das, was wir nicht fühlen, unsere Sinne an. Frederick Cook spürte Gefahr an der Windstille. Denn haben wir uns an eine Wahrnehmung gewöhnt, zum Beispiel einen schneidenden Wind, werden wir nervös, wenn er plötzlich ausbleibt, und sind gewarnt, dass sich in unserer Umgebung etwas verändert hat.

Nicht alle Wahrnehmungen sind äußerlich. Wir kennen den Weg besser, wenn wir ihn selbst gelaufen sind als wenn wir getragen wurden; das gilt auch für den Fall, dass wir aller unserer äußeren Sinne beraubt wären. Muskelanspannungen geben Hinweise auf die Entfernung und die Richtung. Kinästhetik, durch die Sinne wahrgenommene Bewegung, haben wir alle schon in der einen oder anderen Form erfahren: Wir wissen, dass sich unsere Beine nach einem Kilometer anders anfühlen, als wenn wir zehn Kilometer gelaufen sind, aber wir messen dem nicht die Bedeutung zu, die es verdiente.

Sind natürliche Orientierungspunkte wie die Sonne nicht mehr zu sehen, müssen wir uns voll und ganz auf unsere anderen Sinne verlassen. Wenn sich die Sonne hinter einer dicken Wolke versteckt oder untergegangen ist, heißt das nicht, dass sie spurlos verschwunden ist. Man kann sich »erinnern«, wo sie war, wenn man zwei Seiten eines Felsens berührt: Die eine bleibt noch lange nach Sonnenuntergang warm, wie lange genau, hängt von der Gesteinsart und -form ab.

Zeit gehört zwar nicht zu unseren fünf Sinnen, ist aber ein wichtiger Bestandteil der Navigation. Die meisten Menschen wissen, dass man sein Zeitgefühl verfeinern kann. Wer ein paar Wochen oder Monate keine Uhr trägt, merkt, dass die »innere Uhr« genauer geht.

Schon 1935 bewiesen Experimente diese Fertigkeit (MacLeod und Roff). Menschen, denen alle Möglichkeiten zur äußeren Zeitmessung genommen wurden, schätzten die Uhrzeit im Rahmen von 24 Stunden bis auf eine Abweichung von 10 Minuten korrekt ein. Ein äußerer Bezugspunkt wie die Sonne ist demnach für die Zeitbestimmung sehr viel hilfreicher, als man meint. Jüngere Versuche (Halberg u. a.) ergaben, dass unsere Fähigkeit, die Zeit ab- und einzuschätzen, mit den Jahren zunimmt. Doch nehmen wir Zeitspannen auch anders wahr, je älter wir werden: Ein Jahr zum Beispiel scheint schneller zu vergehen. Die Wahrnehmung von Zeit hängt also offensichtlich von unserer Lebenszeit ab.

Zeit gehört zur Natur. Zeiteinheiten sind nur Definitionen natürlicher Phänomene, die innerhalb dieser Zeitspannen stattfinden. Eine Sonnensekunde wurde definiert als der 86 400. Teil eines mittleren Sonnentages (24 Stunden à 60 Minuten à 60 Sekunden) und mit einem 99,4 Zentimeter langen Pendel gemessen. Ohne natürliche Phänomene ist Zeit bedeutungslos.

Es gibt Hinweise auf den Gebrauch von Wasseruhren in Babylonien, und auf dem Forum Romanum fand man eine Sonnenuhr aus dem dritten vorchristlichen Jahrhundert. Einer der größten Momente dieser Methode zur Zeitmessung war die Errichtung des Solarium

Augusti im Jahr 10 v. Chr. auf dem Marsfeld in Rom; ein dreißig Meter hoher Obelisk diente dabei als Zeiger. Er steht heute auf der Piazza Montecitorio vor dem italienischen Parlament. In Kulturen, die keine technische Zeitmessung verwenden, spielt die Sonne noch immer eine große Rolle. Dem Anthropologen George Silberbauer zufolge messen die Gwi-Buschleute in der Kalahari Tage und Tagesteile, indem sie auf die Stelle zeigen, wo die Sonne zum entsprechenden Zeitpunkt am entsprechenden Tag stehen wird. Die Mursi in Äthiopien zählen die Tage zwischen Aussaat und Ernte, indem sie Knoten in eine Schnur binden, die sie um den Fußknöchel tragen. Solche Techniken sind wegen ihrer Verbindung von Entfernung und Zeit für den Gebrauch des natürlichen Kompasses von großem Interesse. Auch heute gibt man eine fußläufige Entfernung oft in Zeiteinheiten an. Auf die Frage: »Wie weit ist es?« antwortet man eher: »Eine Stunde« als: »Fünf Kilometer.« Seeleute teilten die Strecke traditionell in »Tagestörns« ein. Robert Scott maß die Entfernung in der Antarktis mit einer Mischung aus Zeiteinheiten und Bezügen zu seinen Tieren: »Wir sind am Ponylager 14, also nur zwei Ponymärsche vom Ein-Tonnen-Lager entfernt.«

Wie der natürliche Navigator die Zeit betrachtet, hat eher eine philosophische denn eine praktische Seite. Im Pazifik waren die Seefahrer mit ihren traditionellen Orientierungsmethoden bestrebt, eine neue Insel, die sie noch nicht kannten, bei Tag zu erreichen. Bestand dennoch die Gefahr, unerwarteterweise erst bei Nacht anzukommen, drehten sie bei und warteten bis zum nächsten Morgen, bevor sie weiterfuhren und an Land gingen. Solche Gedanken macht man sich in der westlichen Welt heute nicht allzu oft. Es ist, als würde man zu einem Freund fahren, und plötzlich bräche die Nacht schneller herein als erwartet. Dann müsste man unterwegs parken, irgendwo schlafen und könnte erst am nächsten Morgen weiterfahren.

Die Natur zu begreifen braucht Zeit. Mit festen Zeitplänen oder einem unverrückbaren Termin kommt man jedoch nicht besonders weit. Wer sich des natürlichen Kompasses bedient, bricht immer wieder in der Hoffnung auf, mit neuen Erkenntnissen über ein bestimmtes Gebiet zurückzukehren, macht dann aber unerwartet ganz andere Erfahrungen. So geht man vielleicht um die Zeit der Sommersonnenwende früh los, um die Morgensonne zu beobachten, weil man glaubt, dies sei ein guter Zeitpunkt, um ein Gefühl für ihre Bahn zu bekommen – und man kehrt spät zurück, weil man sich ewig Gedanken über ein Spinnennetz im Windschatten eines Torpfostens gemacht hat.

Natürliche Orientierung bereitet das meiste Vergnügen, wenn man über scheinbar Nebensächliches sinniert und um die Ecke denkt. Dabei ist ein altmodischer Umgang mit der Zeit eine große Hilfe: Besser, man unternimmt einen Spaziergang, der am Ende eine halbe Stunde dauert, als dass man zu einem halbstündigen Spaziergang aufbricht.

Nun ist es Zeit für die ersten Schritte.

ERSTES KAPITEL

Berg und Tal. Das Land

Die verbreitetste Methode, sich in der Landschaft zu orientieren, basiert auf der Vertrautheit des Reisenden mit der Gegend. Das nennt man Landmarkennavigation. Wie ich 2009 in persönlichen Gesprächen mit den Tuareg in der libyschen Sahara bei Fezzan erfahren habe, hüten die Jungen des nomadischen Berberstamms schon von klein auf Ziegen. Sie bekommen klare Vorgaben, wie weit sie sich mit ihren Tieren entfernen dürfen. Dieses Gebiet wird dann stetig weiter ausgedehnt, um die Hirten für ihre Umgebung zu sensibilisieren. Mit der Zeit finden sie ihren Weg über weite Strecken, ohne dass sie je explizit darauf trainiert worden wären, sich zu orientieren. Ähnlich ergeht es auch uns, wenn wir unsere heimische Umgebung erkunden. Tag für Tag legen wir zahllose Routinewege zurück, und unsere Orientierungsmethoden in vertrautem Gebiet können wir auch auf Reisen durch unbekannte Gefilde anwenden.

Dass es nicht besonders lustig ist, wenn man sich verläuft, ist eine wichtige Lektion, die wir bereits als Kinder lernen. Ob wir nun, wie schon unsere Vorfahren, durch die Wildnis oder durch die Gänge eines Supermarkts streifen – die meisten Erwachsenen erinnern sich an die eine oder andere Desorientierung und die sie begleitende Angst. Der Kern dieser Erfahrung ist die Einsicht, dass man in der Lage sein muss, den Rückweg zu finden, wenn man sich von der Familie oder zu Hause fortwagt. Eine simple navigatorische Erkenntnis lautet: Findet man sicher den Weg zurück, ist es nicht so wichtig, den Hinweg genau zu kennen, dann kann man oft einfach drauflos marschieren.

Diese Lektion zu lernen ist ein grundlegender Teil der menschlichen Entwicklung, sie ist mit unserer Kultur verwoben. Kinder wachsen mit Märchen wie *Hänsel und Gretel* auf – Schwester und Bruder, die sich im Wald verirren, dort von einer menschenfressenden Hexe gefangen und gemästet werden. Die Moral der Geschichte ist streng: Sich zu verirren kann grausam enden. Zu wissen, dass man zurückgehen muss, reicht nicht aus – entscheidend ist, den Weg auch zu finden. Hänsel und Gretel wussten das zwar und legten eine Spur aus Brotkrumen, dennoch scheiterten sie, weil sich Vögel darüber hermachten.

Mit den Jahren kommen Erfahrung und größeres Können, die Herausforderung bleibt jedoch die gleiche. Auch Erwachsene mögen Geschichten, die die Angst widerspiegeln, sich zu verirren. Der Minotaurus, ein Mischwesen mit Stierkopf und Menschenkörper, lebte auf Kreta im Labyrinth von Knossos, das der kretische König Minos hatte anlegen lassen. Nachdem die Athener seinen Sohn getötet hatten, verlangte Minos von Athen zur Sühne alle neun Jahre sieben Jünglinge und sieben Jungfrauen, die dem Minotaurus geopfert wurden. Der athenische Königssohn Theseus wollte dem ein Ende machen und bot sich selbst als eines der Opfer an. Im Labyrinth angekommen, tötete Theseus den Minotaurus. Hätte der Königssohn allein gehandelt, wäre er jedoch genauso verloren gewesen wie das Ungeheuer selbst, denn weiter als bis zu dessen Tod hatte Theseus nicht geplant gehabt. Aber zum Glück hatte er in Minos' Tochter Ariadne eine Verbündete gefunden. Mit einem Wollfaden, dem berühmten Ariadnefaden, den sie gesponnen und Theseus gegeben hatte, fand er wieder aus dem Labyrinth heraus.

Die Wälder der Kindheit werden zum kretischen Labyrinth und die Brotkrumen zum Wollfaden, aber die Moral der Geschichte ist die gleiche – und auch die Angst besteht weiter.

Mythen und Sagen mögen zwar die Gefahren des Sichverirrens und die Bedeutung des Zurückfindens veranschaulichen, praktische und effektive Methoden zur Orientierung auf dem Rückweg liefern sie jedoch kaum.

Besser als Brotkrumen und Faden eignet sich die Kennzeichnung der Landschaft selbst. Dabei werden an verschiedenen Stellen Zeichen angebracht, an denen man sich auf dem Rückweg und bei nachfolgenden Besuchen orientieren kann. Das geht auf mannigfaltige Art und Weise, zum Beispiel indem man Kreidestriche auf Baumstämme oder Steine malt oder dürre Äste auf seinem Pfad auslegt. Wegweiser sind im Grunde nichts anderes als weiterentwickelte Wegmarken.

In vielen unbewohnten Gebieten finden sich noch Hinweise darauf, dass die Menschen, die sie vor uns durchwanderten, das Erscheinungsbild der Landschaft ein wenig verändert haben. Zum Beispiel durch die »Inuksuit«, Steingebilde, mit denen die Inuit in der Arktis gute Jagdgründe und auch den sichersten Nachhauseweg kennzeichneten und wie sie auch Robert Scott in der Antarktis hinterlassen hat. Anderswo heißen sie »Steinmännchen« oder »Cairns«; die Indianer benutzten sie, die mongolischen Nomaden und die Bergbewohner Europas, Amerikas und Asiens. In seinem postapokalyptischen Roman *Die Straße* schildert Cormac McCarthy, wie seine beiden Protagonisten Steinhaufen entdecken, die Überlebende einer aussterbenden Stadt auf der Flucht errichtet haben.

Zu anderen Zeiten und an anderen Orten wurden andere Lösungen gefunden. Die Aborigines entzündeten mit Süßgras Feuer, die aus beträchtlicher Entfernung zu sehen waren. Auch die Römerstraßen, die sich noch heute schnurgerade durch Europa ziehen, wurden mit Fackeln gekennzeichnet. Wegmarken, Steingebilde und Signalfeuer sollten sich von der Natur und der Landschaft abheben, denn die Orientierung an Land kann schwierig und gefährlich sein. Moderne Instrumente haben diese unmittelbare Gefahr glücklicherweise in Teilen gebannt, sie machen es dem Reisenden jedoch nicht leichter, die Landschaft zu lesen – sie haben es ihm im Gegenteil sogar noch schwerer gemacht, weil sie seine Aufmerksamkeit von der Umgebung ablenken.

Ein Kompass liefert keine Informationen über die Landschaft, in der sich sein Benutzer bewegt. Bei der Satellitennavigation werden viele Einzelheiten ausgeblendet, oft bleiben nur rote, grüne und gelbe Straßen auf hellem Grund übrig. Das ist nur der vorläufige Endpunkt einer langen kulturgeschichtlichen Entwicklung, die von der ersten, durch den griechischen Philosophen und Geografen Anaximander um 550 v. Chr. geschaffenen Weltkarte ausging; er bewies, dass man Informationen über die Lage eines Ortes – ohne ein Bild oder die Kenntnis des Ortes selbst – übermitteln kann. Das war der Durchbruch zu einer gewaltigen Entwicklung, deren Erfolg allerdings auch zu einer seltsam begrenzten Sicht der Welt und einer ebenso begrenzten Einstellung zur Reise an sich führte.

In der Welt der Geräusche, Gerüche, Farben, Temperaturen und Strukturen verliert selbst eine Generalstabskarte größten Maßstabes jegliche Bedeutung. Im Umkehrschluss wird man leicht zu dem Glauben verleitet, diese Faktoren seien unwichtig für die Reise – vielleicht hören wir ja auch auf, überhaupt zu glauben, dass es solche Faktoren gibt.

Am 17. Mai 1984 lief der ehemalige Geografieprofessor Marvin Creamer nach seiner instrumentenlosen Weltumseglung auf der *Globe Star* im Hafen von Cape May, New Jersey, ein. An Creamer würde man beim Kapitel »Land« am wenigsten denken, aber sein Orientierungssinn und sein Naturverständnis hatten sich schon früh ausgebildet, als er noch trockene Füße hatte. Sie riefen in ihm die Faszination für die Methoden hervor, die er später auf See sehr effektiv anwenden sollte. Zu Anfang seines Reiseberichts schreibt er: »Für einen Jungen war das Leben auf dem Bauernhof der pure Spaß. Quakende Frösche sagten einem, wann es Zeit war, die lange Unterwäsche abzulegen, die Schwarzkehl-Nachtschwalbe rief einem mit ihrem puckernden Schrei zu, man solle die Schuhe abstreifen und die frisch gepflügte Erde zwischen den Zehen spüren. Die aufeinanderfolgenden Blütezeiten von Maiglöckchen, Veilchen, Lorbeer, Frauenschuh, Geißblatt und Magnolie führten uns wie ein Kalender zu den Schulferien und die Frucht auf dem Feld zur Ernte.«

Bei der natürlichen Orientierung an Land lebt eine kindliche Neugier wieder auf. Man lernt, Dinge wahrzunehmen, die nicht immer auf Landkarten verzeichnet sind, und sich auf Sinneseindrücke einzulassen, die nicht ohne Weiteres zu beschreiben sind. Man nimmt wieder Kontakt mit dem Land auf und hält damit die Verwirrung und die Angst in Grenzen, sich auf dem Hin- oder Rückweg zu verlaufen.

DIE LANDSCHAFT LESEN

Hierfür muss man erstens interpretieren lernen, wie sich Sonne, Wind und Wasser verhalten und auswirken. Zweitens muss man Maßstäbe und Prioritäten einschätzen lernen – damit man vor lauter Bäumen noch den Wald sieht und umgekehrt. Manch ein Hinweis entgeht einem, wenn man sich zu sehr auf das Nahe oder aber das Ferne konzentriert.

Nützliche Orientierungshilfen können am fernen Horizont oder nur wenige Zentimeter von uns entfernt liegen. Man muss also immer wache Sinne haben und ständig bewusst den Fokus verändern. Das ist anstrengend, aber ausgesprochen lohnenswert. Der Benutzer des natürlichen Kompasses investiert viel in eine Überlandreise, dafür kehrt er mit einem Korb voller Beobachtungen und Sinneseindrücke zurück, die anderen entgehen – das Geräusch von Wasser, das in einem Tal lebhaft über Steine plätschert und vom Wind zu ihm getragen wird … All das hat er erspürt und begriffen.

Die Spuren von Sonne, Wind und Wasser sind allgegenwärtig und manchmal so offensichtlich wie eine Küstenlinie, die man von einem Hügel aus sieht. Mitunter aber sind sie schwieriger auszumachen, beispielsweise in der Vielzahl feinster Farbnuancen einer Baumrinde. Hier treffen sich Kunst und Wissenschaft, sind auf einmal faszinierend und frustrierend zugleich. So schwierig es auch sein mag, die komplexen Informationen zu entschlüsseln, die unsere Augen und anderen Sinnesorgane übermitteln – man darf nie vergessen, dass in einer scheinbar zufälligen Reihe von Vorkommnissen mit an Sicherheit grenzender Wahrscheinlichkeit eine Ordnung liegt, eine wundervolle, wenngleich schwer zu ergründende Logik. Alles Leben hängt von Sonne und Wasser ab, wenn auch manchmal nur indirekt, und wenn ein Lebewesen sich diese beiden Elemente nicht zunutze macht, stehen seine Überlebenschancen schlechter. Hält man sich dies vor Augen und schärft alle seine Sinne, kann man manch ein Rätsel lösen. Dass mitten in einem Stadtzentrum ein Baum nicht zur Sonne hin, sondern von ihr weg wuchs, war für einen meiner ehemaligen Kursteilnehmer zunächst verwirrend, wurde ihm aber verständlich, wie er mir berichtete, sobald die von dem hohen, spiegelverglasten Gebäude auf der anderen Straßenseite reflektierte Sonne auf seine Wange traf.

Hügel, Felsen und Flüsse

Die Suche nach fernen und nahen Hinweisen sollte am günstigsten Standort beginnen, das heißt am höchsten Punkt, von dem man rundum ins Land sowie nach oben und unten blicken kann. Man bekommt dort ein gutes Bild von der Form, den Mustern und der Struktur der Landschaft. Besteht sie aus offenen Ebenen, ist sie leicht gewellt, oder sind die Einschnitte und Erhebungen an der Erdoberfläche steil und schroff? Hochland erzählt von geologischen Formationen und Erosion. Die South Downs, eine Kreidehügellandschaft im Süden Englands, die in Millionen Jahren erodiert ist, erstreckt sich von West nach Ost fast parallel zur Küste. Wenn man ihre Lage und ihren Verlauf erfasst hat, kann man daraus einfache Ableitungen vornehmen: Ist das Meer zu sehen, blickt man nach Süden; fällt das Land konstant zum Tiefland hin ab, blickt man nach Norden. Von Osten nach Westen hingegen erstreckt sich die wogende Hügelkette, ohne an Höhe zu verlieren.

Auch die Biligiriranga Hills in Indien folgen einer ziemlich geraden Linie, während andere Formationen gewundener sind und eine größere Herausforderung darstellen. Aber irgendwann verraten alle Höhen- und Bergzüge ihre Geheimnisse, und dann kann man ohne weitere Hilfsmittel lange Wanderungen in die gewählte Richtung unternehmen.

Nicht nur Form und Verlauf von Bergen und Tälern liefern Orientierungspunkte, sondern auch ihre Beschaffenheit. In der nördlichen Hemisphäre gibt es auf der Südseite eines Bergzuges größere Temperaturschwankungen als auf der Nordseite. Im Winter kann der Südhang wegen der Sonneneinstrahlung wiederholt Frost- und Schmelzperioden durchlaufen, während der Nordhang gefroren bleibt. Im Hochgebirge ergeben sich diese Unterschiede durch die in unterschiedlichen Höhen verlaufende Schneegrenze, oberhalb deren der Schnee dauerhaft liegen bleibt. Das setzt an den Südhängen größere erosive Kräfte frei und verändert ihr Aussehen und ihre Struktur.

Für eine Betrachtung in einem kleineren Maßstab möchte ich aufgreifen, was ich von einem meiner Kursteilnehmer erfahren habe: Wühltiere wie Maulwürfe bevorzugen den feuchteren, weicheren Boden der schattigen Flanken, sodass ein Grashügel auf dieser Seite dunkler und unregelmäßiger wirkt. Manchmal erkennt man die Gesamtwirkung von fern, doch die Details sind nur aus der Nähe sichtbar. Vor allem im Sommer halten Schattenflächen die Feuchtigkeit besser, und eine Grasflanke, die aus der Entfernung betrachtet insgesamt dunkler wirkt, enthüllt von Nahem, dass kleinere dunkle Stellen dem ganzen Hügel einen dunkleren Ton verleihen. Und tritt man immer näher heran, sieht man an diesen Stellen noch kleinere Punkte, die die Färbung des Hügels ebenfalls zumindest mitbestimmen, zum Beispiel eine Armee wimmelnder Ameisen, die über den schattigen, kühlen, feuchten Boden eilen.

Berge und Flüsse haben eine symbiotische Beziehung. Wasser wird von der Landschaft kanalisiert, schneidet sich mit der Zeit aber selbst tief in sie hinein. Das eine lässt sich ohne das andere nicht verstehen. Während sich die Pennines, ein mittelenglisches Mittelgebirge, von Norden nach Süden ziehen, gibt es dort Flüsse, die von Westen nach Osten fließen, zum Beispiel den Ure in seinem Tal, dem Wensleydale.

Das Bedürfnis, den Charakter einer bestimmten Landschaft zu begreifen, ist so alt wie die Menschheit und manifestiert sich oft in Mythen und Sagen. George Silberbauer berichtet, die mythologische Gestalt Gamama habe in der Kalahari ein Tal und dessen Mineralien erschaffen: Gamama wurde von einer Schlange gebissen und zog sein verletztes Bein nach, so grub sich das Tal in die Landschaft. Danach bekam er von dem Schlangenbiss Fieber und übergab sich – mit dem getrockneten Erbrochenen war das sichtbare Gestein erschaffen.

Durch Gletscherbewegungen und die Verschiebung von Eisplatten hat Wasser in seiner festen Form weite Landschaften geprägt. In diesem großen Bild lassen sich

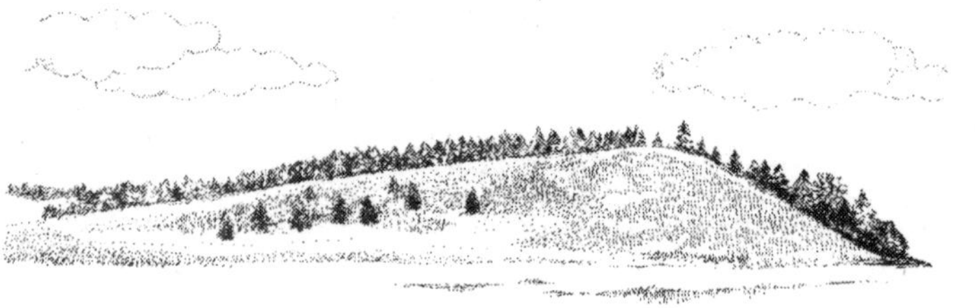

Das abfließende Eis formt das Land und gibt Orientierungshinweise.

gelegentlich auch deutliche Muster erkennen. Die Form der Landschaft kann die Richtung verraten, in die das lange verschwundene Eis geflossen ist, und diese wiederum hilft uns bei der Orientierung. Im nordirischen County Armagh wurden die Drumlins (gälisch für »Höhenrücken«) vom zurückweichenden Eis stromlinienförmig entlang der Achse des Eisflusses geschliffen, in diesem Fall also von Norden nach Süden. Das ewige Eis jedoch verhüllt das Land nach wie vor und macht es schwieriger, die Landschaft zu interpretieren – aber nicht unmöglich. Der Antarktispionier Ernest Shackleton (1874–1922) lernte, die Landformation anhand von Eisplatten und Gletscherspalten zu lesen.

Wo es wenig Wasser gibt, kommt der Gesteinskunde größere Bedeutung zu. Die Beduinen im Wüstengebiet der Arabischen Halbinsel kennen die Form eines jeden Felsens und erkennen Muster, die kein anderer sieht. In den Sechzigerjahren des 20. Jahrhunderts führte der britische Forschungsreisende und Reiseschriftsteller John Hillaby eine Kamelkarawane über tausend Kilometer durch die nordkenianische Wüste zum Rudolfsee. Dabei ließ er sich auf einer Etappe von einer Lavawand leiten, die jedoch irgendwann nach Osten bog, während er selbst weiter nach Süden wollte.

Wenn wir eine Beziehung zu einer Landschaft und dem darin vorkommenden Wasser geschaffen haben, sollten wir den Boden selbst im Detail betrachten. Räumliche und zeitliche Maßstäbe sind dabei ausschlaggebend, denn der Boden hat sich nicht nur über Jahrmillionen erdgeschichtlich entwickelt – Veränderungen ergeben sich auch binnen weniger Stunden, wenn die Elemente walten. Die offensichtlichste und häufigste Veränderung resultiert aus der Korrelation zwischen Sonneneinstrahlung und Feuchtigkeitsgrad.

Pfützen

Diese leicht zugänglichen Informationsquellen können uns viel darüber erzählen, wie man die Landschaft liest und die Sonnenbahn interpretiert.

Fast alle Feldwege und Pfade werden von einer mehr oder weniger ausgeprägten Böschung eingefasst, oft sind sie von Gras, wucherndem Unterholz, Büschen oder Bäumen gesäumt. Auf ihrer Bahn wirft die Sonne Schatten auf den Weg, und dort trocknet er langsamer als an den sonnigen Stellen. Ein Pfad, der von Norden nach Süden verläuft, ist tagsüber einer ziemlich ausgeglichenen Sonneneinstrahlung ausgesetzt, weil die Sonne auf der einen Seite im Osten auf- und auf der anderen im Westen untergeht. Somit verläuft an einem durchschnittlichen Tag auch der Trocknungsprozess auf diesem Weg ausgeglichen. Auf der Nordhalbkugel steht die Sonne auf ihrer Bahn die meiste Zeit in mehr südlich orientierten Himmelsbereichen, und so wird auf Ost-West-Pfaden der südliche Wegrand vom Rainbewuchs oder von der Böschung beschattet. Dort halten sich Pfützen und Feuchtigkeit also länger.

Mit der Zeit kommen oft auch andere Faktoren hinzu: Wanderer oder Fahrzeuge passieren die Feldwege, die weichere Südseite ist demnach ausgetretener oder ausgefahrener. Dann fällt Regen, auf der Südseite sammelt sich mehr Wasser als im nördlichen Wegbereich. Im Sommer trocknen Pfützen häufig aus,

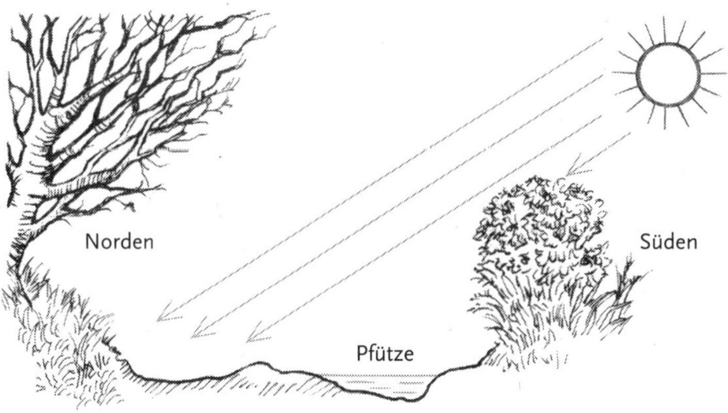

Auf der Nordhalbkugel trocknen Pfützen auf der Südseite von Ost-West-Pfaden langsamer aus.

aber man kann ihren ehemaligen Verlauf in den Umrissen des getrockneten Schlamms sowie den unterschiedlichen Farbnuancen zu beiden Wegseiten noch erkennen. Daher sehen Ost-West-Pfade meistens anders aus als die in Nord-Süd-Richtung, was sich vor allem an Wegkreuzungen deutlich zeigt.

Ein Detail, das nur allzu oft übersehen wird, ist die Farbe einer Pfütze. Manchmal erkennt man einen markanten Unterschied zwischen ihren beiden Seiten – vielleicht ist das Wasser auf der einen bräunlich und durchsichtig, auf der anderen aber trüb und grünlich. Ursache können Algen oder Pflanzenpartikel sein, die im Bereich der Oberfläche vom vorherrschenden Wind verblasen werden. In Großbritannien kommt er meist aus Südwesten, sodass das Wasser auf der Nordostseite einer Pfütze zuweilen grünlich schimmert.

Wenn man beginnt, sich mit natürlicher Orientierung zu beschäftigen, ist die Zeit, die man mit dem Studium von Pfützen verbringt, gut investiert: Man sollte dabei lernen, Schlussfolgerungen zu ziehen aus ihrem Verhältnis zur Umgebung, den Auswirkungen der Sonneneinstrahlung im Sommer und Winter sowie des Windes und der Niederschläge. Wenn man diesen interessanten Prozess nicht versteht – und keine Freude hat an solchen Überlegungen –, sitzt man womöglich dem Irrtum auf, dass sich immer nur auf der Südseite eines Weges Pfützen bilden.

Eine ganz simple Pfütze hilft uns bei der Orientierung, indem sie von Sonne, Wind und Wasser erzählt. Heutzutage liest man so eine Geschichte aber leider nur selten.

PFLANZEN

Der englische Gelehrte Joseph Priestley ließ 1771 in einem versiegelten Behältnis eine Kerze brennen, bis sie von selbst ausging. Dann gab er eine Pfefferminzpflanze in denselben Behälter und stellte nach ein paar Tagen fest, dass wieder »Gas« vorhanden war, und zwar ausreichend viel, um die Kerze wieder anzuzünden. Er hatte herausgefunden, dass Pflanzen als Nebenprodukt der Fotosynthese Sauerstoff bilden, wenn mithilfe des Sonnenlichts Wasser und Kohlendioxid in energiereiche Kohlenwasserstoffe umgewandelt werden, kurz: Glucose. Dieser Prozess wird durch Chlorophyll in den lichtabsorbierenden Chloroplasten der grünen Pflanzenteile ermöglicht und macht deutlich, welch einen enormen Einfluss die Sonne, oder deren Abwesenheit, auf das Pflanzenwachstum hat. Dieses Wissen wiederum ist bei der Orientierung nützlich. Mehr Licht bringt der Pflanze mehr Energie und führt zu dichterem Wuchs. Man sieht das in der Weite einer Landschaft oder aber auch an einem einzelnen Baum.

Pflanzen, vor allem Bäume, verleihen einer Landschaft ihr besonderes Aussehen und ihre ganz eigene Atmosphäre. Sie lassen Rückschlüsse auf Bodenbeschaffenheit, Klima und Wetter zu. Unterschiedliche Pflanzenfamilien, -gattungen und -arten vertragen unterschiedliche Einflüsse durch Sonne, Niederschläge und Wind. Aus der Luft sieht man, dass Schweden hauptsächlich von Kiefern und Fichten bewachsen ist, Fichten im Süden und Kiefern im Norden. Daraus hat sich eine prosperierende Papierindustrie entwickelt, und in manchen Gegenden merkt man am süßsäuerlichen Geruch einer Papierfabrik, dass man sich einer Stadt nähert.

Verkleinern wir nun den Maßstab ein wenig: Die Sonnenseite eines Hügel ist oft dichter bewachsen als der Schattenhang, dort finden sich auch die Pflanzen, die mehr Energie und demnach mehr Licht brauchen. Eine ganz einfache Regel für die Orientierung in der nördlichen Hemisphäre lautet: »Süß gleich Süd« – mehr Sonne, mehr Energie, mehr Zucker. Süße Früchte wie Trauben oder Pfirsiche bevorzugen Südhänge mit maximaler Sonneneinstrahlung.

Die Frucht eines Feldes, das sich über unebenen Boden erstreckt, über einen Hügel etwa, verrät etwas über die Himmelsrichtungen. Die einzelnen Pflanzen blühen und reifen nicht gleichzeitig, die Reifezeit hängt ebenso von der Bodenqualität ab wie von Sonne und Wind. Raps wird erst auf einer windgeschützten Südseite sattgrün wachsen und schließlich leuchtend gelb erblühen. Diese Grün-Gelb-Schattierungen können sich wie ein »Farbkompass« über ein welliges Feld ziehen.

In einem noch kleineren Maßstab sind die Effekte der Fotosynthese auch an einer einzelnen Pflanze zu beobachten. Pflanzen haben kein Zentralnervensystem, ihre Teile agieren und reagieren daher autonom. Jedes Blatt, jeder Ast, Stamm oder Stiel verhält sich unabhängig von der Pflanze in ihrer Gesamtheit.

Heliotrope Pflanzen reagieren unmittelbar auf Licht, sie wenden sich immer der Sonne zu und drehen sich dabei von Osten nach Westen. Dazu gehört beispielsweise die Schneebutterblume, die wie andere alpine Pflanzen tagsüber so viel Licht wie möglich abbekommen will.

Neben dem Blütenheliotropismus gibt es auch den Blattheliotropismus. Die Kapuzinerkresse hat eine gelenkartige Stelle an der Blattbasis, durch die sie ihre Blätter zur Sonne drehen kann. Beim Efeu hingegen wachsen die Haftwurzeln zum Schatten hin, wo sie sich leichter an Bäumen oder Mauern hinaufranken können, während die Blätter das Sonnenlicht suchen.

Als Regel gilt: Je nachhaltiger eine Pflanze Auswirkungen der Sonneneinstrahlung zeigt, desto zuverlässiger ist sie für unsere Orientierung. Wenn sie sich zur Sonne dreht, solange diese sichtbar ist, hilft uns das nicht weiter, gibt sie aber auch an verhangenen Tagen oder bei Nacht Hinweise darauf, wo die Sonne gestanden hat, ist das eine wertvolle Hilfe. Blüten bevorzugen gemeinhin den Osten oder Süden. Die Blüten des Saguaro-Riesenkaktus im Hochland von Arizona bei Tucson sitzen bevorzugt auf der nach Osten gewandten Seite, wo die Sonnenstrahlen zuerst auftreffen und die kalte Luft der Nacht erwärmen. Das sukkulente Hundsgiftgewächs *Pachypodium namaquanum* ist im südlichen Afrika heimisch und wird auch »Nordpol-Pflanze« genannt, weil ihre Blütenkrone sich grundsätzlich nach Norden neigt. Und der amerikanische Dichter Henry Longfellow (1807–1882) meinte wohl Präriegras und Stachellattich – die sich nach Harold Gattys *Nature is Your Guide* in Nordamerika tatsächlich von Süden nach Norden ausrichten –, als er schrieb:

> *... Dies Kräutlein schau*
> *Wie's überm Gras auf feinem Stiel die Blüte*
> *Erhebt und Kelch und Blatt der Nadel gleich*
> *Nach Norden kehrt: Das ist die Kompassblume.*

Der Wuchs auf der lichtzugewandten Seite ist im Allgemeinen dichter und üppiger – das haben alle Pflanzen gemeinsam. Bei kleinen ist das schwerer zu erkennen, große aber, vor allem Bäume, zeigen deutliche Auswirkungen der Sonneneinstrahlung.

Bäume

Was für ein großer Gedanke Gottes,
als Er einen Baum erdachte!
JOHN RUSKIN

In der Landschaft ist es meist am idealsten, einen isoliert stehenden Baum zu beobachten, am besten in einem Gebiet, in dem die Elemente wirken, aber nicht wüten. (Nachts sollte man sich einem einzeln stehenden dornigen Baum jedoch besser nicht nähern, denn nach der nordischen Mythologie ist er verhext: »Dann kommt ein Feuerrad heraus und verschlingt dich«, so berichtet es Benjamin Thorpe.) Bei der Betrachtung eines Waldes, eines Hains oder auch einer kleinen Baumgruppe hingegen muss man wissen, dass die einzelnen Bäume sowohl auf das Wetter als auch aufeinander reagieren – was die Sache komplizierter macht. In jedem Fall sollte man sich den »König« aussuchen, den Baum, der am größten und ältesten aussieht und die Einflüsse des Wetters höchstwahrscheinlich unverfälscht widerspiegelt. Alle anderen Bäume in seiner Nähe mussten vermutlich große Kompromisse eingehen – das ist der Preis dafür, nicht als Erster dort gewurzelt zu haben.

Die Anpassung an die Umgebung lässt sich an laubwechselnden Bäumen besser ablesen als an immergrünen. Sie müssen nicht über längere Zeiträume mit geringen Mengen diffusen Lichts zurechtkommen, sondern drehen für ein paar Monate mächtig auf und haben breitere Blätter. Beide Faktoren sorgen dafür, dass sie auf äußere Einflüsse stärker reagieren. In manchen Gegenden dominieren jedoch immergrüne Bäume, dann muss man sich eben daran halten, sie sind aber schwieriger zu interpretieren als eine singuläre majestätische Buche, Esche oder Eiche.

Wichtig ist hierbei die Perspektive. Anfänger machen oft den Fehler, einen Baum nur von einer Seite zu betrachten, und nehmen sich nicht die Zeit, eine Runde zu drehen. Wenn der einzig verfügbare Baum in der Ferne am Horizont steht, hat man natürlich keine Wahl, aber aus der Nähe sollte man ihn immer von allen Seiten ansehen (man bekommt dabei unter Umständen in einem einzigen vier, acht oder sechzehn verschiedene Bäume zu Gesicht), denn die unterschiedlichen Perspektiven enthüllen die notwendigen Informationen über seine Ausrichtung.

Man sollte prüfen, ob er auf einer Seite »schwerer« wirkt, vielleicht dichteren Wuchs aufweist. Manchmal ist das sehr ausgeprägt, manchmal aber auch nur schwierig zu erkennen. Stellen Sie sich einfach vor, dass Sie den Stamm mit einer imaginären Kettensäge in zwei Teile spalten und diese gegeneinander aufwiegen. In nördlichen Regionen wie Großbritannien richtet sich die »schwerere« Seite nach Süden hin aus, und je deutlicher der Unterschied ist, desto zuverlässiger ist diese Information.

Ebenso wichtig ist die Form des Baums. Wie bei jeder Pflanze ist auch hier der Fototropismus ausschlaggebend, das Wachstum hin zum Licht. Zur Wachstumsregulierung produzieren Pflanzen chemische Botenstoffe oder »Streckungshormone«, die Auxine. Sie bewirken eine Zellstreckung, dabei agieren sie an einzelnen Stellen unterschiedlich. Sie wandern auf die lichtabgewandte Seite des Stamms, wo die dort befindlichen Zellen größer werden – mit dem Ergebnis, dass sich der Stamm zum Licht hin krümmt.

Diesen Effekt kann man nicht nur beim Stamm, sondern auch bei den Ästen beobachten. Auf der helleren Seite wachsen sie in einem eher flachen Winkel zum Licht – auf der Nordhalbkugel ist das Süden –, auf der dunkleren Seite recken sie sich steiler in die Höhe. Daraus resultiert der, wie ich es nennen möchte, »Knickwuchs« – als hätte der Baum auf seiner Südseite Knicke im Geäst. Der Knickwuchs ist vor allem im Winter zu beobachten, wenn die Äste kahl sind, das üppigere Wachstum auf dieser Seite hingegen im Sommer, wenn Laub am Baum hängt.

Ein dritter Effekt des Lichts auf Bäume wird sichtbar, nachdem sie gefällt wurden. In der Dendrochronologie wird das Alter eines Baums an seinen Jahresringen gemessen; sie sind unterschiedlich breit und geben Hinweise auf das Klima während der Lebenszeit des Baumes. Wenn der Wuchs nun auf einer Seite üppiger war, sieht man dieses Ungleichgewicht auch am Stamm, der den Wuchs unterstützt hat. Leonardo da Vinci erfand nicht nur Flugmaschinen und malte nicht nur Meisterwerke, er stellte auch fest, dass das »Herz« eines Baums eher an der südlichen als an der nördlichen Seite des Stamms sitzt.

Doch nicht nur die Sonne hinterlässt Spuren. Ein Baum ist nicht in der Lage, dem Wind zu entkommen; das sieht man an der Form, die er über viele Jahre hinweg im vorherrschenden Wind ausbildet (also nicht im

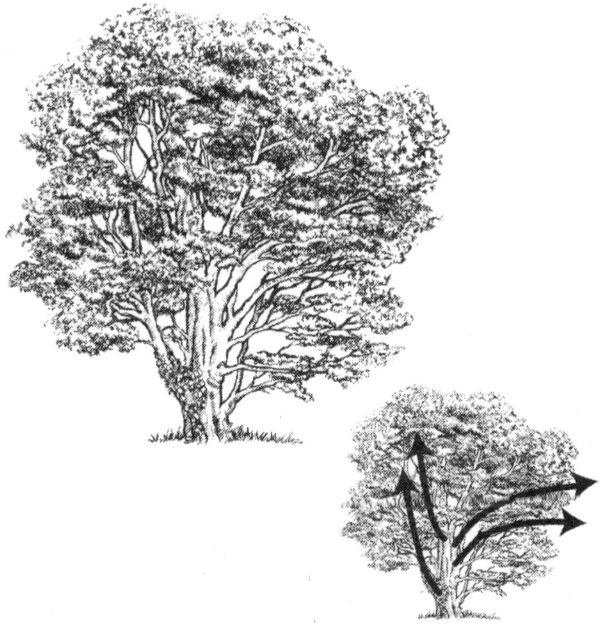

Auf der Nordhalbkugel zeigen frei stehende Bäume nach Süden hin dichteren Laubwuchs (sie wirken »schwerer«) sowie einen Knickwuchs ihres Geästs.

aktuellen Wind, in dem er sich in jedwede Richtung neigen und den man selbst leicht spüren und auch hören kann). Entscheidend ist hier der Standort. Ein Baum im Windschatten eines Hügels verrät nicht sehr viel, doch ein hoher Baum auf einer Kuppe gibt oft schon von fern Hinweise, wenn man weiß, aus welcher Richtung der vorherrschende Wind in der betreffenden Gegend weht. In Großbritannien kommt er aus Südwesten und »kämmt« die Zweige nach Nordosten. (Kennt man die

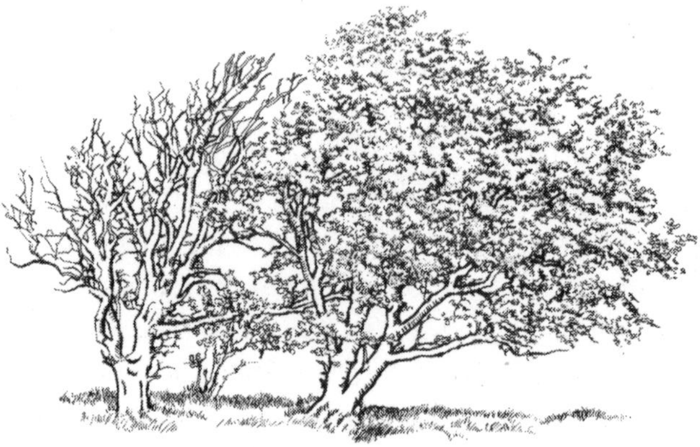

Der vorherrschende Wind verbläst die oberen Zweige und Astspitzen exponiert stehender Bäume.

Windrichtung nicht, ist es möglich, sie aus Sonnen- oder Sternenbeobachtungen abzuleiten und dann mit der Form der Bäume zu vergleichen.) In der oben stehenden Abbildung sind die Bäume eindeutig einem vorherrschenden Wind ausgesetzt, der von links kommt; für die Verhältnisse in Großbritannien wäre links Südwesten. Der Betrachter steht zu den Bäumen im rechten Winkel, also im Südosten, und blickt nach Nordwesten. Das klingt zunächst verwirrend, wird aber mit der Zeit und mit einiger Übung klarer.

In Gegenden mit extremen Winden oder empfindlichen Baumarten können die Auswirkungen so stark sein, dass man meint, ein Baum sei auf einer Seite kahl geschlagen.

In bewaldeten Regionen, wo man wenige andere Anzeichen hat, kann man bei umgestürzten Bäumen die

Einflüsse von Sonne und Wind beobachten. Bäume stürzen aus vielen Gründen – der Boden mag schlecht oder der Baum selbst von einer Krankheit befallen sein –, den Todesstoß aber versetzt ihnen oft der Wind. Wenn in einem Waldstück mehrere Bäume im gleichen Winkel am Boden liegen, vielleicht auch über ein größeres Gebiet hinweg, und den gleichen Grad an Verrottung aufweisen, sind sie mit großer Wahrscheinlichkeit alle zur gleichen Zeit demselben Sturm oder Orkan zum Opfer gefallen. Wenn man die Windrichtung dieses Sturms kennt, kann man sich von den Bäumen durch den Wald führen lassen. In England wurden Bäume 1987 von einem schweren Orkan aus südsüdwestlicher Richtung entwurzelt, und die verrottenden Stämme weisen dem Wanderer noch heute den Weg.

Sonne und Wind agieren nicht autonom, sondern im Tandem. Ihre Einflüsse auf allein stehende Bäume zeigen sich also oft in kombinierten Effekten, was die Interpretation schwieriger machen oder aber eine Theorie stützen kann. Bevor wir die Unterschiede zu verdeutlichen versuchen, muss man sich zunächst klarmachen, dass der Wind ein Objekt immer im Verhältnis zu dessen Ungeschütztheit verändert. Baumwipfel und Astspitzen sind »verblasener« als die dicken Hauptäste in Stammnähe, die wiederum im Lauf der Zeit mehr Auswirkungen der Sonneneinstrahlung aufweisen. Dominiert der Wind, ist der Sonneneinfluss oft schlecht zu erkennen, umgekehrt aber überdeckt dieser niemals die Auswirkungen des vorherrschenden Windes.

Am besten lassen wir den Baum selbst sprechen. Dabei müssen wir ein Gespür dafür entwickeln, ob er eher der Sonne oder dem Wind ausgesetzt ist. Dann müssen wir eine Hypothese über die Windrichtung bilden und daraus schließen, in welche Himmelsrichtung sich der Baum neigt. Als Nächstes müssen wir einschätzen, wie sich die geringere der beiden Kräfte Sonne oder Wind auswirkt. Sieht ein Baum auf einer Seite »schwerer« aus, neigt er sich auf der Nordhalbkugel nach Süden. Kommen dann noch – das gilt wieder für Großbritannien – die Einflüsse der Südwestwinde in den oberen Baumbereichen hinzu, war unsere Hypothese richtig. Wird sie widerlegt, muss man eine neue aufstellen, sich einen anderen Baum oder ganz andere Anhaltspunkte suchen.

Der Versuch, die Sprache der Natur zu entziffern, frustriert manchmal, aber man muss sich immer vor Augen halten, dass die Natur es sich nicht leisten kann, viel Kraft zu verschwenden. Für so ziemlich alles, was wir sehen, gibt es einen Grund, und manchmal sind auch wir selbst Teil davon. Der Schotte James Fergusson (1808–1886), der sich mit seinen Schriften zur Architektur einen Namen machte, entdeckte in Jessore in Britisch-Indien, im Südwesten des heutigen Bangladesch, eine alte Dattelpalme, die sich sehr merkwürdig verhielt. Jeden Tag huldigten die Menschen diesem Baum und hängten Girlanden an seine Zweige, denn es hieß, in ihm sei einer der Götter erschienen. Bei Sonnenaufgang hob die Palme nämlich den »Kopf«, um die Sonne zu begrüßen, bei Sonnenuntergang senkte sie ihn wieder. Fergusson sah das Phänomen mit eigenen Augen und suchte nach einer Erklärung: Die Palme wuchs auf dem Hauptweg durch das Dorf und hatte sich so geneigt, dass die Leute nicht mehr vorbeikamen, also drückten sie die Zweige zur Seite und banden sie fest. Mit der Zeit verdrehte sich der Baum derart, dass der Stamm aussah wie ein gedrehtes Seil. Wenn nun die Morgensonne auf die spiralförmig gewachsenen Fasern traf, wurde ihnen Feuchtigkeit entzogen; sie strafften sich und der Wipfel hob sich. In der Abendkühle entspannten sich die Fasern, und die Krone senkte sich wieder. Damit hatte Fergusson eine akzeptable wissenschaftliche Erklärung gefunden – was aber nicht dem Glauben der Hindu widersprach, dies sei ein Werk des Sonnengottes Surya.

Moose und Flechten

Es ist natürlich kaum möglich, alle 16 000 Moos- und alle 25 000 Flechtenarten weltweit zu kennen. Es empfiehlt sich aber, etwas über ihre allgemeinen Vorlieben, Gewohnheiten und Empfindlichkeiten zu wissen. Ganz zu Anfang möchte ich hier ein sehr gängiges Mantra der natürlichen Orientierung in Frage stellen: »Moos wächst an der Nordseite von Bäumen und Gebäuden.« Kann sein. Aber es wächst auch an allen anderen Seiten. Moos interessiert sich nicht für die Himmelsrichtung, es braucht Feuchtigkeit und davon viel.

Aus der direkten Korrelation zwischen Sonneneinstrahlung und Feuchtigkeitsgrad ergibt sich: Ist ein Gebäude von allen Seiten gleichermaßen dem Regen ausgesetzt, wird die der Sonne zugewandte Seite normalerweise schneller wieder trocken. Da sich Moos an feuchten Stellen wohlfühlt, wird es in der nördlichen Hemisphäre also tatsächlich eher an der Nordseite wachsen. Wenn man es als Orientierungshilfe heranzieht und weiß, warum Moos an bestimmten Stellen wächst und warum es dort feucht ist, kann man nichts falsch machen. Aber die Sonne ist nur ein Faktor von vielen, die den Feuchtigkeitsgrad beeinflussen, und nicht einmal der dominierende.

Ausschlaggebend ist zunächst das Gefälle eines Geländes oder der Neigungswinkel eines Dachs. Je schneller das Wasser an einer Stelle abläuft, desto unwahrscheinlicher ist dort Moosbewuchs, weil es nicht feucht genug ist. Das kann man an zwei nebeneinanderliegenden Dächern mit unterschiedlichem Neigungswinkel vergleichen. Noch auffälliger ist es an Baumstämmen mit Krümmungen oder Aushöhlungen, die die Bewegung des Wassers verlangsamen und dem Moos sogar an ihren Südseiten ein heimeliges Bett bieten.

Auch die Oberflächenstruktur ist ein wichtiges Kriterium. Eine raue Rinde bremst das abfließende Wasser und schafft für Moos ein gutes Habitat.

Moose auf geringem Gefälle und auf grob strukturierten Oberflächen geben also keine guten Hinweise auf die Himmelsrichtung. Auch Moose, die im Bereich bis zu sechzig Zentimetern über dem Boden wachsen, sollten wir ignorieren, denn die Erde speichert Feuchtigkeit, demnach wachsen Moose unabhängig von der Himmelsrichtung oft in Bodennähe.

Alle Kriterien zusammen kann man manchmal an einem einzigen Baum beobachten. Dafür eignet sich eine Weißbirke mit teils glatter, teils rauer Rinde und ein paar Knoten und Drehungen im Stamm. Moos kann in Bodennähe um den ganzen Stamm herum wachsen, was keinerlei Hinweise auf die Himmelsrichtung gibt. Es wächst auch an der Südseite, wenn es dort raue, flache Stellen gibt. Doch wenn es an einer steilen, glatten Stelle weit über dem Boden wächst, ist diese Seite höchstwahrscheinlich vor der Sonne geschützt und die Feuchtigkeit kann sich dort halten. Und auf der Nordhalbkugel ist das eher die Nordseite.

Algen sind ein weiterer feuchtigkeitsliebender Organismus, oft werden sie allerdings mit Moosen verwechselt. Sie überziehen Baumrinden, Steine und andere Oberflächen wie ein dünner, oft schleimig wirkender Film. Wie Moose geben auch sie klarere Hinweise auf die Feuchtigkeit als auf die Himmelsrichtung. Aber man kann auch daraus Schlüsse ziehen: Im Winter verleihen Algen Wäldern oft schon aus der Ferne gesehen auf der Nordseite einen grünlichen Ton.

Moose sind die bekanntesten, aber oft missverstandenen pflanzlichen Hilfsmittel bei der Verwendung des natürlichen Kompasses – Flechten hingegen ihre scheuen, komplexeren Nachbarn. Sie wachsen sehr langsam, haben aber eine extrem lange Lebensdauer. Da sie stellenweise Tausende Jahre alt werden, sind sie wohl die ältesten Lebewesen auf der Erde. Bei der Orientierung mithilfe von Flechten sind weniger ihre biologischen Besonderheiten von Bedeutung, es geht vielmehr um die Interpretation ihrer Farben und Muster in einem bestimmten Gebiet.

Vor allem zwei Dinge muss man hier beachten: die Oberfläche, auf der die Flechte wächst, und die Umgebungseinflüsse – Sonne, Wind und Wasser. Daraus ergeben sich Regelmäßigkeiten. Braune und orangerote

Flechten mögen vielleicht nach Süden liegendes Gemäuer, während hellgrüne Flechten mit dunklen Punkten die Südwestseite von Bäumen bevorzugen, wo sie teils Sonne, teils Regen bringende Winde haben. Wegen der Vielfalt und Reizempfindlichkeit von Flechten ist es besser, man erwirbt sich Kenntnisse der einzelnen Arten in einem bestimmten Gebiet, als dass man allgemeingültige Regeln aufzustellen versucht. Man sollte vor allem nicht von einer Oberfläche auf die andere schließen: Eine bestimmte Flechte, die auf einem konkreten Stein gedeiht, kann zur Orientierung ungeeignet sein, wenn sie auf einem anderen Stein oder an einer Baumrinde wächst.

Flechten reagieren stark auf Luftverschmutzung und werden von Ökologen zur Messung der Luftqualität herangezogen. Auf dem Land verleihen sie einem Friedhof seine Farben und seine Atmosphäre, in Stadtnähe sind sie seltener zu finden, weil die Verhältnisse dort schwieriger für sie sind. Chichester Cross, das »Marktkreuz« von Chichester, wo die armen Leute früher ihre Waren feilboten, ist ein achteckiges Gebäude aus dem 15. Jahrhundert. Seine acht tragenden Pfeiler sind prominent, und ein jeder ist Wind, Regen und Sonne in leicht unterschiedlichem Maß ausgesetzt. So sieht jeder Pfeiler aufgrund der Farben und Muster seiner Flechten anders aus – von goldgelb und braun im Süden bis hin zu grau und lindgrün nach Norden. Doch in Chichester wird sich daran niemand orientieren – steht das Marktkreuz doch direkt im Zentrum auf der Kreuzung von North Street, South Street, East Street und West Street.

Kommt man in einer Großstadt aus der U-Bahn und muss sich anhand weniger Hinweise orientieren, kann das erst einmal verwirrend, aber auch lehrreich sein. Die Sinne schlafen ja nicht, wenn man in einer Stadt ist. Vielleicht verdienen gewisse Anblicke und Gerüche sowie die typischen Hindernisse auf dem Weg ja keine weitere Aufmerksamkeit, aber es stellt sich als lohnenswerte Erfahrung heraus, mit offenen Augen und ohne ein lebloses Stück Stadtplan in der Hand durch die Straßen zu gehen.

Bevor wir spezielle Orientierungsmethoden in der Stadt betrachten, wollen wir untersuchen, *wie* man überhaupt zu deren Erkundung aufbricht. Eine Stadt ist gleichbedeutend mit Eile, Zielgerichtetheit; aber mit ein wenig Zeit und viel Neugierde findet man viel Interessantes. Der britische Reiseschriftsteller Stephen Graham (1884–1975) schilderte, wie er 1926 Manhattan erkundete: Im »Zickzack« ging er nach rechts und links, anstatt die Avenues der rechtwinkligen Stadtanlage in Nord-Süd-Richtung zu durchwandern. Er schwelgte in »Überraschungen und Freuden und Kuriositäten, die die Stadt mir in ihren Gassen, Nebenstraßen, Chausseen und Kais enthüllte«.

Häuser und andere Bauten sperren die Natur aus, aber die Stadt selbst liegt in einer Landschaft. Selbst wenn den Architekten und Ingenieuren noch so große Würfe gelingen – auch die tollsten Bauwerke sind nur Fußnoten zu den Hügeln und Flüssen einer Stadt. Am besten sieht man sich den Stadtplan an, damit man ein

Gefühl für diese Einflüsse bekommt, bevor man sich dann ohne Karte auf den Weg macht und lernt, die Stadt zu lesen.

Manchmal ist sie unabhängig von der Landschaft deutlich in eine Himmelsrichtung ausgerichtet. So liegen in Peking der Trommel- und Glockenturm, der Kaiserpalast, der Tiananmen-Platz, das Denkmal für die Helden des Volkes und das Mao-Mausoleum auf einer geraden Nord-Süd-Achse. Obwohl dafür eher »himmlische« Gründe ausschlaggebend waren, kann man sich auch auf dem »Erdenweg« an dieser Linie durch die Stadt orientieren.

Gewachsene Städte wie London oder Paris unterscheiden sich stark von Planstädten wie Canberra oder Brasília, die auf dem Reißbrett angelegt wurden und wo die Straßen normalerweise regelmäßig verlaufen – günstiger für die Orientierung, aber langweiliger.

Betrachten wir nun das Verhalten des allgegenwärtigen Stadt-Tiers, des Menschen, um daraus Hinweise für die Orientierung zu gewinnen. Zwischen Verkehrsknotenpunkten und Arbeitsplätzen oder Sehenswürdigkeiten gibt es gewissermaßen gerichtete Ströme, die Stadtlandschaft, Gebäude und Menschen verbinden. Einen Bahnhof findet man, wenn man morgens gegen den Strom und abends mit der Menschenmenge geht. Diese Bewegungen werden von natürlichen Faktoren gelenkt und beeinflussen sich gegenseitig in einer Weise, über die man nur selten nachdenkt. Die Richtung, in die Menschen gehen, ist von der Uhrzeit vorgegeben, und diese wiederum ist natürlich an der Sonne ausgerichtet. Im Sommer zum Beispiel strömen die Menschen um die Mittagszeit aus den Bürogebäuden in Parks und andere Außenanlagen.

Die Wechselbeziehung zwischen einzelnen, sich in Bewegung befindlichen Menschen ist schwerer nachzuvollziehen. Wo Menschen sind, kommen andere Menschen hinzu, es entstehen Routinewege. Aber dennoch oder gerade deshalb ist es aufregend, die bevölkerten Hauptstraßen zu verlassen und in eine menschenleere Querstraße abzubiegen. Wie wir uns gegenseitig beeinflussen, merkt man, wenn man aus Spaß auf einer geschäftigen Straße plötzlich stehen bleibt und einfach nur in den Himmel blickt: Bald werden andere Leute ebenfalls innehalten und hinaufstarren.

Auch in Städten walten die Kräfte der Natur. Die Sonne lässt auf der einen Straßenseite den Putz schneller ausbleichen und abblättern als auf der anderen. Der Regen trifft aus der vorherrschenden Windrichtung auf ein Gebäude und verursacht Flecken, Korrosion oder fördert Moos- und Algenbewuchs. Verwitterung ist ein komplexeres Phänomen, als es scheint, denn unterschiedliches Gestein reagiert unterschiedlich auf die Elemente – eine gute Nachricht für den Anwender des natürlichen Kompasses. So gibt es über Verwitterung und anomales Verhalten von Sandstein-Grabsteinen in Südostengland eine – allerdings eher exzentrische – wissenschaftliche Abhandlung von Williams und Robinson.

Verwitterungseffekte lassen sich ähnlich interpretieren wie Flechten. Wenn man mit den Baumaterialien einer bestimmten Region vertraut ist, lassen sich daraus Rückschlüsse auf das Wetter in der betreffenden Stadt ziehen. Korrosion, Korrasion und schwarze Stellen finden sich, je nachdem, eher auf der windzu- oder eben der windabgewandten Seite eines Gebäudes und das meistens in einer bestimmten Höhe, wo die Elemente ungehinderter wirken als in Bodennähe.

Manchmal riecht man auch einen Fluss, See oder Park, bevor man ihn sieht, und wird sich dann der Windrichtung bewusst. Auch wenn man im Schutz hoher Gebäude geht und den Wind nicht spürt, kann er ein Orientierungsmittel sein, wenn man die Wolkenbewegungen am Himmel beobachtet. Die vorherrschenden Winde wirken sich auch auf den groben Plan einer Stadt aus, vor allem einer alten Industriestadt. Die weniger beliebten Wohngebiete liegen meist in Windrichtung – in Großbritanniens Westwindlage ist das der Osten. Man erinnere sich an das Londoner East End als Synonym für unterprivilegiertes Wohnen.

Ein zuverlässiger Richtungsweiser ist heutzutage auch die Ausrichtung der Satellitenschüsseln auf einen stationären Satelliten – das gilt zumeist für ganze Regionen, wenn nicht gar Länder. In Großbritannien weisen sie normalerweise nach Südsüdost.

Tennisplätze liegen meist auf einer Nord-Süd-Achse, um Sichtbehinderungen durch das Sonnenlicht zu minimieren. Die genaue geografische Lage des Platzes und der Zeitpunkt eines Matches können auch von Bedeutung sein. Der Bau von Tennisplätzen wird so schnell zu einer Art Geheimwissenschaft: Ein Ingenieur ging einmal davon aus, dass die meisten Spieler Rechtshänder sind, setzte die geografische Lage mit der Sonneneinstrahlung an den Tagundnachtgleichen zwischen drei und vier Uhr nachmittags in Beziehung und schloss daraus, die beste Lage für den zu errichtenden Platz sei 22° nördlich einer Nordwest-Südost-Achse.

Religiöse Bauten wurden schon immer in eine bestimmte Himmelsrichtung ausgerichtet, weil sie auf Punkte in der Ferne – sei es auf dieser, sei es in einer anderen Welt – oder, wie die Pyramiden, auf die Sterne am Himmel verweisen. Die Apsis einer christlichen Kirche liegt nach Osten hin, die mit einer Nische versehene Qibla-Wand einer Moschee gibt die Gebetsrichtung nach Mekka an.

Auch die Anlage von Gräbern oder Gedenkstätten verdient Aufmerksamkeit, denn meist gibt die Ausrichtung, in der die Toten bestattet sind, Aufschluss über die Himmelsrichtung. Im christlichen Kulturraum sind Gräber meist nach Osten ausgerichtet, damit die Toten beim letzten Posaunenschall bereit sind: »Die Posaune wird erschallen, die Toten werden zur Unvergänglichkeit auferweckt« (1. Korinther 15,52).

Bei der Orientierung in einem modernen urbanen Raum kann man davon ausgehen, dass sich Architekten zunehmend nach naturgegebenen Faktoren richten, beispielsweise bei der Ausrichtung eines Gebäudes hin zum natürlichen Licht. Aber auch drinnen tut sich was! Pflanzen sollen das Gebäudeinnere auflockern, als international verständliche Sprache aber auch verschiedene Orte und Funktionen kennzeichnen, weil Hinweisschilder immer auf eine bestimmte Anzahl Sprachen beschränkt sind. Wenn aber in einem Einkaufszentrum Kletterpflanzen über den Aufzügen hängen, weiß jeder, was damit gemeint ist.

Wie in der natürlichen Landschaft gibt es auch bei den meisten Elementen einer Stadt einen Grund für ihre Lage. Wer sich dem natürlichen Kompass anvertraut, muss sich also fragen, wie Bauwerke ausgerichtet sind und warum.

SAND

Die tagsüber heißen und in der Nacht kalten Wüsten der Erde sind leer, es gibt dort kaum Flora und Fauna, dennoch bieten sie ausreichend viele Orientierungshilfen.

Wüstenbewohner machen sich schon von Kindesbeinen an mit ihrer Umgebung vertraut. Sie lernen Veränderungen und Muster in der Landschaft erkennen, die den meisten anderen Menschen verborgen bleiben. Für sie ist das so natürlich und selbstverständlich, dass es gar nicht als besondere Befähigung gilt und sie auch gar nicht erklären können, wie sie ihren Weg durch eine scheinbar monotone Landschaft finden. Fragt man einen Targi in der Sahara, wie er sich orientiere, könnte man ihn auch gleich fragen, wie er es überhaupt schaffe, einen Fuß vor den anderen zu setzen …

Vorausgesetzt, es gibt keinen Sandsturm, ist die Sicht in der Wüste hervorragend. Die Höhe des Standorts des Beobachters ist hier ausschlaggebend, und man sollte jede Gelegenheit nutzen, ein wenig weiter nach oben zu gelangen. Schon wenn man auf einem Kamel reitet, nimmt man deutlich mehr wahr, als wenn man zu Fuß geht.

Die Tuareg orientieren sich im Wesentlichen an Gerüchen. Bei einer Rast machen sie immer ein Feuer und kochen Tee. Die reine Luft trägt den Rauch über weite Strecken, er kann leicht in Windrichtung wahrgenommen werden.

Um ein Lager zu finden, marschiert man im rechten Winkel zum Wind, bis man Rauch riecht, dann geht man gegen den Wind weiter. Der Wüstenpionier Ralph Bagnold (1896–1990), Gründer der britischen Spezialeinheit *Long Range Desert Group* im Zweiten Weltkrieg, fand nach eigener Aussage eine zwölf Kilometer entfernte Oase, indem er dem Geruch eines Kamels folgte.

In der Wüste ist man den Elementen stärker ausgesetzt als irgendwo sonst. Im Allgemeinen ist es ein gefährliches Terrain, das keinen Fehler verzeiht. Für den Benutzer des natürlichen Kompasses, der über ein gutes Grundwissen verfügt, ist es jedoch eine gastliche Region, denn nur wenige andere Landschaften erlauben einen so klaren und unverstellten Blick auf die beiden wichtigsten Orientierungshilfen: Sonne und Sterne.

Wenn man sich nicht gerade mittags, wenn die Sonne im Zenit steht, in der südlichen Sahara bewegt, kann man in einer Wüstenebene den eigenen Schatten im Tagesverlauf gut zur Orientierung nutzen: vom Sonnenaufgang über der linken Schulter bis zum Sonnenuntergang über der rechten Schulter bei einer langen Wanderung nach Norden. Dieser schattenhafte Begleiter kann hilfreich und beruhigend sein, wenn der Boden, wie so oft in der Wüste, plötzlich seine Farbe oder Beschaffenheit verändert, was einen bei der Orientierung doch ziemlich irritiert.

Gleichförmig aussehende Dünen in der Ferne können anhand der Sonneneinwirkung unterschieden werden. Wenn die Sonne niedrige Dünen aufheizt, wirken sie bläulich und heben sich vom ganzen Sand in ihrer Umgebung ab. Einmal half mir so ein blauer Fleck am Horizont, zwei Stunden lang meinen Kurs zu halten. Nach einem siebenstündigen Marsch in der libyschen Wüste bei Takyomet an der Grenze zu Algerien verlor ich den Anschluss zu meiner Kamelkarawane, die meinen Proviant mit sich führte. Ich war so durstig, dass ich Luftspiegelungen sah und alle Dünen für mich gleich ausschauten. Ich war zwar mit erfahrenen Tuareg unterwegs, und es bestand keinerlei Gefahr, dennoch war ich desorientiert und entmutigt. Dann sah ich einen hellen länglichen Fleck – wie eine hellblaue Skipiste in den fernen Dünen –, der konstanter war als die meisten anderen Luftspiegelungen. Mithilfe dieses Flecks gelang es mir, die Landschaft wieder einzuschätzen, mich neu zu orientieren und frische Kräfte daraus zu schöpfen.

Nach Sonnenuntergang wirkt die Wüste mitunter äußerst befremdlich. Tagsüber findet man leicht wieder an einen vertrauten Ort zurück, nachts aber erkennt man ihn unter Umständen kaum oder gar nicht mehr wieder. Selbst bei kleinen Veränderungen in fahlen Lichtverhältnissen, beispielsweise im Mondschein, sieht die Landschaft minütlich anders aus. Doch die Sterne sind nachts eine große Hilfe und leicht zu finden. In den Wüsten niedriger Breiten, wie denen Nordafrikas, sieht man oft gleichzeitig den Polarstern und das Kreuz des Südens, was bei der Orientierung große Sicherheit gibt.

Durch die fehlenden Niederschläge bleibt die Oberfläche der Wüste selbst über lange Zeit unverändert, weil sie nicht durch Wasser erodiert. So findet man in der Sahara noch Fahrspuren aus dem Zweiten Weltkrieg. Wenn man jemandem zu Fuß oder in einem Fahrzeug folgt, sollte man sich die Spuren einprägen, damit man sie wiederfindet, wenn die Person außer Sicht gerät.

Der Wind übt den entscheidenden Einfluss auf die Wüstenlandschaft aus, wie man an Bäumen und Gräsern in Wadis und Oasen sieht. Man muss jedoch unterscheiden zwischen dem vorherrschenden Wind und einem Sandsturm, der ein paar Tage lang heftig aus einer anderen Richtung wehen kann. Deshalb ist es möglich, dass Bäume, die sich in die eine Richtung neigen, und Sand, der sich auf der anderen Seite im Windschatten von Grasbüscheln angesammelt hat, widersprüchliche Hinweise geben. Spuren von Sandstürmen finden sich allerdings überall in der Wüste, während Bäume eher rar sind.

Sandhaufen im Windschatten von kleinen und kleinsten Erhebungen, selbst einem Stein, führen uns meilenweit so sicher durch die Wüste wie umgestürzte Bäume durch einen Wald, wenn man weiß, aus welcher Richtung der letzte Sandsturm gekommen ist. Nach jedem Sturm aber muss man sich wieder neu orientieren.

Die vorherrschenden Winde hinterlassen vor allem Spuren an Felsen, die vom Sand oder von anderen durch die Luft getragenen Partikeln geschliffen werden. Man sieht dies an einzelnen verwitterten Stellen oder aber an ganzen stromlinienförmigen Felsformationen, die sich im Lauf der Zeit über weite Strecken gebildet haben und »Yardang« genannt werden: konische Windhöcker, die an der dem Wind zugewandten Luvseite steil aufragen und auf der Leeseite flacher auslaufen.

Die Farbe des Sandes liefert uns weitere Hinweise. Er kann schwarz, violett oder auch grünlich sein, in der Wüste herrschen jedoch Gelb- und Rottöne vor, verursacht durch die chemischen Eigenschaften seiner Bestandteile, hauptsächlich der Menge des enthaltenen Eisenoxids. Die Bestandteile verändern auch die Dichte des Sandes und sein Verhalten im Wind. In manchen Gegenden hat sich daraus ein Farbkompass gebildet, zum Beispiel rötlicher Sand links, gelber rechts einer Trasse.

Die Rätsel der Wüste aber lassen sich vor allem anhand ihrer Dünen lösen, denn sie spiegeln die langfristige Beziehung zwischen Sand, Wind und Topografie wider.

Gibt es in einer Wüste konstante Winde, dann gibt es sicherlich auch Primärdünen. Bei den Sicheldünen (Barchan) fallen die Enden in Windrichtung ab. Wo es reichlich Sand gibt, entstehen Transversaldünen wie große Wellen mit Höhenrücken, die quer zur vorherrschenden Windrichtung verlaufen. Konvergierende Winde bilden Strich- oder Längsdünen parallel zur Hauptwindrichtung. Sie werden bis zu dreihundert Meter hoch und erstrecken sich über weite Gebiete wie in der größten Sandwüste Rub al-Khali, dem »Leeren Viertel« im Süden der Arabischen Halbinsel.

Sekundärdünen, die sich wie Kreuz- oder Sterndünen aus anderen Dünen bilden oder auf diesen aufsetzen,

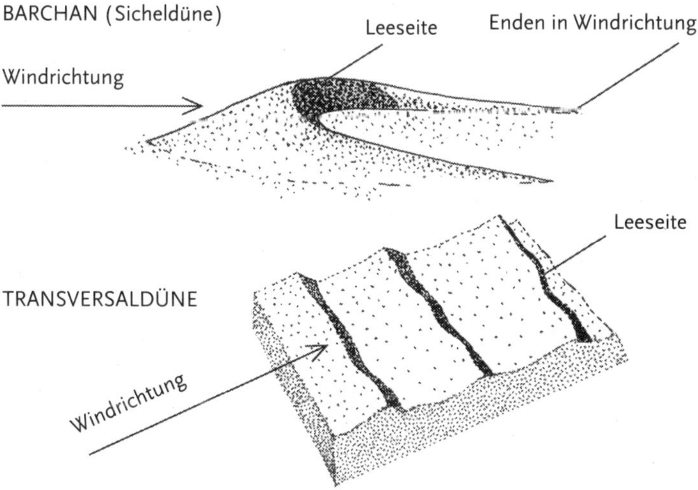

Sanddünen geben Hinweise auf die Richtung des vorherrschenden Windes.

entstehen, wenn Winde aus verschiedenen Richtungen kommen, der Sand immer wieder umgeschichtet wird oder sich verschiedene Dünentypen überlagern. So schön Sekundärdünen sind – sie sind schwer zu ergründen. Man kann die Bewegungen von Wind und Sand manchmal nicht unterscheiden, weil die Dünen so groß geworden sind, dass sie selbst den Wind kanalisieren. Das sieht man an den aufgesetzten Kleindünen – wenige Zentimeter hohe, wellenförmige Rippel, die sich an der Oberfläche bilden und die Wellenbewegungen im Luftstrom illustrieren. Große Sekundärdünen und ganze Dünenzüge müssen wie Hügel und Hügelketten betrachtet werden; es können sehr nützliche Orientierungspunkte sein, auch wenn sich ihre Geschichte manchmal nur schwer und auch nicht immer zur Gänze lesen lässt.

Die Beziehung zwischen Wind und Sand ist auch interessant, wenn sie nicht zur Orientierung genutzt wird. Bei den meisten Dünen trennt der Kamm die Luv- und Leeseite, Erstere steigt leicht an und besteht aus dichtem, begehbarem Sand, Letztere fällt steil ab, man sinkt in den weichen Sand ein. Um Kräfte zu sparen, sollte man also immer auf der Luvseite gehen.

Gemeinhin gilt es als große Herausforderung, sich in der unwirtlichen Wüste zu orientieren, doch mitunter findet man dort für den natürlichen Kompass leichter Richtungshinweise als in einem nordischen Wald.

EIS UND SCHNEE

In ihrem jeweiligen Sommer ist es an den Polen hell, aber die Sonne steht nie sehr hoch. Sogar zur Sommersonnenwende bewegt sie sich in einem flachen Winkel über den Himmel. Auch geht sie an den Polen weder auf noch unter, sie beschreibt einen Kreis, der während des Erdumlaufs von Tag zu Tag höher oder niedriger eingeschnitten wird.

Ich hatte das Glück, zur Sommersonnenwende 2005 auf meinem Flug zum Polarkreis die Mitternachtssonne zu sehen. Zusammen mit Ross Collet war ich in einer Piper Archer von England nach Kiruna in Schweden unterwegs. In hohen Breiten dämmert es nur allmählich, die Bahn der Sonne ist fast horizontal, ihr Stand so niedrig, dass sie beim Untergang eher langsam »abrutscht«, während sie am Äquator schon wenige Minuten, nachdem sie den Horizont berührt hat, »hinuntergepurzelt« ist.

In Polnähe haben Sterne aus zwei Gründen nur begrenzte Bedeutung beim Navigieren: Erstens macht man sich normalerweise an den langen Sommertagen auf den Weg, zweitens sind die Sterne selbst problematisch. Der Nordstern steht meist zu hoch, um eine nützliche Orientierung zu bieten, und die Sterne nahe dem Horizont verändern zu schnell ihre Stellung zu unserer Position, als dass mit ihrer Hilfe lange ein Kurs zu halten wäre. Warum das so ist, erkläre ich im dritten Kapitel.

Die vielen Berichte über Polarfahrten lassen stark vermuten, dass unsere Sinne umso schärfer werden, je größer die Deprivation ist, der sie ausgesetzt sind. Was sieht man in diesen Schneewüsten denn schon außer strahlendem Weiß? Und dennoch findet man beim Blättern in diesen Büchern die lebhaftesten Schilderungen: butterblumengelbe Berge, kobaltblaue und smaragdgrüne Schneekristalle, blutroter Mond, minzgrüne Eisberge, orange-samtene Kaiserpinguine mit Bernsteinaugen ... Auch die eigenen Augen spielen einem oft einen Streich. Auf der *Belgica*-Expedition, an der 1897–1899 der noch völlig unbekannte Roald Amundsen als Zweiter Offizier teilnahm, meinte die Mannschaft, auf einer Eisscholle jemanden mit einer Laterne in der Hand zu sehen, gar einen »Vertreter einer unbekannten südpolaren Menschenrasse?« Der junge Amundsen fuhr mit den Skiern rasch übers Packeis, um nachzusehen: »Der Spuk entpuppte sich bei näherer Betrachtung als ein mit frischen

Meeralgen bedeckter und phosphoreszierender Schneehaufen, welcher durch den Eisdruck abwechselnd gehoben und gesenkt wurde.«

WIND UND SCHNEE

Schnee und Eis verhalten sich im Wind wie Sand. Die Formen und regelmäßigen Muster, die sich im Wind bilden, sind Dünenformationen vergleichbar – Wellen, Kämme und Rippel.

Der Wind verbläst frischen Schnee zu Schneewehen und -kämmen mit je einem Ende, das in die Windrichtung deutet. Die Inuit und andere Eingeborene polarer Breiten können diese Schneeanhäufungen leicht interpretieren. Schnee sammelt sich auch auf der Leeseite jedes Hindernisses, ein Hinweis, dem man auch in gemäßigtem Klima nachgehen kann. Im Februar 2009 schneite es in Großbritannien stark; ich machte in den South Downs eine schöne Nachtwanderung durch den hohen Pulverschnee und fand den Weg durch einen Buchenwald, indem ich mich von der dünnen Schneeschicht leiten ließ, die sich in Streifen über die Nordnordostseite der Bäume gelegt hatte.

In höheren Breiten entstehen in Windrichtung stromlinienförmige, scharfkantige Erhebungen und Rillen im Schnee, »Sastrugi« genannt, nach dem russischen Wort für »Welle«. Sie werden durch Abtragung gebildet, nicht durch Ablagerung wie die Schneewehe, und im Gegensatz zu dieser ist ihre steilere Seite dem Wind zu-, die flachere ihm abgewandt.

Jeder Wind hat seine eigenen Charakteristika und hinterlässt seine eigenen Spuren im Schnee. Die Inuit verstehen diese Spuren und auch die unterschiedlichen Eisformationen, die ein bestimmter Wind verursacht, zu lesen. In ihrer Sprache haben sie symbolische Begriffe für die jeweiligen Winde. Nach John MacDonald wird *nigiq*, ein milder, stetiger Wind aus Ostsüdost, mit dem Mann gleichgesetzt, *uangnaq*, ein scharfer, böiger Wind aus Westnordwest, hingegen ist weiblich. Vermutlich haben sich Inuit-Männer diese Symbolik ausgedacht …

Sich an windbedingten Formationen zu orientieren, auch wenn sie nur wenige Stunden alt sind, ist sicherer, als nach dem Wind selbst zu gehen. Er kann innerhalb weniger Minuten drehen, während die Sastrugi beständiger sind und auch der Schnee in Lee einige Zeit liegen bleibt.

Bei einem Blick in den Himmel in Polnähe sieht man, dass die Unterseite der Wolken über dem Eis heller ist als über offenem Wasser. Frederick Cook schilderte das sehr lyrisch: »Einen Wasserhimmel, einen Landblink oder sonstige Anzeichen, welche auf Land oder offenes Wasser hindeuten, haben wir ständig vor uns, und diese sind für den Polarforscher das, was der Stern von Bethlehem für die Kinder Israels war; sie erregen unsere beständige Aufmerksamkeit.«

Im Spiel des arktischen Lichts können durch die Brechung des Lichts in Luftschichten unterschiedlicher Temperatur Luftspiegelungen entstehen: Das Land »steigt« über den Horizont, sodass zum Beispiel sonnenbadende Walrosse aus großer Ferne im Blickfeld erscheinen.

An allen Orten, die wegen der Position der Erde zur Sonne eher unbewohnbar sind und wo die Menschen sensorischen Extremen ausgesetzt sind, werden sie auch sehr erfinderisch. Umso besser, wenn man solche Phänomene erklären kann, aber sie verlieren nichts von ihrer Schönheit, wenn sie unerklärlich bleiben. John MacDonald erzählt von dem Inuit Aipilik, der sich auf der Jagd im Schneesturm auf dem Packeis verirrte. Er schichtete einen Windschutz auf, um den Sturm abzuwarten, und schlief ein. Da hörte er im Traum eine Stimme, die ihm sagte, dass sein Lager rechter Hand auf der Leeseite liege, er müsse also mit dem Wind gehen, um nach Hause zu finden. Es hat geklappt – sonst wäre diese Geschichte kaum bekannt geworden.

ZWEITES KAPITEL

Die perfekte Illusion. Die Sonne

Sie gibt den Gegenständen das Licht und verscheucht die Finsternis; sie verdunkelt durch ihren Schimmer die übrigen Gestirne; sie bestimmt den Wechsel der Jahreszeiten und das nach Naturgesetzen sich immer wieder erneuernde Jahr; sie zerstreut die Düsterheit des Himmels und erheitert selbst das traurige Gemüt des Menschen.

PLINIUS SECUNDUS,
Naturgeschichte

Die Grönland-Saga erzählt die Geschichte von Bjarni Herjúlfsson, dem Sohn des Gefährten Eriks des Roten, der jedes Jahr von Norwegen nach Island segelte, um seine Eltern zu besuchen. Im Jahr 986 aber war sein Vater mit Erik nach Grönland umgesiedelt – was Bjarni nach seiner Ankunft sicherlich irritierte, denn jede Nordatlantiküberquerung konnte für einen Wikinger die letzte sein … Jedenfalls folgte Bjarni seinem Vater gen Grönland, geriet aber in schwere See und kam vom Kurs ab. Erst Tage später lichtete sich der Nebel, und er konnte sich wieder am Sonnenstand orientieren. Er kam zwar wohlbehalten nach Grönland, war aber zuvor weit nach Südwesten abgetrieben worden, wo er in der Ferne einladendes bewaldetes Land gesichtet hatte. War er der erste Europäer, der Amerika erblickte?

Bjarni konnte seinen Kurs anhand der Sonne setzen und den Wikingern die Nachricht von seiner Sichtung überbringen. Sie wurde in die Saga eingewoben und uns als Folklore tradiert. Es bestehen kaum Zweifel an den Reisen der Wikinger, auch wenn sie im Detail vielleicht anders verlaufen sind. Jedenfalls belegen archäologische Funde, dass es um das Jahr 1000 an den Küsten Neufundlands nordische Siedlungen gab.

Aber nicht nur die Wikinger orientierten sich auf ihren außergewöhnlichen Reisen an der Sonne. Jeder kennt wohl die grundlegende navigatorische Regel, die unsere Vorfahren anwandten: Die Sonne geht im Osten auf und im Westen unter. Dieses Wissen zieht sich seit Jahrtausenden durch alle Kulturen und bestand schon, lange bevor der ägyptische Sonnengott Re zum Himmel aufstieg, um abends im Westen an Bord der Nachtbarke zu gehen, durch das Totenreich zu fahren und am nächsten Morgen bei Sonnenaufgang im Osten wiedergeboren zu werden, nachdem er die Angriffe der Schlangengottheit Apophis abwehren konnte.

Diese Weltsicht hat natürlich einen kleinen Haken: Die Sonne tut gar nichts, sie geht nicht auf und geht nicht unter, sie bewegt sich innerhalb unseres Sonnensystems kein bisschen. Wie können die beiden Tatsachen des Sonnenaufgangs und des Sonnenuntergangs so unumstößlich, gleichzeitig aber auch so falsch sein? Als Kinder lernen wir, dass die Erde sich um die Sonne dreht, aber unsere Augen, unsere kulturellen Traditionen und unser Alltagsleben sagen uns unbestreitbar, dass es die Sonne ist, die sich bewegt.

Um sich an der Sonne zu orientieren, sollten wir dieses Paradoxon überwinden. Aber es ist sicherlich nicht das erste Mal, dass man sich mit den Gestirnen abmüht. Die Geschichte der Astronomie liest sich wie ein Katalog historisch unterschiedlicher Vorstellungen, die sich entweder durchgesetzt haben oder untergegangen sind.

Auch Illusionisten haben sich weiterentwickelt, und dass man Kaninchen aus Zylindern zaubert, ist nur mehr eine lustige Einlage bei einem Kinderfest. Illusionisten verraten ihre Tricks nicht, und wer es trotzdem tut, wird aus der Gemeinschaft der Zauberer ausgeschlossen. Der Autor eines Werks, in dem eine der größten Illusionen der Natur erklärt wird, konnte froh sein, dass es bis zu seinem Tod 1543 noch nicht zur Gänze veröffentlicht worden war. Nikolaus Kopernikus' *De revolutionibus orbium coelestium libri VI (Sechs Bücher über die Umschwünge der himmlischen Kreise)* hätten dazu führen können, dass er von sehr viel mächtigeren Kreisen als nur einer Zauberergemeinde exkommuniziert worden wäre, wenn er es noch erlebt hätte, dass seine Erkenntnisse sich durchsetzten.

Die kopernikanische Revolution begann mit der Theorie, dass sich die Erde um ihre eigene Achse dreht und um die Sonne kreist. Kopernikus erklärte damit den allergrößten Party-Gag seiner Zeit: wie die Natur es schafft, einen Feuerball, der 330 000-mal so viel wiegt wie die Erde und mit einer Temperatur von 5000° C brennt, auftauchen und wieder verschwinden zu lassen, ohne dass er sich bewegt. Das ist wirklich ein Meistertrick der Illusion, und den sollte der natürliche Navigator umfassend begreifen.

Doch Kopernikus war nicht der Erste, der ein heliozentrisches Modell unseres Sonnensystems vertrat, in dem die Sonne und nicht die Erde den Mittelpunkt bildet. Diese Ehre gebührt Aristarch von Samos, der um 250 v. Chr. dieses Weltbild begründete. Kopernikus griff dessen These wieder auf und entwickelte sie von einer antiken Vorstellung zu einer modernen Sicht des Sonnensystems weiter. Doch erst nach seinem Tod begann sich diese Weltsicht durchzusetzen. Die wichtigste Rolle bei dieser Revolution spielte Galileo Galilei, er sah die Dinge mit neuen Augen, und seine Beobachtungen führten zu einer Sensation.

Galilei hatte das kurz zuvor erfundene Fernrohr verbessert und mit diesem neuartigen Instrument zwei wichtige Himmelsbeobachtungen gemacht, die das alte Weltbild widerlegten und das neue stützten. Er stellte erstens fest, dass die Oberfläche des Mondes nicht glatt ist, und zweitens, dass der Jupiter eigene Monde hat (vier der größten entdeckte Galilei). Das klingt heute weder besonders erhellend noch besonders strittig, aber damals stellte man sich die Erde noch als den Mittelpunkt sowohl des Universums als auch der sie umgebenden perfekten Gestirne vor. Galilei zeigte nun auf, dass der Mond nicht perfekt ist, er hat eine Menge hässliche Krater und Klüfte und konnte somit nicht Teil des perfekten Himmels sein. Galilei bewies auch, dass der

Jupiter mit seinen Monden der Mittelpunkt eines eigenen kleinen Systems im Universum ist.

Die Macht einer neuen Theorie erkennt man an den Reaktionen, die sie im gegenstreitenden Lager hervorruft. Mit Galilei hatte die katholische Kirche den ersten heftigen und unwillkommenen Schlag durch eine mächtige, meinungsbildende wissenschaftliche Theorie abbekommen, und sie begann sich nach Kräften gegen dieses ketzerische Gedankengut zu wehren. Galilei wurde von der päpstlichen Inquisition verurteilt, er wurde gezwungen zu widerrufen und für den Rest seines Lebens unter Hausarrest gestellt. Die Vorstellungen der römisch-katholischen Kirche können natürlich angezweifelt werden, erstaunlich ist jedoch die Beharrlichkeit, mit der sie an ihnen festhielt. Erst Papst Johannes Paul II. versuchte die Sache aufzuarbeiten und entschuldigte sich für den Prozess gegen Galilei. 1992 wurde dieser formal rehabilitiert.

Doch trotz aller Bemühungen der Kirche schritt das Himmelsverständnis unvermindert und unaufhaltsam voran. Johannes Kepler fand heraus, dass sich die Planeten nicht auf Kreis-, sondern auf Ellipsenbahnen bewegen, und Isaac Newton stellte die Gravitationstheorie auf, die all diese Beobachtungen einschließt. Als Newton 1727 starb, war das moderne Weltbild fast komplett.

Über die Rolle der Sonne bei den frühen Wanderungen und Reisen der Menschen gibt es nur wenige Quellen, auch über die Reisen selbst ist wenig bekannt. Laut dem griechischen Geschichtsschreiber und Geografen Herodot aus dem vierten vorchristlichen Jahrhundert stellte

Pharao Necho II. um 594 v. Chr. eine Expedition zusammen, um Afrika im Uhrzeigersinn von Osten nach Westen, vom Roten Meer bis zum Nildelta, zu umsegeln. Die phönizischen Seefahrer waren drei Jahre lang unterwegs. Bei der Rückkehr von ihrer legendären Erkundung sollen sie berichtet haben, dass sie nach südlicher Fahrt Kurs auf Westen genommen und dabei die Sonne an Steuerbord gehabt hätten – also auf der anderen, der rechten Seite, nicht dort, wo sie die Sonne normalerweise sahen oder erwarteten. Die Astronomie war damals noch nicht so weit, als dass man auf ein so exaktes, ein so grundlegendes und doch so prosaisches Detail wie den Sonnenstand auf der Südhalbkugel nach Überqueren des Äquators hätte kommen können. Daraus schließen heute viele Historiker, dass diese Reise tatsächlich stattgefunden haben muss.

Zwei Jahrhunderte später, um 380 v. Chr., wurde in Marseille – damals die griechische Kolonie Massalia – der große Entdecker Pytheas geboren. Wie der berühmte britische Entdecker James Cook (1728–1779) viele, viele Jahrhunderte später hatte auch er den Wunsch, die Erde besser kennenzulernen, und orientierte sich dabei am Himmel. Schon in Pytheas' Reisen findet sich ein Muster, das in der Geschichte immer wieder auftaucht: Außergewöhnliche Reisen führen zu neuartigen Beobachtungen und Sichtweisen. Hätte Darwin die Weltsicht seiner Zeit so erschüttern können, wenn er nie an Bord der *Beagle* gegangen und unermüdlich an fernen Gestaden umhergekraxelt wäre?

Pytheas unternahm eine Reise, die dem Verständnis der Beziehung zwischen Erde, Sonne und Navigation eine weitere Dimension verlieh. Er wusste, dass es eine Korrelation zwischen seinem Weg nach Norden und dem Verhalten der Sonne gab. Vom Mittelmeer fuhr er in die Arktis, auf dem Weg erkundete er die Britischen Inseln. Für die damalige Zeit war das eine unglaubliche Leistung, und weder seine Zeitgenossen noch seine späteren Kritiker – wie der griechische Geschichtsschreiber und Geograf Strabon, der etwa dreihundert Jahre später selbst auf Reisen ging – schluckten seine Berichte so ohne Weiteres. Wie bei Nechos Expedition liegt auch hier die Ironie darin, dass gerade die genauen Naturbeobachtungen, die Pytheas für die damalige Welt unglaubwürdig machten, darauf hindeuten, dass er diese Orte tatsächlich bereist hat. Er stellte fest, dass sich die Länge der Tage veränderte, je weiter er nach Norden kam, doch angesichts der Schilderung seiner extremen Erfahrungen hoben die antiken Kritiker misstrauisch die Augenbrauen.

Pytheas war ein Pionier in der Anwendung eines ganz simplen Instruments, des Gnomons, das einfach nur einen Schatten wirft; es ist der Zeiger einer Sonnenuhr. Pytheas wusste, dass die Länge des Schattens von der Jahreszeit und dem Breitengrad abhängt. Je weiter er nach Norden fuhr, desto länger wurde im Schnitt der Schatten, und – ganz wichtig – diese Länge war vorhersagbar und aussagekräftig.

Berichte über einen Ort, wo ein Tag drei Monate zu dauern schien, vermochten seine Zeitgenossen am Mittelmeer verständlicherweise nicht nachzuvollziehen. (Erst im neunten Jahrhundert tauchten die langen Tage des Nordens wieder in der Literatur auf: Der irische

Mönch Dicuil berichtete, es sei um Mitternacht so hell gewesen, dass er gar Läuse aus seinem Hemd habe fangen können.) Pytheas' Originalbericht ist nur in Fragmenten durch Zitate bei anderen Autoren erhalten, und so kennt man nicht alle seine Gedanken, aber es ist unwahrscheinlich, dass er so weit nach Norden gefahren wäre, wenn er jene verlässlichen Schatten nicht hätte nutzen können.

Zweitausend Jahre später wurden die Schatten im Zweiten Weltkrieg wieder bei der Navigation genutzt. In der Sahara düste die *Long Range Desert Group*, die »Langstrecken-Wüstengruppe«, wie ihr Name bereits besagt, lange Strecken durch die Wüste und schreckte die üblicherweise trägen Deutschen auf. Wegen einer der vielen Eigenarten des Magnetkompasses – er lässt sich von großen Metallmengen wie Panzerfahrzeugen ablenken – benutzten die cleveren Engländer Sonnenkompasse und orientierten sich an simplen Schatten. Ein Sonnenkompass besteht aus einer Peilscheibe mit einem dünnen, spitzen Stab, besagtem Gnomon. Je nach Jahreszeit und Breitengrad führt der Schattenverlauf des Gnomons auf der Scheibe zu unterschiedlichen Kurven, die im Tagesverlauf mit Markierungen versehen werden. Wo der Abstand zwischen Kurve und Gnomon am kleinsten ist, liegt jeweils Norden. Sonnenkompasse wurden auch noch 1990 im Zweiten Golfkrieg benutzt.

Die Reisen der Phönizier, der Wikinger, des Phyteas oder auch der *Long Range Desert Group* zeigen, wie wichtig die Sonne für die Navigation ist – sofern man ihre Gewohnheiten kennt.

Blickt man bei der Abfahrt des Zuges aus dem Fenster, sieht man, wie sich der Bahnsteig nach hinten von einem fortbewegt. Selbst in einem so überschaubaren Zusammenhang ist relative Bewegung eine optische Täuschung. Die wahrgenommene Bewegung der Sonne am Himmel ist bekanntlich der Erdrotation geschuldet – wenn man sich auf dem Bürostuhl dreht und die Lichter auf der anderen Seite des Raums in Sicht kommen und wieder verschwinden, meint man ja auch nicht, die Lichter hätten sich bewegt …

Die Erde dreht sich in 24 Stunden einmal um ihre eigene Achse. Je nach Sonnenhöhe gibt es überall auf der Erde Morgendämmerung, Tag, Abenddämmerung und Nacht. Zusätzlich kreist die Erde in 365 Tagen einmal um die Sonne. Dennoch fehlt für die Orientierung mit dem natürlichen Kompass noch ein entscheidendes Puzzlestück, will man sich diese Erkenntnisse zunutze machen: eine Erklärung für die Jahreszeiten – warum die Tage im Sommer länger sind als im Winter und warum die Sonne niemals genau am selben Punkt aufgeht wie tags zuvor.

Der Grund: Die Erdachse neigt sich in einem Winkel von 23,66° zur Ekliptik, der Ebene ihrer Umlaufbahn um die Sonne, die Äquatorebene schließt mit der Kreisbahn einen Winkel von 23,66° ein und die Richtung der Drehachse im Raum ändert sich während des Umlaufs nicht. Deshalb sind die Jahreszeiten unterschiedlich, deshalb geht die Sonne jeden Tag an einer anderen Stelle auf. Daraus kann man unter anderem ableiten,

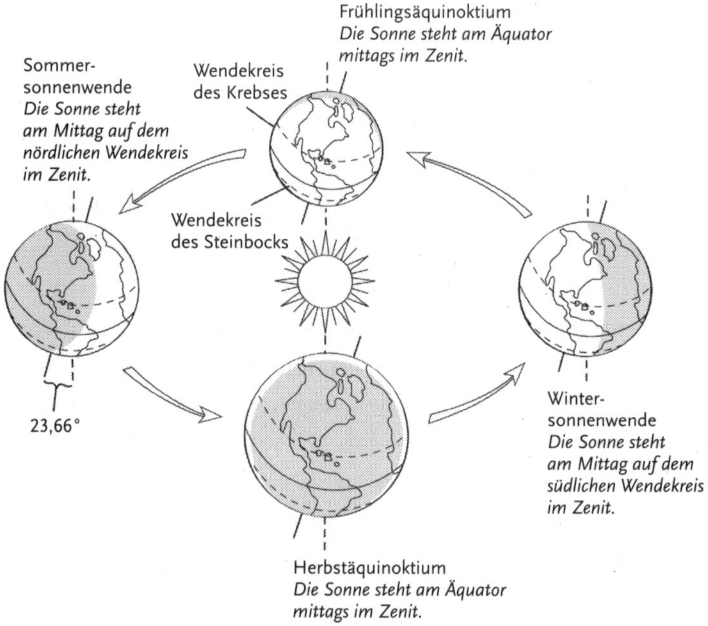

wo die Sonne zu bestimmten Jahres- und Tageszeiten steht.

Die oben stehende Darstellung zeigt den Winkel der Erdachse zur Erdumlaufbahn. Da die Erde in Bezug auf die Sonne »gekippt« ist und um die Sonne kreist, verändern sich im Jahresverlauf die Abstände, in denen die Pole zur Sonne stehen.

Zu einer bestimmten Zeit im Jahr steht der Nordpol der Sonne näher als zu einer anderen Zeit. Dann ist es auf der Nordhalbkugel Sommer, sie bekommt maximales Sonnenlicht. Hat die Erde dann eine halbe Kreisbewegung auf ihrer Bahn vollführt, ist auf der Nordhalbkugel Winter, und sie bekommt minimales Licht. In den Kreisvierteln dazwischen liegen Frühling und Herbst als Zeiten mit mittlerer Sonneneinstrahlung, je versetzt auf der Nord- und der Südhalbkugel.

Die vier wichtigsten astronomischen Zeitpunkte im Sonnenjahr sind die Sonnenwenden und die Tagundnachtgleichen, die Äquinoktien (von lateinisch *aequus* für »gleich« und *nox* für »Nacht«). Am 21. Juni hat der Nordpol die größte Nähe zur Sonne, das ist auf der Nordhalbkugel die Sommersonnenwende oder Mittsommer, der längste Tag im Jahr. Zum Herbstäquinoktium am 23. September überquert die Sonne den Äquator von Norden nach Süden, Tag und Nacht sind überall auf der Erde etwa gleich lang (Tag- und Nachtstunden sind allerdings unterschiedlich verteilt). Der kürzeste Tag ist der 21. Dezember, die Wintersonnenwende. Und wenn die Sonne am 21. März den Äquator von Süden nach Norden überquert, markiert sie das Frühlingsäquinoktium, wieder sind Tag und Nacht etwa gleich lang. Auf der Südhalbkugel ist es jeweils umgekehrt.

Diese Phänomene basieren auf der Erdneigung, und wenn man weiß, wo die Erde auf ihrer Bahn um die Sonne steht, kann man sich jederzeit und überall am Sonnenstand orientieren. Der 23,66°-Winkel ermöglicht auf der Erde auch das Leben, das wir kennen. Ohne diesen Winkel gäbe es keine Jahreszeiten – und wäre er viel größer, wären die Jahreszeiten für einen Großteil der Lebensformen zu extrem. Doch die meisten Gegenden auf der Erde durchlaufen jahreszeitliche Veränderungen in überschaubaren Maßen, selbst in Kansas, wie wir durch den amerikanischen Schriftsteller Truman Capote (1924–1984) erfahren. In seinem 1965 erschienenen Roman *Kaltblütig* schildert er, wie dort »ein ideales

Wetter zum Apfelessen« über den »Nachsommer, der manchmal bis Weihnachten anhält« in einen Winter mit »hüfthohem Schnee, in dem die Schafe ersticken« umschlägt. Ich las das Buch in einer Recherche-Pause, und mir fiel auf, wie wunderbar genau große Autoren natürliche Phänomene beobachten und sie in deren Verhältnis zur Physik der Himmelskörper beschreiben können.

Zum ersten, aber nicht zum letzten Mal verbinden wir eine mathematisch-physikalische Sicht der Welt mit dem, was wir unvoreingenommen sehen, denn genau so geht ein natürlicher Navigator an die Sache heran.

Die Breitengrade durchschneiden den Globus vom Äquator jeweils zu den Polen in unterschiedlich langen, parallelen horizontalen Linien, deren Abstände zueinander gleich sind. Die zum Äquator senkrechten Längengrade hingegen verlaufen westlich und östlich des Nullmeridians in Greenwich von Pol zu Pol, sie sind gleich lang, ihre Abstände zueinander verringern sich aber zu den Polen hin, und sie fallen dort zusammen. Nördlicher und südlicher Wendekreis sowie die beiden Polarkreise und der Äquator sind uns eher als namhafte geografische Linien, als Breitengrade, vertraut denn als mathematisch-physikalische Konstanten, die es auf unserem Planeten unabhängig von menschlicher Existenz gibt.

Wenn die Sonne zur Sommersonnenwende am nördlichsten Punkt steht, den sie, von der Erde gesehen, erreichen kann, und wenn man durch diesen Punkt eine Parallele zum Äquator zieht, bekommt man den Wendekreis des Krebses – im Süden ist es im selben Abstand zum Äquator der Wendekreis des Steinbocks. Die Wendekreise liegen 23,66° nördlich und südlich des Äquators, über dem die Sonne an den Tagundnachtgleichen im Zenit steht. Jenseits der Wendekreise steht sie nie im Zenit.

Der nördliche und der südliche Polarkreis wiederum liegen jeweils 23,66° von den Polen entfernt, also auf 66,33° Nord oder Süd. Jenseits dieser Breitengrade geht die Sonne zur Sommersonnenwende nicht unter.

Diese Fakten helfen uns nicht nur bei der Orientierung, sondern sie prägen auch unser Leben und unseren Alltag im »tropischen Jahr«. Das hat nichts mit weißen Stränden, türkisblauem Meer oder feuchtheißen Regenwäldern zu tun – das tropische Jahr bezeichnet die 365 Tage (365,2422 Tage!) zwischen den beiden Äquinoktien. Wenn es gegen Sommer immer wärmer wird und die Tage länger werden, wächst die Frucht, Tiere bekommen Junge, wir bringen die Ernte ein und genießen, wenn wir können, die Zeit im Freien, machen Urlaub. Selbst unser Konsumverhalten wird von dem Weg der Erde um die Sonne beeinflusst. Wer würde sich schon im Sommer Pelzstiefel kaufen und im Winter einen Bikini? Wir feiern Weihnachten an einem Datum um die Wintersonnenwende, wenn sich die Sonne auf der Nordhalbkugel nicht weiter nach Süden (auf der Südhalbkugel nicht weiter nach Norden) bewegt und die Tage wieder länger werden. Zu dieser Zeit im Jahr begingen die Römer ihre Saturnalien, die Perser verehrten den Lichtgott Mithras, der auch bei den Römern neben dem Sonnengott Sol sehr beliebt war und den Beinamen *Sol invictus* bekam, »die unbesiegbare Sonne«, die immer wieder zurückkehrt und zu deren Ehren man seit Jahrtausenden Feste ausrichtet.

Zweihundert Jahre nach Pytheas' Reise ins Land der Mitternachtssonne teilte der Astronom, Geograf und Mathematiker Hipparch von Nicäa (um 190–120 v. Chr.) die Weltkugel in 360 Gradeinheiten ein. Mithilfe der Schattenmessungen seines Vorgängers ermittelte er dessen Reisepositionen im Netz der geografischen Breiten und Längen. Strabon (63 v. Chr. – 23 n. Chr.) wiederum verortete Pytheas zur Zeit von dessen Messungen an die britische Nordküste. Die Schatten- oder Sonnenstandsmessung mit einem Gnomon hatte sich durchgesetzt.

Man muss dazu lediglich einen Stab in eine freie Fläche stecken – eine Wiese, einen Strand, ein Schneefeld; selbst ein Parkplatz eignet sich – und beobachten, wie

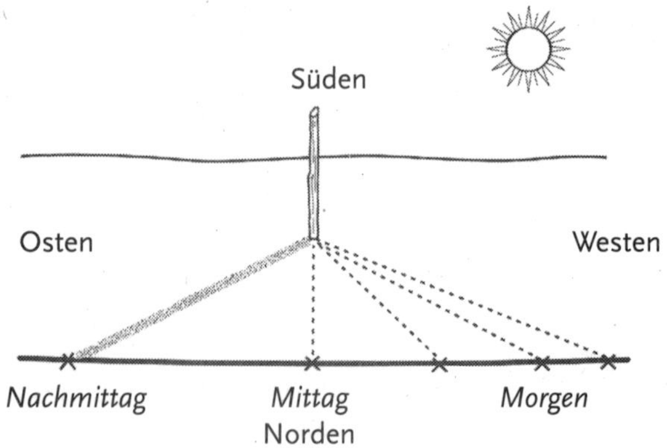

Am 21. März lassen sich die Schattenmarkierungen zu einer flachen Kurve verbinden. Der kürzeste Schatten kennzeichnet dabei die Nord-Süd-Linie.

sich der Schatten verändert, den dieser Stab wirft. Am 21. März beispielsweise markieren wir das Ende des Schattens bei Sonnenaufgang mit Kreide, einem Stein oder einer Vertiefung im Sand. Dies wiederholen wir in regelmäßigen Zeitabständen bis Sonnenuntergang und verbinden die gewonnenen Punkte dann mit einer Linie zu einer flachen Kurve.

Bevor wir diese Kurve analysieren, müssen wir uns klarmachen, dass die Sonne jeden Tag für den Bruchteil einer Sekunde ihren höchsten Stand erreicht, wenn sie mittags ihren Aufstieg am Horizont vollendet hat und den Abstieg beginnt. Das heißt, die Sonne ist entweder östlich oder westlich von uns – bis auf diese Sekunde, in der sie auf der Linie steht, die genau zwischen unseren Füßen vom Nordpol zum Südpol verläuft: Das ist die Mittagslinie, der Längengrad, auf dem wir uns befinden. Gegen Mittag werden die Schatten kürzer, und wenn die Sonne den kürzesten Schatten wirft, hat sie ihren Höchststand erreicht. Am Mittag bildet dieser Schatten also eine akkurate Nord-Süd-Linie. Danach werden die Schatten zum Abend hin wieder länger.

Aber was bedeutet nun »Mittag«? 12 Uhr, Essenszeit …? Nein, das sind nur umgangssprachliche Annäherungen an ein Naturphänomen, das ganz präzise gemessen werden kann und auch wortwörtlich die Mitte auf der Kreislinie des Sonnentags bedeutet: den Moment des Höchststandes der Sonne zwischen Sonnenaufgang und Sonnenuntergang, unabhängig davon, wie lang der Tag ist.

Wenn der Mittagsschatten nun eine Nord-Süd-Linie bildet, stellt sich die Frage: Wo liegt Norden, wo Süden?

Die Antwort gibt unser guter, alter 23,66°-Winkel. Die Sonne steigt nie über den nördlichen Wendekreis hinaus weiter nach Norden. Europa, der Großteil der USA und viele andere Orte liegen nördlich dieses Breitengrades, daher steht die Sonne dort an jedem Tag im Jahr im Süden und wirft ihren Schatten mittags nach Norden, die Basis des Schattenstabs befindet sich also im Süden. Auf der Südhalbkugel jenseits des südlichen Wendekreises ist es umgekehrt, zwischen den Wendekreisen hängt es von der Jahreszeit ab.

MORGEN- UND ABENDDÄMMERUNG

Ein Blick auf den Horizont sagt dem natürlichen Navigator, wann der Tag beginnt und wann er endet.

Die *Odyssee*, eines der ältesten Werke abendländischer Literatur, hatte so großen Einfluss auf unsere Kultur, dass sie noch heute eine unerschöpfliche Quelle der Erkenntnis ist, ein Puzzle, das Hinweise auf das Leben der damaligen Menschen gibt, ein Gesang auf eine großartige Seereise und auf viele Abenteuer an Land, der uns wichtige Anhaltspunkte über die Ursprünge der Navigation liefert.

Ost-, Süd-, West- und Nordwind fallen zusammen, als Odysseus sich auf seiner Reise verirrt. Eva G. R. Taylor (1879–1966), Historikerin und erste Geografieprofessorin Großbritanniens, wies darauf hin, dass dem Epos zufolge die Morgenröte, die »rosenfingrige Eos«, ihm den Osten angab. Wahrscheinlich ist dies das älteste noch erhaltene literarische Beispiel, das den Unterschied zwischen dem Kennen der Richtung und dem Kennen des Standorts herausstreicht. Odysseus konnte sich an der Morgensonne orientieren, aber das half ihm nicht, weil er nicht wusste, wo er war.

Wie wichtig die Dämmerung beim Navigieren ist, sieht man am Schattenstab. Es ist heute kaum denkbar, dass sich jemand im Verlauf eines Jahres täglich ein paar Minuten Zeit nimmt und die Punkte der Schattenlinie markiert, aber genau das taten unsere Vorfahren, ob in Stonehenge oder sonst wo.

Die Kurve der Schattenlinie ändert sich von Tag zu Tag nur leicht, aber übers Jahr gesehen ist die Veränderung signifikant. Die extremsten Kurven im Jahresverlauf ergeben sich natürlich zur Sommer- und Wintersonnenwende, während bei den Tagundnachtgleichen, den Äquinoktien, die Linien flach sind und sich überlagern.

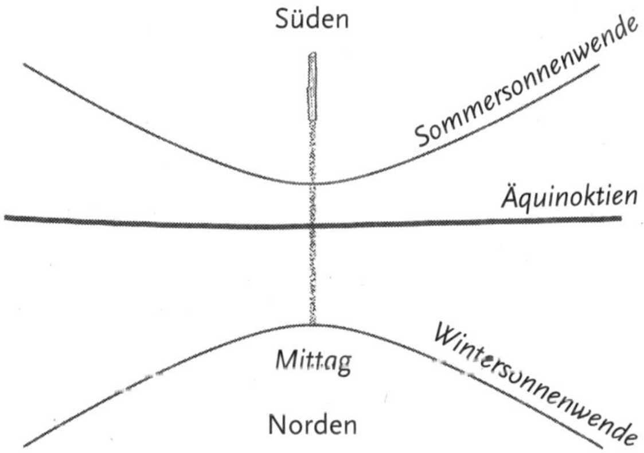

Die Schattenlinien im Sonnenjahr. Der kürzeste Schatten jedes Tages bildet eine exakte Nord-Süd-Linie.

Warum sind die Unterschiede zwischen Sommer- und Wintersonnenwende nun aber so groß? Wieder liegt es an der Erdneigung. An Mittsommer neigt sich der Nordpol zur Sonne hin, sodass für einen Beobachter, der dort im kühlen Morgengrauen zitternd mit der Kreide in der Hand auf den ersten Schatten warten würde, die Sonne irgendwo im Nordnordosten aufginge. Circa 17 Stunden später ist der Nordpol immer noch stark zur Sonne geneigt, und diese geht im Nordnordwesten unter. Der Schatten ist leicht zu interpretieren, er fällt immer von der Sonne in die entgegengesetzte Richtung. Ein Blick auf die Juni-Kurve des Schattens zeigt, dass er von Südwesten nach Südosten gewandert ist.

Im Winter hingegen neigt sich der Südpol zur Sonne, sie geht im Südsüdosten auf und im Südsüdwesten unter. An den Äquinoktien sind die Pole jeweils gleich weit von der Sonne entfernt, sie geht im Osten auf und im Westen unter, und hier ist die Schattenlinie ziemlich, am Äquator sogar ganz gerade. Auf allen anderen Breiten krümmt sie sich leicht, denn die Sonne steht mittags immer an einem Punkt im Süden oder Norden des Beobachters und wirft ihren Schatten jeweils in die entgegengesetzte Richtung.

Die Schattenlinien, die man im Jahresverlauf gewinnt, zeigen, dass die landläufige Meinung, die Sonne gehe im Osten auf und im Westen unter, richtig und falsch zugleich ist, weil das eigentlich nur an den Tagundnachtgleichen genau zutrifft. An allen anderen Tagen zwischen Frühjahrs- und Herbstäquinoktium geht die Sonne auf der Nordhalbkugel an einem Punkt im Nordosten, zwischen Herbst- und Frühjahrsäquinoktium hingegen im Südosten auf.

Dieses Grundwissen wärmte mich an einem kalten Ort mit Selbstvertrauen, als ich im Mai 2007 vom neufundländischen Goose Bay zu einem Solo-Flug über den Nordatlantik via Grönland, Island und Schottland nach Oxford aufbrach. Ich hatte zwei Kompasse, drei GPS-Geräte und noch ein paar andere Funknavigationsinstrumente dabei, aber ich orientierte mich am strahlend hellen Schein im Nordosten über der weiten dunkelblauen Wasserfläche – jedenfalls erinnere ich mich daran noch sehr lebhaft, und nicht an Zeiger und Monitore.

Neben dem Sonnenstand in der Morgen- und Abenddämmerung ist der Breitengrad ein wichtiger Faktor in dieser Gleichung. Wie weit nördlich oder südlich man sich befindet, ändert nichts an der Himmelsrichtung, in der die Sonne auf- und untergeht, sehr wohl aber an ihrem Winkel zum Horizont. Am Äquator bewegt sich dieser Winkel nie über 23,66° zu Ost und West hinaus. Auf dem Weg der Sonne durch die subtropischen und gemäßigten Breiten zu den Polarkreisen wird der Winkel immer größer, und jenseits der Polarkreise wird er schließlich so steil (fast 90°), dass Sonnenaufgang und Sonnenuntergang gewissermaßen zusammenfallen und die Sonne über bestimmte Zeiträume nicht untergeht beziehungsweise nicht aufgeht.

Im Grunde kann man nur an den Äquinoktien genau sagen, wo die Sonne auf- und untergeht, an anderen Tagen gibt es dafür keine natürliche Methode der Ableitung. Vieles hängt von Wissen und Erfahrung ab, und wenn man über längere Zeit an einem bestimmten Ort lebt, auch in einer Stadt, weiß man durch gelegentliche Beobachtungen, wo man den Sonnenaufgang zu einer bestimmten Zeit im Jahr erwarten kann. An einem unbekannten Ort lässt sich dieser Winkel anhand des Breitengrades grob schätzen, präzise bestimmen kann man ihn aber nur, wenn man weitere Bezugspunkte wie die Sterne zu Hilfe nimmt.

Der Fachbegriff Solstitium, Sonnenwende, kommt von lateinisch *sol*, »Sonne«, und *sistere*, »stehen«, beziehungsweise von griechisch *heliostásion*, »Sonnenstillstand«. Vergleicht man die Sonnenaufgangspunkte von Tag zu Tag, scheint sich die Sonne so gleichmäßig über den Horizont zu bewegen, wie sich auch die Erde um die Sonne dreht. Die Geschwindigkeit aber, mit der sich der Winkel verändert, nimmt von den Äquinoktien zu den Sonnenwenden hin ab, bis die Sonne fast stillzustehen scheint. Dann kehrt sich die Bewegung um und beschleunigt sich wieder – wie ein Ball, der von einem Frühjahr zum nächsten über den Horizont hüpft und in der Mitte, im Herbst, die größte Beschleunigung erfährt. Oder wie auf einem Foto von Leuten auf einem Karussell – die Gesichter in der Mitte sind verschwom-

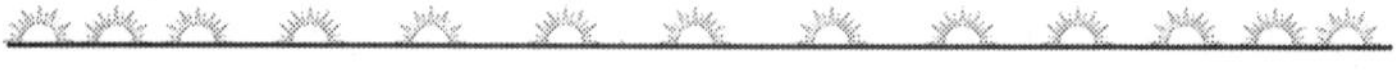

Nordosten	Osten	Südosten
Sommersonnenwende	*Äquinoktien*	*Wintersonnenwende*
Juni	*März und September*	*Dezember*

Ungefähre Sonnenaufgangspunkte in Großbritannien

men, zu den Rändern hin aber werden sie immer schärfer. Alle bewegen sich mit derselben Geschwindigkeit, dennoch scheinen die einen vorbeizuflitzen, die anderen hingegen zu stehen. Durch die im Vergleich zu den Äquinoktien geringe Bewegung der Sonne am Horizont um die Sonnenwenden ändert sich die Schattenkurve an Mittsommer und Mittwinter kaum, im Frühjahr und Herbst aber zeigt sie deutliche Unterschiede.

Vielleicht denken wir manchmal, was für ein großer Zufall es doch ist, dass die Sonne zu bestimmten Zeiten exakt an bestimmten Punkten steht, wie Süd, Ost, West. Aber die Himmelsrichtungen und die Bewegungen der Himmelskörper, auch der Sonne, sind lediglich zwei Sichtweisen auf dieselbe Sache. Wir haben die Welt in vier Hauptrichtungen eingeteilt und diese Nord, Süd, Ost und West genannt, weil dies das Verhalten der Gestirne am besten wiedergibt – jedenfalls so, wie es uns erscheint.

Wenn wir sagen: »Ich gehe nach Süden«, handelt es sich nicht um eine Orientierung in größerem Maßstab, es heißt ganz einfach: »Ich gehe mittags in Richtung der Sonne.« Wir denken nicht an Kompasse oder Landkarten, nicht an moderne Begrifflichkeiten. »Osten« hat für uns erst einmal nichts mit Moskau, Asien, Essstäbchen und Konfuzius zu tun, sondern der Osten gibt ganz einfach die Richtung an, in der die Sonne an den Äquinoktien aufgeht. Alle anderen Begriffe sind im übertragenen Sinn zu verstehen.

Wie unsere Vorfahren damit umgegangen sind, erscheint uns heute eher kompliziert. »Norden« heißt auf

Altgriechisch *árktos* – das bedeutet auch »Bär«. Das Sternbild im Norden ist der Bär. Richtung und Himmelskörper waren nicht nur synonym, sondern homonym. In den Mythen der Griechen gibt es zwar ein Land weit im Norden, aber ein genaues Bild davon hatten sie nicht. Es gab keine Fotos von schneebedeckten Weiten und wilden Landschaften, sodass ihre Vorstellung des Nordens eher phantastisch, aber auch sehr ursprünglich war.

Um die Ursprünge und die Fundamente von Richtungsangaben zu begreifen, müssen wir die modernen Konventionen und Vorstellungen erst einmal wieder vergessen und den Himmel in seinem früheren, erhabeneren Zustand betrachten – als man nicht nur hinaufblickte, um die Richtung *zu finden*, sondern als das, was man sah, auch tatsächlich die Richtung *war*.

DER SONNENBOGEN

Selbst wenn man die Sonne nicht sieht, ist es wichtig zu wissen, wo sie zu bestimmten Stunden, Tagen und Jahreszeiten steht. Sie hinterlässt deutliche Spuren, auch nachts und wenn sie hinter Wolken verborgen ist. Die meisten Methoden, sich an Land zu orientieren, funktionieren zuverlässiger, wenn man den Sonnenbogen kennt. Moose auf der Nordseite eines Baumes oder Hauses welken im Sommer, wenn sie im Morgen- und Abendlicht trocken werden.

Die Schattenkurve zeigt, dass die Sonne sich nicht sprunghaft, sondern in einem gleichmäßigen Bogen über den Himmel bewegt. Will man nun den Sonnenstand an einem Septembernachmittag in Großbritannien bestimmen und weiß man, dass September der Monat der Tagundnachtgleiche ist und Großbritannien nördlich des Wendekreises des Krebses liegt, weiß man auch, dass die Sonne ziemlich genau im Osten aufgeht, mittags im Süden steht und abends ziemlich genau im Westen untergeht. Der Nachmittag liegt in der Mitte zwischen Mittag und Sonnenuntergang, die Sonne steht zwischen Süden und Westen, also im Südwesten.

Wie sieht es aber eine Stunde nach Sonnenaufgang im Juni in Neuseeland aus? Neuseeland liegt auf der Südhalbkugel und näher am Äquator, seine geografische Breite südlich des Wendekreises des Steinbocks ist aber mit der Lage Großbritanniens nördlich des nörd-

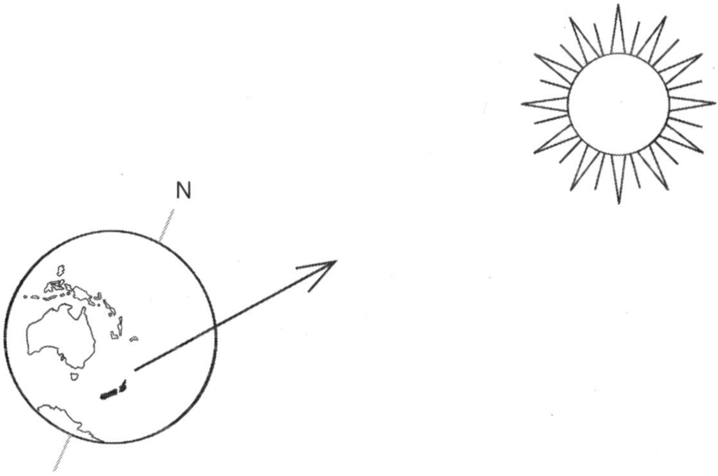

Sonnenaufgang in Neuseeland im Juni

lichen Wendekreises vergleichbar. Im Juni ist Sommersonnenwende, der Nordpol steht der Sonne am nächsten, und am Mittag steht die Sonne genau im Norden. Eine Stunde nach Sonnenaufgang wird sie demnach noch im Nordnordosten stehen.

Hier beginnt nun die Kunst. Man kann seine Fertigkeiten verbessern, indem man seine Schätzungen mit Kompassangaben, mit Tabellen in einem Handbuch oder im Internet vergleicht. Auf der Website des US Naval Observatory kann man die Position der Sonne und des Mondes in Bezug zur Erde jederzeit und für jeden Ort abrufen, wenn man Längen- und Breitengrad eingibt. Man kann sich aber auch ganz einfach auf das verlassen, was man unterwegs sieht, und seine Kenntnisse vertiefen.

Zwei Beispiele: Geht man im März in Großbritannien auf dem Weg zur Arbeit in Richtung der aufgehenden Sonne, muss man abends auf dem gleichen Weg in Richtung der untergehenden Sonne zurückgehen. Hin nach Osten, zurück nach Westen. Ist man im Dezember mit der aufgehenden Sonne im Rücken unterwegs, muss man auf dem gleichen Rückweg bei Sonnenuntergang die Sonne über der rechten Schulter haben. Hin nach Nordwesten, zurück nach Südosten. Als Daumenregel gilt: Je näher die Äquinoktien, desto klarer die Richtungen, je näher die Sonnenwenden, desto komplexer die Sache.

Bei einer Navigationstour durch die libysche Sahara Anfang März, also kurz vor dem Frühjahrsäquinoktium, brannte die gleißende Sonne am Mittag heiß, aber sie war immer zu sehen und durchbrach den Horizont vorhersagbar ein paar Grad südlich von Osten und Westen. So konnte ich stundenlang marschieren und meinen eigenen Schatten als Kompass benutzen.

Je besser man den Sonnenbogen kennt, desto besser kann man interpolieren, das heißt den Verlauf des Sonnenstandes einschätzen, und desto besser ist er zur Orientierung zu nutzen. Doch es kommt noch ein weiterer Faktor hinzu: Wie fast alle Himmelskörper – von der Erde aus gesehen, die sich einmal am Tag um die eigene Achse dreht – steigt und fällt auch die Sonne am Himmel um 15° pro Stunde: 360° dividiert durch 24 Stunden ergibt 15° oder den 24. Teil eines Kreises.

Es ist aber ein wenig komplexer, als diese Gleichung vermuten lässt. Die Sonne bewegt sich zwar konstant um diesen Winkel, aber normalerweise erfolgt diese Bewegung nicht parallel zum Horizont. Die Veränderungen in ihrer Position sind also nicht konstant – wie bei einem Bergwanderer, dessen Geschwindigkeit von der Steigung des Geländes abhängt und der sich an einem Steilhang ja nicht horizontal bewegt, selbst wenn er seine Geschwindigkeit beibehält. (Wegen der Veränderung im Winkel des Sonnenbogens zur geografischen Breite ist übrigens zu viel Vertrauen in die grobe Orientierung nach den Zeigern einer analogen Uhr nicht unbedingt angeraten. (Dabei richtet man den Stundenzeiger auf die Sonne, und ungefähr zwischen 12 Uhr und dem Zeiger liegt – auf der Nordhalbkugel – Süden.)

Auch die Sonne erklimmt Berge und wandert über sanfte Ebenen. Mittags bewegt sie sich für den Bruchteil einer Sekunde horizontal, morgens und abends ist

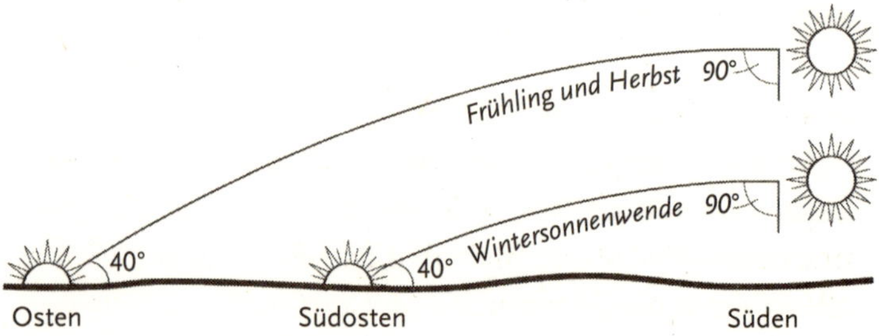

Am Anfang und Ende des Tages verläuft der Sonnenbogen steiler als zur Tagesmitte. Die Zeichnung zeigt die Verhältnisse in Großbritannien.

der Winkel steiler. Als Komplementärwinkel der geografischen Breite wird er »Kobreite« genannt und ergibt sich aus der Differenz zwischen 90° (Pole) und dem Breitengrad, auf dem sich der Beobachter befindet. An den Polen beträgt er also 0°, am Äquator 90° und in London (51,3°N) 38,7°.

Je höher die geografische Breite des Beobachters, desto flacher bewegt sich die Sonne und desto gleichmäßiger verändert sie ihre Position. An den Polen sind das immer genau 15° pro Stunde, während sie am Äquator am Mittag innerhalb einer Sekunde ihre Position um 180° verändert – was die Navigation in den Tropen wesentlich schwieriger macht als in höheren Breiten.

Früher war die Sonne so wichtig für die Navigation, dass es Probleme gab, wenn sie verdunkelt wurde. »Mehrere Tage hindurch zeigten sich weder Sonne noch Sterne, und der heftige Sturm hielt an. Schließlich schwand uns alle Hoffnung auf Rettung«, heißt es in der Apostelgeschichte (27,20).

Auch an einem wolkigen Himmel scheint die Sonne, und ihr Licht trifft auf die Erde (ansonsten wäre es Nacht), aber ihre Strahlen werden in den Wolken gebrochen und scheinen diffus. Trotzdem kommen sie von derselben Quelle aus derselben Richtung. Mit einem länglichen, dünnen Gegenstand – einem Messer, einem Laubblatt, einem Blatt Papier, einem Stück Baumrinde – kann man auf einer freien Fläche, die von allen Himmelsrichtungen Licht bekommt, dennoch einen fächerartigen Schatten werfen, der, wenn man diesen Gegenstand dreht, sich irgendwann zu einer Linie verjüngt, bevor er wieder breiter wird. Entsteht diese dünne Linie, weist der Gegenstand auf die hellste Stelle, also die wolkenverhangene Sonne. Es funktioniert allerdings nur bei einem gleichmäßig bedeckten Himmel. Wird die Sonne hingegen von Wolkenrändern reflektiert, kann dieses Licht den Schatten verfälschen.

Überlebenswichtig war die Sonne auch für Bjarni Herjúlfsson. Jahreszeitabhängig befuhr er hohe Breiten. Die Wikinger stachen im Sommer in See, und bei den langen Tagen konnten sie die Sterne kaum zur Orientierung nutzen. Oft aber gerieten sie unter Wolken und in Nebelbänke. Leif Karlsen, der sich mit den Navigationsmethoden der Wikinger beschäftigt hat, glaubt wie viele andere, dass sie wussten, wie sie auch unter widrigen Bedingungen die Sonne finden konnten – und zwar mit dem *sólsteinn* oder *solarsteinn*, dem Sonnenstein, wahrscheinlich ein Kalkspatkristall, in dem polarisiertes Licht sichtbar wird. So konnten sie möglicherweise den Sonnenstand anhand des Vergleichs von Helligkeit und Dunkelheit in den verschiedenen Himmelsrichtungen feststellen, selbst wenn die Sonne nicht über dem Horizont stand. Karlsen verweist auf die nordische Mythologie und die Olav-Saga: »Ein Stein, mit dem man sehen konnte, wo die Sonne am Himmel stand.«

Nach einer Wikingersage brüstete sich der Bauernsohn Sigurd damit, die Sonne sehen zu können, wenn andere sie nicht sahen. König Olav II. wollte ihn an einem verhangenen Tag auf die Probe stellen – und es klappte. Hatte Sigurd die Klinge eines Messers als Schattenstab benutzt oder tatsächlich einen Sonnenstein? Wenn ja, würde das diesen Stein als eines der frühesten Navigationsinstrumente ausweisen.

Die Sonne steckt hinter so vielen natürlichen Phänomenen, dass man, wenn man ihr Verhalten versteht, eine Menge anderer Dinge begreift, angefangen bei Pfützen und Flechten über Ameisen und erhabene alte Eichen bis hin zum Menschen. Nun wollen wir noch einmal einen letzten Blick auf den Sonnenbogen werfen und aufzeigen, wie der simple Schatten eines Gnomons (in Form eines Stabes, Baumes oder Messers) bei der Orientierung hilft.

Die wenigsten Menschen kümmern sich noch um die Spuren, die die Sonne allenthalben hinterlässt. Doch mit ein bisschen Übung lesen sich diese Spuren wie eine Sammlung Kurzgeschichten über den täglichen Sonnenbogen und das Sonnenjahr.

In den Eibenwäldern von Kingley Vale in West Sussex sind einzelne Bäume zweitausend Jahre alt. An einem kühlen Dezembernachmittag zog es mich dorthin. Es herrschte eine Kälteperiode, ein Hochdrucksystem über England, das bei Nacht Warmluft aufsteigen ließ und sie tagsüber nicht ausreichend gut halten konnte. Die Sonne ging im Südwesten unter, sie hatte ihre Bahn vollendet. Stellenweise war es gefroren, aber nicht überall, die Sonne hatte den kurzen Tag über ihr Bestes gegeben. Ich sah ein paar Jungen zu, die das zentimeterdicke Eis eines Tümpels mit Stöcken traktierten.

Die Eiben stehen dort in dichten, kräftigen Gruppen, unten sind sie breit, oben laufen sie konisch zu einem deutlich sichtbaren Wipfel aus. Auf einer Seite des größten Hains lag eine auffällige Raureiffläche; nahe bei den Bäumen war sie breit, in der weitesten Entfernung zu ihnen lief sie in einer abgerundeten Spitze aus. Die Eiben hatten für mich den Schattenstab gespielt. Über Mittag hatte die Sonne den Reif tauen lassen, die Strahlen erreichten aber nicht den Boden auf der Nordseite des Hains. Die Linie von dessen Mitte bis zur Spitze der Reiffläche bildete eine perfekte Süd-Nord-Linie. Die Bäume hatten bei der Bildung des Raureif-Kompasses geholfen, geschaffen hatte ihn die Sonne.

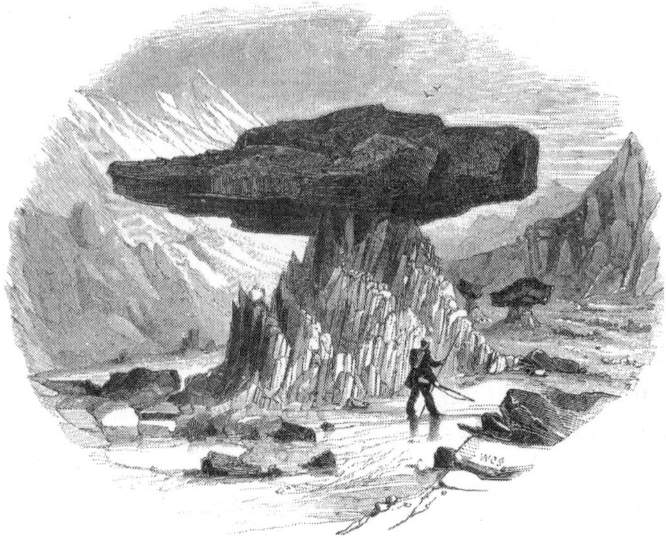

Gletschertische

Wenn in den Alpen die Sonne die Gletscher bescheint, dringt sie nicht an jeden Punkt des kalten Bodens vor. Stellenweise wirken große flache Felsbrocken wie Sonnenschirme. Das Eis um den Fels herum schmilzt, der Fels selbst bleibt auf dem Eis stehen wie auf einem Sockel, hoch und erhaben. Irgendwann trifft die Sonne auch auf den Eishügel, doch das Eis schmilzt nicht gleichmäßig, denn die Südseite bekommt mehr Sonnenwärme ab. Der Fels neigt sich, rutscht oder fällt schließlich früher oder später nach Süden – er verneigt sich gewissermaßen vor dem südlichen Bogen der Sonne.

Kennt man ein paar Daten der Erdbewegung oder macht sich durch Beobachtungen langsam mit ihren Mustern und Symmetrien vertraut, lernt man leicht, sich mithilfe der Sonne zu orientieren.

Stecken Sie doch nächstes Mal am Strand einen Stock in den Sand. Wenn Sie dann die Enden von zwei gleich langen Schatten verbinden, bekommen Sie eine exakte Ost-West-Linie. Zufall? Nein. Gleich lange Schatten markieren einfach nur zwei einander entsprechende Zeitpunkte vor und nach dem Höchststand der Sonne. Mit Geometrie haben wir die Sonne als Gerade in den Sand geschrieben.

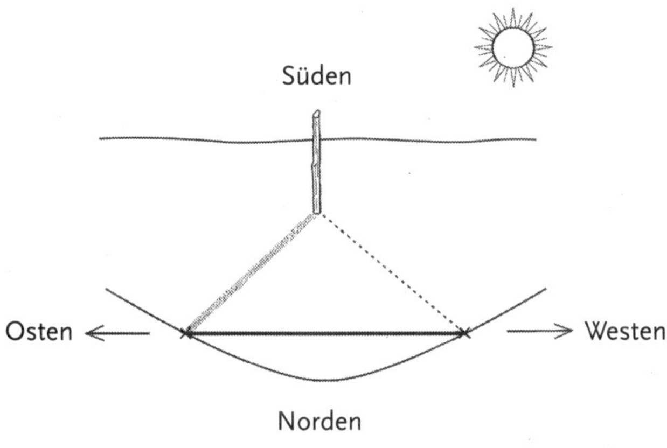

Verbindet man die Endpunkte von zwei Schatten gleicher Länge, bekommt man eine exakte Ost-West-Linie.

DRITTES KAPITEL

Das Firmament

Im Südatlantik benutzen Kalmar-Fischer Metallhalogenlampen, um die Tiere anzulocken. Das Licht ist sogar noch vom Weltraum aus zu sehen und strahlt heller als Megacitys wie Buenos Aires und Rio de Janeiro.

Seit Thomas Edison Ende des 19. Jahrhunderts die Glühbirne erfunden hat, geht unser Wissen über den Nachthimmel immer mehr verloren. Die Lichtverschmutzung hat die Sterne aus unserer Weltsicht und folglich auch aus unseren Köpfen verbannt. Damit wurde ein Band zu natürlichen Bezugspunkten zerschnitten, die in der Kulturgeschichte eine wichtige Rolle spielten. Wir denken oft, diese Tendenz sei nur im industrialisierten Westen virulent, aber auch Wüstenbewohner kennen die Sterne langsam nicht mehr beim Namen. Selbst wenn sie nicht in Städten wohnen und keine Computer oder Navis haben, so benutzen sie doch Generatoren und Elektrizität. Ein junger Targi in der Sahara bat mich einmal, ihm mithilfe der Sterne zu zeigen, wo Mekka liegt. Er konnte es anhand von Wegzeichen und dem Sonnenstand herausfinden, aber, wie er mir in einem

Kauderwelsch aus Französisch, Englisch, Arabisch und seiner eigenen Sprache erzählte, den Nachthimmel könne er im Gegensatz zu seinem Vater nicht mehr lesen. Offenbar gab es zwischen diesen beiden Generationen auch einen Generationswechsel in Bezug auf das tradierte Wissen sowie auf die Sitten und Gebräuche.

Trotz des schwindenden Wissens ist das Bedürfnis, den Himmel zu interpretieren, nicht im Schwinden begriffen. Man trifft nur selten jemanden, der behauptet, sich überhaupt nicht für die Sterne zu interessieren. Wenn man wieder lernt, sich am Sternenhimmel zu orientieren, ist das eine wunderbare Möglichkeit, dieses alte Band neu zu knüpfen.

Sterne kommen schon in den ältesten literarischen Zeugnissen vor, ihre Bedeutung als Navigationsmittel muss jedoch sogar noch vorsprachlich sein. Wenn Odysseus sein Boot nachts steuerte, hielt er nach den Plejaden (»Siebengestirn«) oder dem Sternbild des »Bärenhüter« Ausschau und achtete darauf, dass »die Bärin« (der Wagen im Großen Bär) zu seiner Linken stand. In der Bibel steht, wer die Sterne erschaffen hat und wie sie am Himmel angeordnet sind. Auch in buddhistischen Texten und im Koran finden sich Bezüge zum Himmelsgewölbe und zu den Sternen, die einen in der Dunkelheit über Land und Meer führen können. Über Jahrtausende haben Sterne die Wanderungen der Menschen metaphorisch, philosophisch und auch ganz praktisch verbunden.

Phönizier, Griechen, Wikinger, Polynesier, Chinesen, Araber, Inuit und viele andere Völker kannten die Beziehungen zwischen Sternen und Himmelsrichtungen. Auch in angelsächsischen Texten aus dem neunten Jahrhundert wird ein *lad steorra* erwähnt, ein Leitstern. Später galt die Kenntnis der Sterne als Zeichen von Kultiviertheit und Weltläufigkeit. 1883 schrieb Colonel Richard Dodge von der US-Army (was heute vermutlich größte Empörung hervorrufen würde): »Ich habe noch nie einen Indianer gesehen, der die Leiter des menschlichen Fortschritts so weit erklommen hat, dass er die Existenz eines Sterns am Himmel wahrgenommen hätte, der sichtlich nie seine Position verändert.«

Dass heutzutage nur noch wenige Menschen den Nordstern am Nachthimmel finden, zeigt allerdings, dass sein Platz in unserem Bewusstsein von kulturellen Prioritäten und Notwendigkeiten abhängt und nicht davon, ob man die »Leiter des menschlichen Fortschritts« erklommen hat.

Im Gegensatz zum erodierenden tradierten Wissen über die Sterne hat die Wissenschaft über die Jahrhunderte immense Fortschritte gemacht. Astronomische Erkenntnisse wurden im Lauf der Geschichte von ganz unterschiedlichen Kulturen gewonnen und bewahrt, aber unsere frühesten Vorfahren haben gezeigt, dass man kein wissenschaftliches Verständnis des Universums braucht, um sich an den Sternen zu orientieren. Einfachheit, lautet die Devise.

Die alten Griechen hatten eine schlichte, schöne und sehr praktische Sicht des Universums, die uns bis heute erhalten geblieben ist. Die meisten anderen Vorstellungen haben es nicht so unbeschadet durch Mittelalter, Renaissance, Aufklärung und sogar industrielle Revolution geschafft.

Wir Menschen hatten schon immer ein ausgeprägtes Bedürfnis, Erklärungen für das zu finden, was wir sehen, doch die Methoden, die wir dabei anwenden, haben sich drastisch verändert. Die westliche Sicht stützt sich mittlerweile primär eher auf die Empirie, das heißt auf Beobachtungen und Experimente, als auf die Theorie. Diese erkenntnistheoretische Entwicklung spiegelt die große Kluft zwischen Mythos und Wissenschaft, doch die Fragen, auf die die Menschen eine Antwort suchten, waren immer die gleichen. Manche sind der Ansicht, die Singularität der Gravitationstheorie oder das Postulat des Urknalls würden die Sache auch nicht besser erklären als die venezolanischen Mythen des Abendsterns, der die anderen Sterne jagt und sie zum Früchtesammeln auf die Bäume zwingt.

Im antiken Griechenland hatten Mythen einen wichtigen Platz im Denken der Menschen, dennoch existierten sie harmonisch neben dem wachsenden Interesse an naturwissenschaftlichen Theorien. Um 600 v. Chr. stellte der Philosoph Thales von Milet die Hypothese auf, der Urgrund alles Seins und Wirkens sei das Wasser: »Alles ist aus und auf dem Wasser.« Er sah die Welt als Scheibe, die aus dem riesigen *okéanos* hervorgekommen war und auf ihm schwamm. Dass diese Sicht falsch ist, spielt keine große Rolle, wichtiger ist die Tatsache, dass Thales versuchte, die Welt wissenschaftlich zu erklären. Seine Theorie sollte nicht wie die Mythen im übertragenen Sinn verstanden werden, und so trug er dazu bei, einen Weg zwischen Wissenschaft und

Mythos zu finden. Seine Hypothese wurde widerlegt, die Mythen aber blieben bestehen. Bestand hatte auch das griechische Modell der Himmelskugel, die sich um die Erde dreht. Es ist zwar wissenschaftlich unhaltbar, lebt aber weiter als die nachvollziehbarste Form der Veranschaulichung unserer Sicht des Himmels.

Bei idealen Bedingungen sind am Nachthimmel mit bloßem Auge etwa 6000 Sterne zu erkennen, davon etwa 2500 zu je einem bestimmten Zeitpunkt. Dabei erkennt man folgende Muster:

Erstens, die Sternbilder. Entscheidend ist, dass sie konstant sind, ihre Form über mehrere Menschenleben oder gar Jahrtausende nicht merklich verändern. Somit sind die Positionen der Sterne *zueinander* fix, nicht aber – und das ist die zweite Beobachtung – ihre Position zum Horizont. Sie bewegen sich langsam, wobei die Bewegungsrichtung von der Position und vom Blickwinkel des Beobachters abhängt. Gewisse Grundregeln aber gelten immer: Sterne gehen im Osten auf und im Westen unter. Auf der Nordhalbkugel steht im Norden ein Stern, der sich nicht zu bewegen scheint*, während andere ihn gegen den Uhrzeigersinn umkreisen, ohne auf- oder unterzugehen. Auf der südlichen Halbkugel hingegen drehen sich die Sterne um einen Punkt über

* Der Nordstern, Polaris, der hellste Stern im Kleinen Wagen, steht in großer Nähe zum Himmelsnordpol und bewegt sich in einem engen Kreis um ihn. Wer den Norden ganz genau bestimmen möchte, suche im Kleinen Wagen nach dem zweithellsten Stern, Kochab. Steht dieser genau über oder unter Polaris, gibt dieser zuverlässig Norden an. Steht Kochab westlich beziehungsweise östlich von Polaris, weicht der Nordstern um 359° bzw. 1° von Norden ab.

dem südlichen Horizont, der aber nicht durch einen Stern fixiert wird.

Auch scheinen die Sterne vom selben Beobachtungsort aus jede Nacht am selben Punkt am Horizont auf- und unterzugehen. Dennoch sind im Jahresverlauf unterschiedliche Sterne und Sternbilder zu sehen: Skorpion zum Beispiel erblickt man am besten im Juni, Orion im Dezember. Wenn man den Nachthimmel stetig beobachtet, stellt man fest, dass die Sterne jeden Abend vier Minuten früher aufgehen, bis der Kreisumlauf vollendet ist und alles wieder von vorn beginnt, denn 365 Tage mal vier Minuten ergeben 24 Stunden. Auch das hatten die alten Griechen bereits berechnet, und es formte ihre Sicht des Universums als Himmelskugel.

Mit einem geozentrischen Weltbild kann man diese Beobachtungen, und noch sehr viel mehr, besser erklären als mit einem heliozentrischen. Man stelle sich die Erde wie von einer riesigen Glaskugel umhüllt vor. Im Inneren der Kugelschale sind 6000 Sterne aufgemalt, manche scheinen heller als andere. Die Glaskugel ist mit der Erde durch eine imaginäre Achse verbunden, die durch Nord- und Südpol verläuft.

Das ist nur ein Modell, um zu veranschaulichen, was am Himmel geschieht, aber für unsere Vorfahren waren diese Geschehnisse real. Im Archäologischen Nationalmuseum Neapel ist eine Marmorstatue aus dem zweiten Jahrhundert ausgestellt: Atlas, der die Himmelskugel mit allen Sternbildern auf dem Rücken trägt – eine Personifizierung des antiken griechischen Weltbilds.

Die »Geografie« des Firmaments entspricht den Punkten und Linien auf der Erdoberfläche: Der nörd-

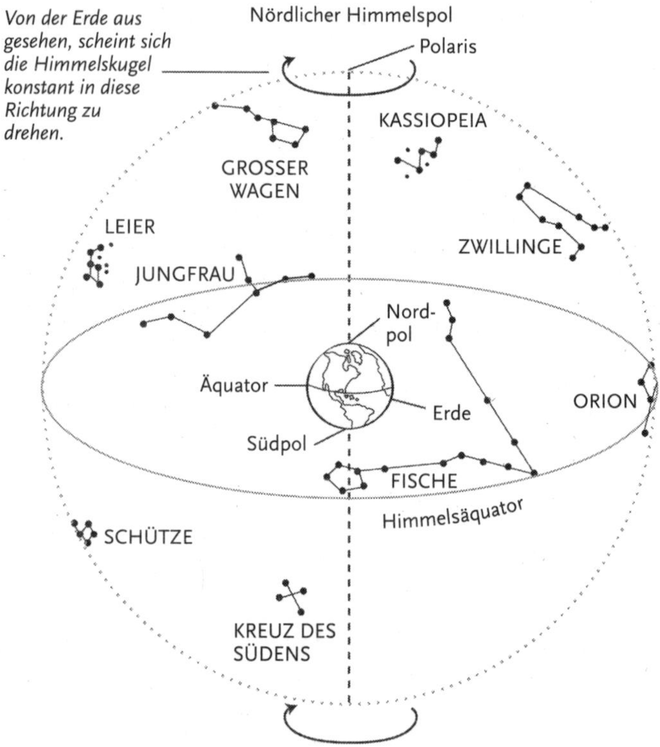

Die Himmelskugel

liche und südliche Himmelspol und der Himmelsäquator liegen direkt oberhalb ihrer irdischen Entsprechungen. Es gibt außerdem Längen- und Breitengrade, auch Greenwicher Stundenwinkel und Deklination genannt. Für unsere Navigation ist der Stundenwinkel irrelevant, weil er mit natürlichen Mitteln nicht gemessen werden kann; wichtig aber ist die Deklination, der himmlische Breitengrad.

Überall auf der Welt ist man von einem Horizont umgeben, und der Himmel scheint die Erde zu überwölben wie eine Kuppel, an der sich zwar etwas bewegt, die selbst aber unveränderlich ist und immer die Hälfte der Himmelskugel umfasst. Am höchsten Punkt über uns ist der Zenit.

Stellen wir uns vor, wir säßen in einem Boot irgendwo auf einem ruhigen Meer mit einem geraden Horizont um uns herum – dann beträgt der Winkel vom Horizont zum Zenit immer 90°. Blicken wir dann vom Horizont in den Zenit und auf der anderen Seite wieder zum Horizont hinunter, haben wir 180° des Himmels gesehen, also die Hälfte der Kugel.

Die Sterne scheinen sich zu bewegen, weil das Firmament in ständiger konstanter Bewegung ist. Die Erde scheint stillzustehen, und die Himmelskugel scheint sich einmal in 23 Stunden und 56 Minuten um die eigene Achse zu drehen, und zwar vom Himmelsnordpol gesehen im Uhrzeigersinn.

Man darf aber nicht vergessen, dass sich die Himmelskugel auch bei Tag weiterdreht. Die Himmelspole sind dabei die einzigen Punkte, die sich nicht zu bewegen scheinen. Welchen Himmelspol man sieht und wie hoch er steht, hängt von der Position des Beobachters ab. An den Erdpolen stehen die Himmelspole jeweils im Zenit, am Äquator sitzen sie reglos am nördlichen und südlichen Horizont.

Wenn man seine Koordinaten auf der Erde kennt und weiß, welchen Teil des Himmels man sieht und wie er sich um seine Pole bewegt, kann man sich orientieren, auch wenn man die Sterne nicht mit Namen zu benennen weiß. Am geografischen Nordpol steht der Himmelsnordpol im Zenit, und man sieht nur die nördliche Hälfte des Firmaments. Die Sterne der Südkugel sind nicht sichtbar, denn sie bewegen sich nicht im Verhältnis zueinander und können nicht über den Himmelsäquator steigen. Durch die scheinbare Rotation der Himmelskugel um ihre eigene Achse entsteht, vom Nordpol aus gesehen, der Eindruck, dass die Sterne sich am Horizont waagrecht von links nach rechts bewegen und gegen den Uhrzeigersinn langsam immer höher aufsteigen, während sie in immer engeren Umlaufbahnen um den unbeweglich scheinenden Polarstern direkt im Zenit am Himmelsnordpol kreisen. Am Südpol verläuft die Bewegung umgekehrt von rechts nach links im Uhrzeigersinn.

Am Äquator hingegen verändert sich das Firmament ständig, immer steigen neue Sterne über dem östlichen Horizont auf und gehen im Westen unter.

In gemäßigten Breiten umkreisen einige Sterne im Norden konstant den Nordstern, während am Horizont andere Sterne auf- und untergehen. Steht man auf 55°N und damit 35° südlich des Nordpols, kann man an diesem Punkt theoretisch Sterne sehen, die 35° südlich des Himmelsäquators stehen, im Norden aber sieht man dann weniger Sterne, denn auch der nördliche Himmelspol steht 55° über dem Horizont. Am Nachthimmel geht es ganz gerecht und konstant zu, auch wenn es am Anfang kompliziert erscheint. Hat man sich einmal mit dem Firmament angefreundet, weist es einem zuverlässig den Weg.

Nehmen wir an, wir hätten uns an einem Hügel unter einer hohen, am Ende einer Straße stehenden Straßenlaterne verabredet: Wir sehen die Lampe, lange bevor wir die Person sehen, die wir treffen wollen, und wissen, in welche Richtung wir gehen müssen. Ein Stern, der über unserem Ziel steht, ist der beste Wegweiser, er ist über ein Viertel des Globus zu sehen. Allerdings dreht sich die Himmelskugel, und wir müssen auf unserem Weg immer wieder neuen Sternen folgen, die wir mithilfe der unbeweglichen Himmelspole ermitteln.

Sterne können uns auch den kürzesten Weg zum Ziel zeigen – der nur selten einer Geraden folgt, weil die Erde ja rund ist. So ist der kürzeste Weg zwischen A und B fast immer eine Kurve, eine Orthodrome, die Teil des sogenannten Großkreises ist, der als größtmöglicher Kreis die Oberfläche einer Kugel durchschneidet. Auf der Erdkugel sind der Äquator und alle Längengrade Großkreise. Auf kurzen Strecken ist das irrelevant, im Schiffs- und Flugverkehr jedoch ist es ausschlaggebend. Auf Langstreckenflügen beschreibt man daher meist eine Kurve und fliegt an einer Orthodrome entlang. Auch bei der Astronavigation nimmt man den kürzesten Weg, der sich zum Ziel hin krümmt – was mithilfe eines Kompasses kaum zu schaffen ist.

Polaris, der Polar- oder Nordstern neben dem Himmelsnordpol, ist ein gut sichtbarer heller Stern, der hellste im Kleinen Wagen. Wenngleich nicht der allerhellste Stern am Himmel, spielte er in unserer Kulturgeschichte eine so wichtige Rolle, dass er oft mit Helligkeit an sich gleichgesetzt wird. In der Literatur finden sich unzählige Erwähnungen, beispielsweise in Shakespeares *Sommernachtstraum* und in *Julius Cäsar*:

Doch ich bin standhaft wie des Nordens Stern,
Dess' unverrückte, ewig stete Art
Nicht seinesgleichen hat am Firmament.

Auch William Wordsworth bezieht sich in seinem Langgedicht *Der Ausflug* auf Polaris:

Chaldäische Hirten streiften durch endlose Felder
Unter der unumwölkten Himmelskuppel,
Ausgebreitet wie das Meer in grenzenloser Einsamkeit,
Und blickten auf den Polarstern, auf den Führer
Und Wächter ihres Wegs, der nimmer
Sein unwandelbares Auge schließt.

Beide Zitate machen deutlich, dass die übertragene Bedeutung des Nordsterns nicht in seiner Helligkeit liegt, sondern in seiner Konstanz. Alles am Himmel scheint in ständiger Bewegung zu sein, nicht aber Polaris.

In einer klaren Nacht findet man ihn am Nordhimmel leicht: Vom Großen Wagen, den sieben hellsten

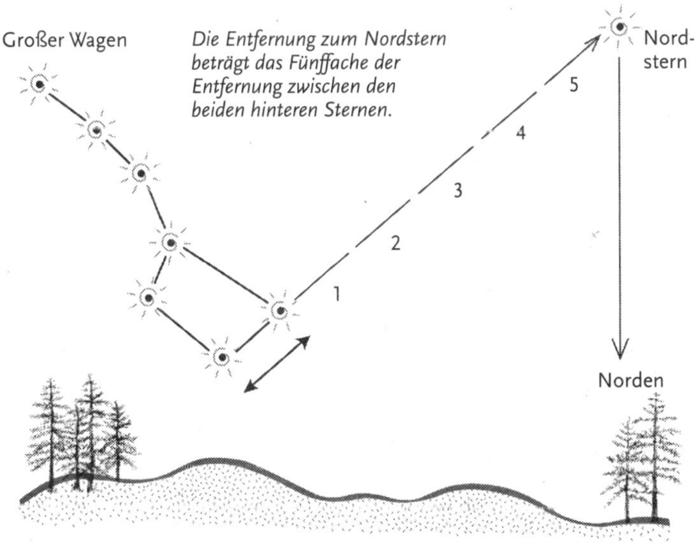

Wie man mithilfe des Großen Wagens den Nordstern findet.

Sternen im Sternbild des Großen Bären, die aussehen wie ein Handkarren mit Deichsel, nimmt man – und zwar egal, in welche Richtung der Wagen steht – die beiden hinteren Sterne und verlängert die gedachte Linie zwischen ihnen um das Fünffache über die »Hinterachse« hinaus. Auf diese Weise gelangt man ziemlich genau zum Polarstern, dazwischen liegen keine weiteren hellen Sterne mehr. Und der Punkt am Horizont direkt unter dem Polarstern ist auf der Erde Norden.

Polaris ist allen Kulturen der Nordhalbkugel ein Begriff. Bei den Hindu hieß er Grahadhara (»Nabe der Planeten«), die Araber nannten ihn al-Qibla, weil er ihnen half, die Gebetsrichtung nach Mekka zu finden, bei den

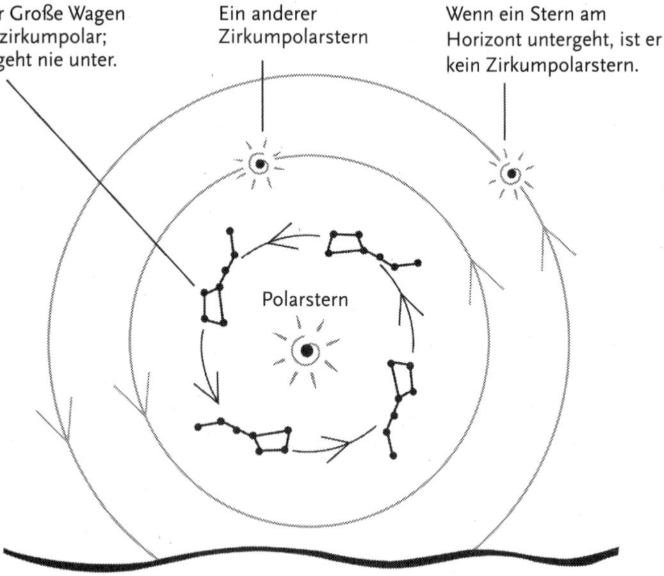

Blickt man auf der Nordhalbkugel nach Norden, kreisen die Sterne gegen den Uhrzeigersinn um den Nordstern.

Osmanen hieß er Yilduz (einfach nur »Stern«), und die Chinesen hatten über die Jahrhunderte mindestens vier verschiedene Bezeichnungen für ihn.

Trotz seiner kulturellen Leuchtkraft steht Polaris bei der visuellen Helligkeit der Sterne nur an 48. Stelle. Er ragt deshalb heraus, weil er in diesem Teil des Himmels und in seiner unmittelbaren Nachbarschaft der hellste ist. Sieht man also zwei ähnlich helle Sterne nebeneinanderstehen, kann es sich nicht um den Nordstern handeln.

Da seine Position nur ein Grad vom Himmelsnordpol entfernt ist, weist die vertikale Linie, die man gedanklich vom Nordstern zur Erde zieht, auch mit der Genauigkeit von plus/minus einem Grad nach Norden – genauer geht es auch mit dem Kompass oder einem Navi kaum. Hängt man sich eine Schnur mit einem Gewicht an den Daumen und deutet mit der Daumenspitze zum Nordstern, liegt Norden am Schnittpunkt von Horizont und Schnur.

Mithilfe des Großen Wagens lässt sich Polaris deshalb so leicht finden, weil die Sternengruppe so nah am Himmelsnordpol steht, dass sie den Polarstern umkreist, und für den Beobachter auf der Nordhalbkugel nie untergeht. Solche Sterne heißen Zirkumpolarsterne. Außerdem ist der Große Wagen ein Asterismus, eine erkennbare Gruppierung (wenn auch keines der 88 von der Internationalen Astronomischen Union festgelegten Sternbilder). Er ist Teil des Sternbilds Ursa maior, des Großen Bären, den Odysseus auf Backbord hielt, als er von Kalypsos Insel nach Osten segelte.

Die Ableitung der Position des Nordsterns und die Einteilung des Nordhimmels mithilfe des Großen Wagens ist eine völlig unkomplizierte Methode. Kennt man aber den Himmel einigermaßen und kann ihn gewissermaßen als Karte benutzen – also einen Punkt erkennen und andere davon ableiten –, dann kann man den Nordstern von jeder Stelle des Himmels aus finden. Zum Beispiel anhand des Sternbilds Kassiopeia, das auf den Großen Wagen bezogen dem Himmelspol gegenüberliegt. Wenn sich der Große Wagen hinter Wolken verbirgt oder niedrig am Horizont steht, ist dieses auffällige zirkumpolare Sternbild eine gute Alternative. Kassiopeia sieht aus wie ein gedehntes W

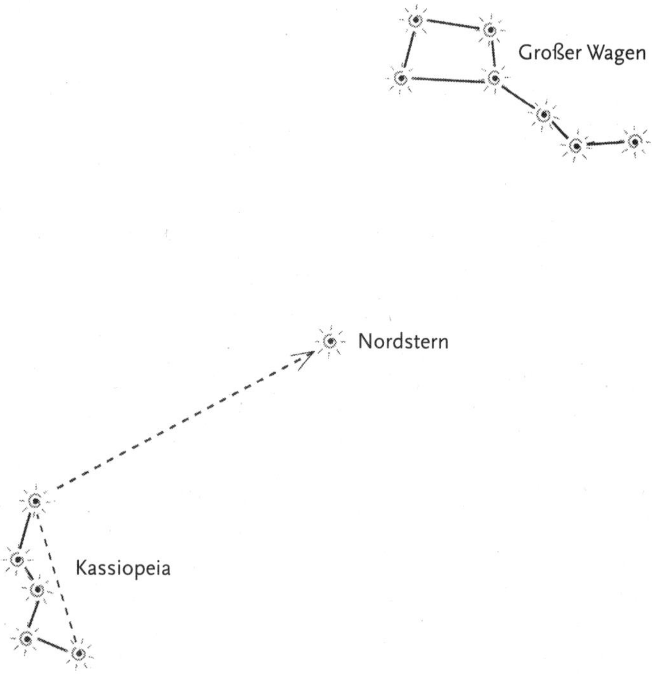

Wie man mithilfe von Kassiopeia den Nordstern findet.

oder wie ein M, wenn es bei der Drehung um den Himmelspol auf dem Kopf steht. Die mittlere Spitze des W zeigt in etwa auf den Nordstern. Oder man stellt sich vor, die äußeren Spitzen des W seien mit einer Linie verbunden: Man zieht von der linken Spitze im rechten Winkel eine weitere, doppelt so lange Linie, dann gelangt man auch zum Polarstern.

Man kann natürlich auch anhand jedes anderen nördlichen Sternbilds oder einzelner Sterne, ja gar einer Konstellation, die man selbst festlegt und selbst benennt, den Nordstern finden. Dabei darf man sich nicht von Namen oder Begrifflichkeiten einschüchtern lassen, das sind nur Konventionen. Die Amerikaner sehen im Großen Wagen eine große Schöpfkelle (Big Dipper), die Briten einen Pflug (Plough), die Inuit ein Karibu (Tukturjuit), und für die Azteken war er Tezcatlipoca, der Gott der Nacht, ein mächtiger Willkürherrscher, der gab und nahm, wie es ihm gefiel. Er verkleidete sich als Jaguar, hexte und führte die Tugendhaften gern in die Irre.

Nun fehlt bei der Positionsbeschreibung des Nordsterns nur noch seine Elevation, sein Winkel zum Horizont. Daran zeigen sich die Symmetrie und die Schönheit der Himmelskugel am besten. Die Elevation des Polarsterns entspricht genau dem Standort des Beobachters auf der geografischen Breite: Am Nordpol, auf 90°N, steht er in einem Winkel von 90°, am Äquator bei 0° steht er am Horizont bei 0°, in London bei 51,3° usw. – komplementär zum Sonnenwinkel (s. S. 116).

DER SÜDHIMMEL

Auf der Südhalbkugel muss man zur Orientierung den Himmelssüdpol finden. Allerdings steht dort kein heller Stern, der es uns so einfach macht wie im Norden. Das Kreuz des Südens ist fast allen Menschen ein Begriff, auch wenn die meisten Bewohner der Nordhalbkugel es noch nie mit eigenen Augen gesehen haben. Diese Sterngruppe galt in der Antike nicht als eigenständiges Sternbild, sondern wurde dem ausgedehnten Centaurus zugeordnet. In vorchristlicher Zeit war das Kreuz des Südens in Südeuropa am nördlichen Himmel noch sehr niedrig am Horizont zu sehen, sowohl Plinius als auch Hipparch erwähnen es. Durch die Präzessionsbewegung der Erde rutschte es unter den Himmelsäquator (s. S. 144f). Erst im frühen 16. Jahrhundert wurden Seefahrer in der südlichen Hemisphäre wieder darauf aufmerksam und sahen in seinen vier hellsten Sternen das christliche Kreuz. Mittlerweile gilt es als eigenes Sternbild.

Aber das ist nur die europäische Perspektive. Denn den Aborigines und anderen Völkern der Südhalbkugel war es schon immer vertraut. So sehen zum Beispiel

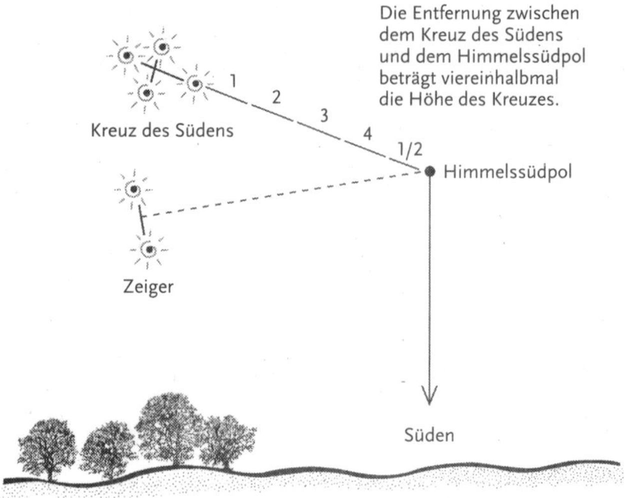

Wie man mithilfe des Kreuzes des Südens und der Sterne Alpha Centauri und Beta Centauri den Himmelssüdpol findet.

nach George Silberbauer die Eingeborenen der Kalahari darin die Augen einer Giraffe.

Das Sternbild wird auf Flaggen und Münzen mit vier großen und einem kleinen Stern dargestellt. An der Spitze steht der Rote Riese Gacrux (Gamma Crux), sein dritthellster Stern; ihm gegenüber steht am Fuß der Blaue Riese Acrux (Alpha Crux), sein hellster Stern. Wenn man die Achse von Gacrux zu Acrux um das Viereinhalbfache verlängert, trifft man auf den Himmelssüdpol. Um das richtige vom »Falschen Kreuz des Südens« – dem Sternbild Vela – zu unterscheiden, orientiert man sich an Alpha Centauri und Beta Centauri, den hellsten Sternen im Sternbild Centaurus. Sie werden auch »Zeiger« genannt, weil sie auf das Kreuz weisen. Wo die Gerade, die senkrecht auf der Mitte der Verbindungslinie zwischen den Zeigern steht, die verlängerte Kreuzachse schneidet, liegt der Himmelssüdpol.

David Burch führt noch weitere Möglichkeiten zu dessen Positionsbestimmung an. Zieht man eine Linie zwischen den Köpfen der Zwillinge im gleichnamigen Sternbild bis hinunter zu Procyon, einem der hellsten Sterne am Himmel, weist diese auf den Himmelssüdpol.

Das ist nicht so einfach wie beim Himmelsnordpol, aber es funktioniert.

AUFGEHENDE UND UNTERGEHENDE STERNE

Vom selben Ort aus betrachtet, gehen Sterne immer am selben Punkt am Horizont auf und unter – auch bei Tag, wenn sie von der Sonne überstrahlt werden und nicht sichtbar sind. Außer den Sternen, die jeweils nur am Nord- und Südhimmel zu erblicken sind, gibt es nun in der Nähe des Himmelsäquators oder auf ihm Sterne, die auf- und untergehen und sowohl auf der Nord- als auch auf der Südhalbkugel zu bestimmten Zeiten zu sehen sind. Dazu gehört das Sternbild Orion, eine der hellsten und auffälligsten, schönsten und beeindruckendsten Konstellationen am nördlichen Winterhimmel: der »Himmelsjäger« – nach der griechischen Mythologie der böotische Jäger Orion, den Artemis, die Göttin der Jagd und des Waldes, getötet und dessen Bild sie aus Reue unter die Sterne gesetzt hat.

Die Azteken sahen darin Feuerfackeln, die Maya eine Schildkröte, die Chinesen die westliche Heimstatt des weißen Tigers, die Polynesier einen Riesenvogel und die irischen Kelten einen König im Harnisch. Bereits im zweiten vorchristlichen Jahrtausend wurde er im ägyptischen Totenbuch als Smati-Osiris erwähnt, als »Gerstengott«.

Im Orion strahlen zwar vier der neun hellsten Sterne überhaupt, da er aber auf dem Himmelsäquator steht, steigt er für den Beobachter im Wechsel der Jahreszeiten ständig auf und ab und hat bei Weitem nicht die Konstanz eines Zirkumpolarsterns, vor allem nicht die des Nordsterns.

Beteigeuze (nach dem arabischen Ausdruck für »Schulter des Riesen«, der zweithellste im Sternbild und neunthellste Stern am Himmel) links und Bellatrix rechts sind die Schultersterne des Orion, die Füße bilden Saiph und der noch hellere Rigel, ein Blauer Riese, der mit der 46 000-fachen Leuchtkraft unserer Sonne

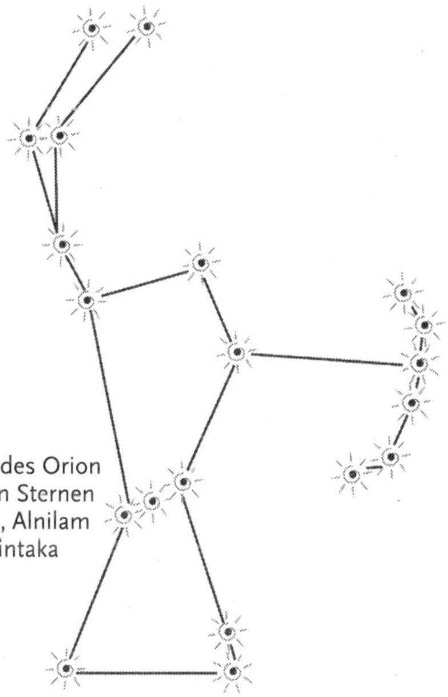

Das Sternbild Orion

strahlt. Der Orionnebel, der das »Schwertgehänge«, die Nord-Süd-Sternenkette, umgibt, ist mit bloßem Auge als eine wirbelnde Wolke interstellarer Materie sichtbar, in der die Entstehung neuer Sterne beobachtet werden kann. Das Schwert hängt an einem Gürtel aus drei hellen Sternen (den »Königen«), die navigatorisch wichtig sind, weil es keine andere gerade Linie aus drei so leuchtenden Sternen am Nachthimmel gibt. Der Gürtel geht im Osten auf und im Westen unter, er steht direkt unterhalb des Himmelsäquators. Mintaka als der nordwestlichste Stern des Gürtels steht dem Äquator am nächsten, er geht als Erster auf und bewegt sich bis zum Untergang innerhalb von einem Grad zum Horizont.

In niedrigen Breiten sieht man nördliche und südliche Sterne zugleich. Zu navigatorischen Zwecken kann man diese Beobachtungen kombinieren. Sirius ist der hellste, Canopus der zweithellste Stern am Himmel. Er steht 53° südlich des Himmelsäquators und ist auf der Nordhalbkugel nur in südlichen Gebieten zu sehen, auf Kreta etwa oder in Nordafrika. Ein Beduinendichter hat in einem Vers über einen Kamelreiter, der nach Südosten ritt, die Ergebnisse der Beobachtung dieses Sterns mit seinem Wissen über al-Sidi, den Nordstern, verbunden:

Polaris an den Schenkel meines Tiers ich setzte,
Seine Kehle im Süden vor Canopus ich schützte.

HIMMELSKUGEL UND SONNE

Analog zur Erde dreht sich die Himmelskugel in fast 24 Stunden einmal um ihre eigene Achse, die Erde legt dabei auch den 365. Teil ihrer Bahn um die Sonne zurück. Bevor diese an einem neuen Tag wieder aufgeht, muss sich die Erde also ein Stückchen weiterbewegen, um genau zu sein: 3 Minuten und 57 Sekunden.

Unsere Zeiteinteilung ist auf die Sonne und nicht auf die Sterne bezogen, sie ist also solar, nicht siderisch. Dabei umfasst das Sternjahr die wahre Dauer des Erdumlaufs (es ist etwa 20 Minuten länger als das tropische Jahr); danach steht die Sonne relativ zu den Sternen wieder an derselben Stelle. Da sich die Himmelskugel ein wenig schneller zu »drehen« scheint als die Sonne, scheinen die Sterne täglich vier Minuten früher aufzugehen, bis nach einem Jahr das Rennen – das die Sonne immer verliert – wieder von vorn beginnt.

Der Nordstern bewegt sich nicht; Zirkumpolarsterne nehmen je nach Jahreszeit unterschiedliche Positionen ein und gehen nie unter; alle anderen Sterne gehen auf und unter. So ist Beteigeuze im Orion Teil des zusammen mit Sirius und Prokyon gebildeten Winterdreiecks am Nordhimmel, während Deneb, Altair und Wega das Sommerdreieck bilden. Aus der Beziehung zwischen sichtbaren Sternen und Jahreszeit ergibt sich analog zum Sonnenkalender ein siderischer Kalender.

Der »heliakische Aufgang« eines Himmelskörpers ist der Zeitpunkt, wenn er in der Morgendämmerung kurz vor Sonnenaufgang sichtbar wird. Traditionell aber war damit der Tag gemeint, wenn er nach längerer Abwesenheit wieder als Morgenstern aufging. Besonders der heliakische Aufgang von Sirius, dem hellsten Stern am Himmel, hatte für die meisten antiken Völker große Bedeutung. Plinius gibt damit die Jahreszeit an, in der wieder Reisen nach Indien unternommen werden konnten.

Im alten Ägypten hieß Sirius Sothis, und sein heliakischer Aufgang markierte den Jahresbeginn. Man konnte damit schon 4241 v. Chr. die »Nilschwelle«, die periodischen Hochwasser um die Sommersonnenwende, voraussagen. Umgekehrt markierte sein Erscheinen am Abendhimmel im Frühjahr für die jungen Männer in der Kalahari den Beginn der zweiten Phase ihrer Initiationsriten.

Der Frühuntergang der Plejaden gab bei Griechen und Römern die Zeit der Aussaat, ihr Frühaufgang die Zeit der Ernte an. Beim Aufgang des Arktur, des hellsten Sterns im Bärenhüter, begann für die Aborigines die Wildgansjagd. Je nach jahreszeitlichem Verhalten der Sterne, besonders des Sirius, waren laut dem griechischen Dichter Hesiod (um 700 v. Chr.) auch die »Weiber verlangender dann, obschon am schwächsten die Männer«.

Der Zeitpunkt von Auf- und Untergang der Sterne verändert sich, nicht aber ihre Deklination, zumindest ändert sie sich lediglich graduell und nur über extrem lange Zeiträume; geschuldet ist dies der Präzession der Erdachse.

Hipparch beobachtete um 150 v. Chr. wohl als Erster, dass sich die Erde nicht ganz gleichmäßig um ihre eigene Achse dreht. Stellt man sich die Erde als Kreisel vor, bemerkt man in dieser steten Kreiselbewegung ein langsames, leichtes Eiern. Das führt dazu, dass das Sonnenjahr kürzer ist als das Sternjahr und sich die Schnittlinie der Ekliptik – der »Nullmeridian« der Himmelskugel – und damit auch die Position der Sterne jährlich minimal verändert. Da die Erdachse gegen die Ekliptik geneigt ist, beschreibt sie bei ihrer Bewegung, von oben gesehen, eine Kegelfläche und erreicht nach 25 800 Jahren wieder den Ausgangspunkt. Dadurch sind diese Veränderungen in einem Menschenleben verschwindend gering und spielen nur eine Rolle, wenn man antike Navigationsmethoden erforschen will.

Da sich die Erdachse sehr langsam bewegt, bewegen sich auch die Himmelspole auf einer Kreislinie. Dadurch stand Polaris nicht immer so nah am Himmelsnordpol und war zur Zeit der alten Ägypter und Griechen kein so zuverlässiger Wegweiser nach Norden wie heute. Doch in 10 000 Jahren wird Deneb der Nordstern sein, in weiteren 4000 Jahren Wega. Die Ägypter bestimmten im dritten Jahrtausend v. Chr. den nördlichen Himmelspol nach Thuban, dem hellsten Stern im Drachen; nach ihm wurden die Pyramiden ausgerichtet.

Das soll nur veranschaulichen, dass unsere Vorfahren die Sterne etwas anders sahen als wir. Für uns wird der Nachthimmel, trotz Präzession, noch lange Zeit gleich aussehen.

DIE PLANETEN

So faszinierend Planeten auch sein mögen und so versucht wir auch sind, sie zur Navigation heranzuziehen – sie sind dabei weniger hilfreich als Sterne. Dennoch schadet für die Astronavigation ein gewisses Grundwissen nicht, und sei es nur, um Planeten nicht mit Sternen zu verwechseln, was oft geschieht, obwohl sie anders aussehen und sich anders bewegen.

Am leichtesten erkennt man sie am Aussehen. Sie gehören zu unserem Sonnensystem und stehen der Erde somit näher als jeder andere Stern, mit Ausnahme der Sonne. Im Teleskop erscheinen sie als Scheiben oder Halbmonde. Mit dem bloßen Auge betrachtet, mögen sie in Form und Farbe zwar wirken und strahlen wie Sterne, ihr Licht ist aber anderes. Sternenlicht kommt von einer kleineren, punktförmigen Quelle, und wenn dieser Strahl in die Erdatmosphäre eintritt, gerät er in Turbulenzen; das verursacht das Flackern der Sterne, die Szintillation. Planetenlicht wird zwar auch durch die Atmosphäre geschleudert, es kommt aber aus einer etwas größeren Quelle und erscheint im Schnitt gleichmäßiger und konstanter. Also ganz einfach: Planeten flackern nicht.

Das griechische Wort *planétes* bedeutet »unstet«, »wandernd«; daher wurden Planeten früher im Gegensatz zu den Fixsternen auch Wandelsterne genannt. Heute weiß man, dass die Planeten durch die Gravitation von der Sonne »gehalten« werden und sie mit großer Konstanz umkreisen. Doch auch die Erde dreht sich um die Sonne, und unsere Sicht der anderen Planeten wird durch die sogenannte retrograde Bewegung verkompliziert. Planeten, die im System weiter außen sind als die Erde, umkreisen die Sonne langsamer, ihr Jahr dauert länger. Von der Erde aus gesehen bewegen sie sich auch langsamer, aber nur bis die schnellere Erde sie »überholt« und es für einen kurzen Augenblick so scheint, als bewegten sie sich rückwärts. Vor Kopernikus hatte das zu großer Verwirrung geführt.

Die Position eines Planeten zu einem bestimmen Zeitpunkt am Nachthimmel kann nicht ohne Weiteres abgeleitet werden. Sie scheint zwar logisch, aber die Bewegung eines Planeten in Bezug zur Erde ist so komplex, dass man dafür Tabellen oder andere entsprechende Hilfsmittel braucht.

Hat man einen Planeten aber einmal entdeckt, findet man ihn auch über mehrere Nächte wieder, denn

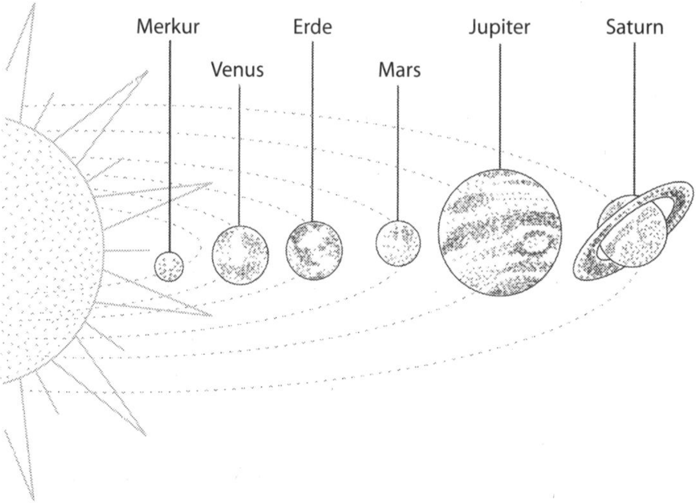

Die Planeten unseres Sonnensystems, die man mit bloßem Auge leicht sehen kann, und ihre Stellung zu Erde und Sonne

seine Position zu anderen Sternen verändert sich so schnell nicht. Aber: Jeder Planet bewegt sich auf zwei Weisen. Durch die Erdrotation sehen wir alle Himmelskörper, auch die Planeten, im Osten auf- und im Westen untergehen. Von Norden aus gesehen, stehen sie im Süden immer am höchsten. Dieser Bogen ist vorherrschend am Himmel. Hinzu kommt, dass die Umlaufbahn eines Planeten von seiner Entfernung zur Sonne bestimmt wird. Alle Planeten unseres Sonnensystems bewegen sich auf parallelen Bahnen, also wie auf einer Scheibe, etwa 30° über dem Himmelsäquator. Allerdings sind mit bloßem Auge nur Merkur, Venus, Mars, Jupiter und Saturn zu erkennen (unter idealen

Bedingungen auch Uranus als schwacher blaugrüner Punkt).

Merkur steht der Sonne am nächsten und umkreist sie am schnellsten, sein Jahr dauert nur 88 Tage. Durch seine Sonnennähe wird er meistens von ihrem Licht überstrahlt, er steht aber nie mehr als 28° (oder drei Faustbreiten) östlich oder westlich der Sonne. Durch seine Schnelligkeit ändert er häufig seine Position, was den Polynesiern nicht verborgen blieb. Sie nannten ihn Na-holo-holo, »Der vor und zurück rennt«. Wenn man also in der Morgen- und Abenddämmerung einen hellen, weißen Himmelskörper sieht und Sterne oder andere Planeten ausschließen kann, hat man vielleicht einen Blick auf Merkur erhascht – was nicht viele von sich behaupten dürfen, auch Kopernikus selbst war es nicht vergönnt.

Der zweitinnerste Planet im System ist die strahlend weiße Venus, sie ist weiter von der Sonne entfernt und sehr viel besser zu sichten. Sie steht höchstens 47° von der Sonne entfernt (ein bisschen weniger als fünf Faustbreiten) und ist am Morgen- und Abendhimmel gut sichtbar, wo sie nach Sonne und Mond das hellste natürliche Objekt ist.

Auch unsere Vorfahren wussten das, aber da die Venus morgens und abends erscheint, waren sie geteilter Meinung. Die einen sahen darin zwei verschiedene Himmelsobjekte, die anderen einen Wandelstern. Venus ist die römische Göttin der Liebe und Schönheit, die Griechen nannten den Planeten am Morgen Phosphoros, am Abend Hesperos. In Afrika wurde er »Mondgemahlin«, »Abendflüchtling« oder auch – ganz wunderbar –

»Topfgucker« genannt, weil er zu den Essenszeiten morgens und abends aufging.

Ungefähr acht Monate im Jahr sieht man die Venus niedrig am Himmel, dann wandert sie für acht Tage vor die Sonne und ist nicht sichtbar. Danach steht sie wieder für acht Monate am Morgen- und Abendhimmel, bis sie fünfzig Tage lang hinter der Sonne verschwindet und der Zyklus wieder von vorn beginnt.

Wenn man die Venus kennt, ist sie eine gute Reisegefährtin, denn sie behält ihre Position längere Zeit bei. Sie hilft dem Reisenden zwar nicht primär bei der Orientierung, aber dabei, den Kurs zu halten.

Ich erinnere mich an eine spontane, kühne Tour in den South Downs an einem Winterabend. Ich schritt kräftig aus, um mich warm zu halten, während die Venus und eine zwei Tage alte Mondsichel am Himmel standen, dann waren Jupiter und sogar Merkur kurz im Südwesten zu sehen. Letztere gingen wieder unter, die Venus aber blieb und gab mir Selbstvertrauen, als ich mich durch die dunklen Wälder schlug.

Mars ist der rote Planet. Die Römer benannten ihn nach dem Kriegsgott, die Babylonier assoziierten ihn mit dem Tod. In jüngster Zeit übt er eine besondere Faszination auf uns aus, denn theoretisch wäre dort Leben möglich – allerdings keine grünen Männchen, sondern möglicherweise Mikroorganismen. In jedem Fall würde jegliche Art von Leben auf einem anderen Planeten unsere Weltsicht nicht weniger erschüttern als die kopernikanische Revolution.

Für den Mars habe ich viel Sympathie, er leistete mir Gesellschaft, als ich im Dezember 2007 den Atlantik überquerte. Bei der Positionsbestimmung ist er nicht besonders nützlich, aber wenn man ihn übersieht, interpretiert man leicht den Nachthimmel falsch. Wenn man also ganz unerwartet einen auffälligen roten Himmelskörper nahe dem Himmelsäquator sieht, sollte man an den Mars denken.

Die Orientierung im Weltraum auf dem Weg zum Mars basiert übrigens auf elektronischer Astronavigation. In unserer Zeit, da man auch ohne jedes technische Verständnis auf der Erde ein Navi benutzen kann, werden Pionierflüge ins Sonnensystem noch immer mit Methoden berechnet, die auch ein James Cook angewandt hat – beim Anblick der Computer, die diese Arbeit heute erledigen, würde er aber wohl verwundert die Stirn runzeln.

Jupiter ist der größte Planet in unserem Sonnensystem und ein hervorragender Lichtreflektor, sodass er leicht zu erkennen ist. Wegen seiner Helligkeit wird er jedoch oft mit der Venus verwechselt. Er steht von der Sonne so weit entfernt, dass er langsamer und seine Umlaufbahn um einiges länger ist. Er braucht ein Jahr, um ein Sternbild zu durchlaufen, und zwölf Jahre, um seine Bahn um die Sonne zu vollenden.

Wie anhand der meisten anderen sichtbaren Planeten kann man auch mithilfe von Jupiter Kurs halten. Apsley Cherry-Garrard war ihm sehr zugetan, auch wenn sich seine Fahrt am Ende als *Die schlimmste Reise der Welt* herausstellte: »Im Allgemeinen orientierten wir uns am Jupiter, und noch heute sehe ich ihn nie, ohne mich an seine Freundschaft in jenen Tagen zu erinnern.«

Noch weiter außen steht der gelbliche Saturn, der jahrelang in einem bestimmten Sternbild verbleibt. Am besten erkennt man ihn durchs Teleskop an seinen Ringen. Seine Achse ist genauso geneigt wie die der Erde, und so gibt es auf dem Saturn »Jahreszeiten«, die allerdings jeweils sieben Erdenjahre dauern. Er wird für die Navigation nur selten genutzt, spielte aber vielleicht bei einer der berühmtesten Reisen aller Zeiten eine Rolle: Im Jahr 6 v. Chr. waren Jupiter, Mars und Saturn niedrig am Himmel und eng beieinander am Horizont zu sehen – eine äußerst seltene dreifache Konjunktion und ein ungewöhnlicher Anblick. Hat sie womöglich, fragt Will Kyselka, den Weisen aus dem Morgenland den Weg nach Bethlehem gewiesen?

ASTROLOGIE

Schon immer ließen sich die Menschen von den Zeichen der Natur leiten – ganz praktisch und auch spirituell. Die Astrologie ist nur eine von vielen Methoden, die Zukunft vorherzusagen (Anthony Aveni beschreibt in *People and the Sky* alle möglichen und unmöglichen, darunter auch so ungewöhnliche Methoden wie die Uromantie, die Deutung des Urins), doch für alle, die sich für den Himmel sowie für seine frühere und heutige Interpretation interessieren, sind astrologische Konventionen verbindlich. Es gibt eine enge Verbindung zwischen Astronomie und Astrologie, und selbst wenn man nicht an Horoskope glaubt, findet man in astrologischen Quellen viele präzise astronomische Informationen. Johannes Kepler gilt als einer der größten Astronomen überhaupt, er stellte aber auch Horoskope auf, um sein Budget aufzubessern. Egal, wie man darüber denkt, Astrologie ist jedenfalls eine sehr einflussreiche Sache – was man schon daran sieht, dass Staat und Kirche ihr immer mit Misstrauen begegneten. Nach Oliver Thomson war Kritias, ein entfernter Onkel Platons, überzeugt, dass Himmelsphänomene wie Sonnenfinsternisse von raffinierten Staatsmännern erfunden wurden, um das Volk in Ehrfurcht und damit ruhig und friedlich zu halten.

Die Kirche hat die Astrologie immer abgelehnt, weil sie der Vorstellung des freien Willens entgegensteht. Wahrscheinlich wurden deshalb Astrologie und Astronomie im 7. Jahrhundert formal getrennt. Isidor, Bischof von Sevilla, unterschied die »abergläubische« von der erlaubten »natürlichen« Astrologie.

Schillernde Persönlichkeiten wie Arcandam (ein laut Will Kyselka im 16. Jahrhundert beliebtes Pseudonym) haben wohl kaum dazu beigetragen, die Astrologie gegen ihre Kritiker zu verteidigen – behauptete er doch, ein Mann, der im Zeichen des Schützen geboren sei, heirate dreimal und esse sehr gern Gemüse. Ob man solchen Vorhersagen nun Glauben schenken mag oder nicht – unser Leben wird von den Himmelskörpern stark beeinflusst: unsere Tages- und Jahreseinteilung von der Sonne, Seereisen vom Mond. Die Frage ist also nicht, ob ein solcher Einfluss existiert, sondern wie weit er geht.

STERNSCHNUPPEN UND ANDERE LEUCHTERSCHEINUNGEN

In die Erdatmosphäre treten stündlich Milliarden Kleinkörper und Partikel ein, Meteoroide, die hell leuchten, verdampfen und sich ständig als Staub auf die Erde legen: Wir nehmen sie als Meteore oder Sternschnuppen wahr. Gelegentlich gelangt auch ein unverglühtes Stück Meteoroid oder Asteroid als Meteorit auf die Erde. Der bislang größte wurde 1920 in Namibia entdeckt: Der »Hoba« hat einen Durchmesser von drei Metern und wiegt etwa sechzig Tonnen.

Die Sichtung von Meteoren ist von der Tages-, der Jahreszeit und der Himmelsrichtung abhängig. Nach Mitternacht sieht man sie besser – dann zeigt die Erde auf ihrer Bahn um die Sonne »nach vorn«. W. S. Kals vergleicht Meteore mit Regentropfen, die vermehrt auf die Windschutzscheibe und weniger aufs Rückfenster eines Wagens treffen. Zu bestimmten Jahreszeiten bewegt sich die Erde durch den Staubschweif eines Kometen. Wenn wir im Oktober die Bahn des Kometen Halley kreuzen, sehen wir den Meteorstrom der Orioniden, einen Sternschnuppenregen, der aus der Nähe des Sternbilds Orion zu kommen scheint.

Interplanetarer Staub im Sonnensystem kann als »Band« in der Planetenebene eine Leuchterscheinung hervorrufen – das sogenannte Zodiakallicht, das die Sonne reflektiert. Am Äquator ist es immer zu sehen, in gemäßigten Breiten erscheint es in der Morgen- und Abenddämmerung als Glühen über dem östlichen beziehungsweise westlichen Horizont in Form eines abgerundeten Dreiecks mit der Breitseite am Horizont.

Kometen unterscheiden sich von Meteoren durch ihren Schweif, der sich grundsätzlich von der Sonne weg erstreckt, auch wenn sich der Komet selbst von der Sonne wegbewegt. Das liegt daran, dass er keine Atmosphäre durchläuft und sich sein Schweif nicht so verhält wie beispielsweise die Rauchfahne einer Lok, sondern dass die Partikel seiner Koma – der diffusen Hülle, die zusammen mit dem Kern seinen »Kopf« bildet – vom konstanten Sonnenwind zu einem Schweif verblasen werden. Der Sonnenwind, ein Strom geladener Teilchen, tritt auch in die Erdatmosphäre ein und hinterlässt seine Spuren als Polarlicht, oder auch Nord- und Südlicht, beziehungsweise Aurora borealis und Aurora australis: eindrucksvolle bunte, vorherrschend grüne Lichtvorhänge, -bögen und -bänder. Sie sind meistens jenseits der Polarkreise zu sehen, denn das Magnetfeld der Erde lenkt das elektrisch geladene Plasma zu den Magnetpolen.

Apsley Cherry-Garrard beschreibt beeindruckende Momente: »Das Polarlicht lag immer vor uns, wenn wir ostwärts reisten, schöner als das, was die vorherigen Expeditionen gesehen hatten, die in McMurdo überwinterten, wo der Erebus die schönsten Lichteffekte verdeckt haben muss. Jetzt war der Großteil des Himmels mit schwingenden und sich wiegenden Vorhängen bedeckt, die sich in einem großen Wirbel dort oben trafen: Zitronengelb, Grün und Orange.«

Kaum überraschend, dass das Nordlicht in der Inuit-Kultur so wichtig war. Es gibt Hinweise darauf, dass es auch zum Navigieren genutzt wurde, denn wie Richard Nelson in den Sechzigerjahren des zurückliegenden Jahrhunderts bei seinen anthropologischen Studien in der Arktis beobachtete, dehnen sich die Lichter deutlich in Ost-West-Richtung aus.

DIE MILCHSTRASSE

Uralte Petroglyphen in der chinesischen Provinz Jiangsu zeigen Darstellungen der Sonne, des Mondes, der Sterne und auch der Milchstraße als helle und dunkle Flecke. Die Schöpfer der Felsenbilder konnten nicht wissen, dass jeder Lichtpunkt der Milchstraße selbst Millionen Sterne und Gaswolken repräsentiert. Sie ist unsere Galaxie, unsere Heimstatt im weitesten Sinn.

Die Unregelmäßigkeiten in dem milchig hellen Band sind ein unverwechselbares Erscheinungsbild und können wie eine Himmelskarte gelesen werden. Eine der bekanntesten Dunkelwolken ist der »Kohlensack« in der Nähe des Kreuzes des Südens. Mit seiner Hilfe wiederum lassen sich andere navigatorisch wichtige Sternenkonstellationen finden.

Wer den Ehrgeiz hat, die Mitte unserer Galaxie zu sichten, muss im Süden in den Wolken der Milchstraße, wo sie am breitesten ist, den Stern am Knie des Schützen finden.

Da sich die Himmelskugel gleichmäßig um die Erde dreht, kann man an den Sternen die Zeit ablesen, doch dazu muss man mit der Zeitmessung erst einmal wieder von vorn anfangen. Erstens bewegen sich die Sterne am Nordhimmel gegen den Uhrzeigersinn, man muss diese »Uhr« also umgekehrt lesen. Zweitens umfasst sie 24 und nicht nur zwölf Stunden, was ein wenig gewöhnungsbedürftig ist. Drittens bewegt sich die Himmelskugel relativ zur Sonne nicht mit derselben Geschwindigkeit, und die Uhr muss entsprechend nachgestellt werden.

Ich möchte Ihnen ein Beispiel für die Messung der Greenwich-Zeit in England mithilfe von Polaris und dem Großem Wagen geben: Stellen Sie sich am 7. März ein Zifferblatt mit 24 gegenläufigen Stunden vor, in dessen Mitte Polaris steht. Stellen Sie den Zeiger von Polaris auf die hinteren beiden Sterne des Großen Wagens. An jedem folgenden Tag geht die Uhr vier Minuten vor, die abgezogen werden müssen; im Monat sind das zwei Stunden. Wenn dann am 14. September der Große Wagen unter Polaris steht, weist der Zeiger senkrecht nach unten, es ist also (bei dem 24-Stunden-Zifferblatt und gegen den Uhrzeigersinn!) 12 Uhr. Da die Uhr aber seit dem 7. März sechs Monate und eine Woche vorgegangen ist, also zwölfeinhalb Stunden, ist es ungefähr 23.30 Uhr.

Wenn die Bewohner der Baffin-Insel im Kanadisch-arktischen Archipel irgendwo nachts oder ohne Landsicht in einer Eisdrift steckten, streckten sie den linken Arm zum Großen Wagen aus und fanden so den Heimweg.

Die Sterne waren für Reisende überall auf der Welt schon immer die zuverlässigsten Gefährten, und sie können unsere Erfahrung immens bereichern. Schade, dass sich nur noch wenige Menschen mit ihnen beschäftigen.

Wenn wir uns nach den Himmelserscheinungen orientieren, hindert uns das nicht daran, weiterhin fasziniert nach oben zu blicken. Man kann schnell lernen, den Norden zu finden, aber man kann sich auch mit anderen Sternbildern befassen. Oder mit Nebeln und Supernovae. Zum Beispiel mit dem 2,7 Millionen Lichtjahre entfernten Andromedanebel. Es ist die unserer Milchstraße am nächsten gelegene Spiralgalaxie und das weitest entfernte natürliche Objekt, das man mit bloßem Auge noch erkennen kann. Der persische Astronom as-Sufi entdeckte den Andromedanebel im Jahr 964 und beschrieb ihn als »kleine Wolke«.

Abschließen möchte ich dieses Kapitel mit einem praktischen Hinweis: Selbst wenn man in der Astronavigation gut ist, sollte man bescheiden bleiben. Die Himmelskugel dreht sich auch bei Tag weiter, und selbst der hellste Stern gerät nach Sonnenaufgang außer Sicht. Hat man sich am Nachthimmel orientiert, sollte man die Position mit einem Stock oder Stein markieren, um am nachsten Morgen oder bei verhangenem Nachthimmel weiter in die richtige Richtung zu gehen. Und wer Lust hat, kann so etwas wie ein begehbares Astrolab bauen, das den Archäologen in zweitausend Jahren Rätsel aufgeben wird …

VIERTES KAPITEL

Der launische Mond

Ich kann sitzen und schauen, die Augen entzückt von der traumhaften Glut dort unten im Westen, wo die dünne, blasse Silbersichel des Mondes ihre Spitze in das Blut taucht, und meine Seele wird über den Schimmer hinausgetragen bis zur Sonne, die jetzt so ferne ist – bis zur Heimkehr!

FRIDTJOF NANSEN,
In Nacht und Eis

Die südafrikanischen Xhosa glauben, das Meer sei voller Monde, die einen alten, verbrauchten Mond bei Bedarf ersetzen können. Der Halbmond ist in vielen Kulturen gleichbedeutend mit Hoffnung, anderswo jedoch wird ihm nachgesagt, er bringe Übel über die Welt. Für den Navigator ist der Mond das täuschendste, aber auch das faszinierendste Himmelszeichen. Man kann ihn nicht ignorieren und doch auch nicht »beherrschen«.

»Er« scheint aber nun nicht unbedingt das richtige Pronomen zu sein, denn mit dem Mond wurden immer weibliche Angelegenheiten assoziiert. Eine natürliche, spirituelle und etymologische Verbindung besteht zwischen Mond und Menstruation. Die Mondphasen repräsentieren Schwangerschaft, Geburt und Wiedergeburt, und in manchen Teilen der Welt wurde Mädchen mit kleinen Brüsten geraten, sie bei Vollmond zu entblößen.

Auch mit dem Leben und Wachstum der Pflanzen wurde der Mond in Beziehung gesetzt, sowohl in den alten Kulturen als auch heute, wo das Interesse an biodynamischen Prozessen neu erwacht ist. Dabei will man den Landbau auf die Himmelsphasen, speziell den Mondzyklus abstimmen. Denn so wie der Mond durch seine Gravitation die Weltmeere beeinflusst, so wirkt er sich auch auf den Saft und die Wurzeln der Pflanzen aus. Aber dieses Wissen ist alt. Plinius schrieb: »Man soll nur vom 20. bis zum 30. Tag [des Mondes] Holz schlagen. Alle kommen aber darin überein, es geschehe am zweckmäßigsten bei der Zusammenkunft dieses Gestirns, welchen Tag einige den Neumond, andere den schweigenden Mond nennen.« Er berichtet auch, dass Kaiser Tiberius zum Wiederaufbau der abgebrannten Brücke in der von seinem Vorgänger Augustus errichteten Schiffskampfarena die Lärchenbäume in der Provinz Rhätien um diese Zeit fällen ließ.

Allen astronomischen Phänomenen wohnt zugleich Einfachheit und Komplexität inne, der Mond macht da keine Ausnahme. Es geht bei der natürlichen Navigation vor allem um Licht, um Zeit, Gezeiten und Himmelsrichtungen. Licht ist für uns das Natürlichste, und wir alle haben schon mondhelle Nächte genossen, auch wenn gewisse Orte im Mondlicht sehr fremd, kahl und schroff wirken. Apsley Cherry-Garrard wurde in der Arktis einmal vom Mond »vor einem klebrigen Tod« gerettet: »Es hatte den ganzen Tag über kein Licht gegeben, Wolken verdeckten den Mond, wir hatten ihn seit gestern nicht mehr gesehen. Und ganz plötzlich schob sich ein Flecken klaren Himmels vor den Mond, und er zeigte uns nur drei Schritte vor uns eine große Kluft, die von einer dünnen, glasigen Eisschicht bedeckt war. Wir wären alle hineingefallen, und der Schlitten wäre uns sicher nach unten gefolgt.«

Jede Kultur hat die Züge des »Mondgesichts« anders interpretiert, zum Teil liegt das daran, dass er je nach geografischer Breite anders aussieht. Überall auf der Welt nimmt der Mond konstant zu und ab, ein Vollmond ist überall auf der Welt ein Vollmond, aber seine Position zur Erde verändert sich von Norden nach Süden und umgekehrt, und so erscheinen seine Oberflächenmuster an manchen Orten als auf dem Kopf stehend.

Meistens reiste man lieber bei Tag als bei Nacht. Die Gwi in der Kalahari orientierten sich nie an den Sternen und unternahmen eine Nachtreise nur dann, wenn der Mond ausreichend hell schien, damit sie sich wie gewohnt an Wegzeichen orientieren konnten. Zu wissen, wie hell es sein wird, gehört zur Vorbereitung einer Nachttour, weil der Mond zwar die Landschaft erhellt, in seiner Umgebung aber auch viele Sterne überstrahlt. Marvin Creamer nutzte bei seiner Weltumseglung den Mond, um vor der Küste von Neuseeland zu navigieren.

Wer seinen Beruf nachts ausübt, zum Beispiel ein Fischer, weiß, wie wichtig die Helligkeit des Mondscheins ist und dass Land und See im Mondlicht ihr Aussehen verändern. Wenn man bei Tag die Meeresoberfläche etwa nach einer Boje oder einem Menschen absucht, der über Bord gegangen ist, tut man das am besten mit der Sonne im Rücken, nachts aber sieht man besser, wenn man in den Mond blickt.

Geht der Halbmond am Abend auf, werfen die Gwi Tierknöchelchen und bitten, dass sie selbst sich auf einer Wanderung nicht verirren. Auch das vorliegende Kapitel will nicht viel mehr als zu diesem bescheidenen Ziel beitragen.

Immer wenn wir den Mond sehen, bei Tag oder bei Nacht, werden wir Zeuge der Beziehung zwischen ihm, der Erde und der Sonne. Diese Beziehung ist von der Zeit abhängig, oder besser gesagt, sie definiert die Zeit.

Zeiteinteilungen wurden im Lauf der Jahrhunderte vielen künstlichen Veränderungen unterzogen, und es ist nicht mehr ohne Weiteres ersichtlich, dass ihre Wurzeln in der Himmelsbeobachtung liegen. Selbst die beste Uhr kann nicht den wahren Mittag anzeigen, denn in Bezug auf den Himmel gehen alle Uhren falsch. Noch komplizierter wird es beim Jahreskalender.

Der heutige westliche Kalender basiert auf der Beziehung der Erde zur Sonne, allerdings übt auch der Mond Einflüsse aus. Dass die Sonne mehr Bedeutung hat, ist praktischer Natur – so können wir unser Leben nach abgegrenzten Jahreszeiten planen. Aber es gibt auch spirituelle Assoziationen, und die haben meist mit dem Mond zu tun. Sowohl der jüdische als auch der islamische Kalender sind lunar – wie vieles Religiöse können sie sich aber in der säkularen Praxis nicht durchsetzen. Ein Mondmonat umfasst 29,5 Tage, ein Mondjahr 354 Tage – es ist somit elf Tage kürzer als das Jahr nach dem gregorianischen Sonnenkalender. Die islamischen Feiertage richten sich nach dem Mond und finden daher, im Vergleich zum Sonnenkalender, jedes Jahr früher statt.

Aber es gibt auch christliche Feiertage, die vom Mondstand abhängen. Ostern fällt auf den Sonntag, der dem ersten Vollmond nach dem Frühjahrsäquinoktium folgt. Bis dieses Datum beim Ersten Konzil von Nicäa im Jahr 325 festgelegt wurde, gab es darüber erbitterten Streit zwischen den Kirchenmännern des lateinischen und des griechischen Sprachraums.

Hat man nun alle politischen, religiösen und kulturellen Einflüsse und Empfindlichkeiten in Betracht gezogen, wird klar, dass die Konventionen, die den Verlauf der Zeit anzeigen, ihre Wurzeln in denselben Himmelsobjekten haben, auch wenn diese Konventionen nicht übereinstimmen. Dieses menschengemachte Durcheinander lässt sich durchdringen, wenn man auf gut sichtbare Himmelsphänomene zurückgreift. Verabredet man sich mit dem Angehörigen eines isoliert lebenden Stammes an einem bestimmten Tag zu einer bestimmten Uhrzeit an einem durch Breiten- und Längengrad definierten Ort, kann man sehr wahrscheinlich lange warten. Anders ist es, wenn das Treffen unter einem bestimmten Baum bei Vollmond verabredet wird. George Silberbauer fand heraus, dass er sich mit den Menschen in der Kalahari problemlos über Zeitangaben und Kalenderdaten verständigen konnte, wenn er hierfür die Mondphasen zugrunde legte.

Der Mondzyklus ist noch immer eine international verständliche Zeiteinteilung. Für eine agrarische Bevölkerung stand bei Vollmond gewissermaßen immer ein Kreuz im Kalender; das zeigen Begriffe wie »Erntemond« für den Vollmond, der der Herbsttagundnachtgleiche zeitlich am nächsten steht. Für die Indianerstämme im Nordosten der USA folgte auf den Erntemond der »Jagdmond«, dann legten sie Wintervorräte an. Andere sprechende Beispiele sind nach dem Astronom Anthony Aveni (2008) der »Die-Bullen-suchenden-Schatten-Mond« oder der »Das-Perlhuhn-schläft-Mond« in Madagaskar. Die indigenen sibirischen Ostiak bezeichnen einen »Enten-und-Gänse-fliehen-Mond«, und die Inuit haben Zeitbegriffe wie »Sonne-ist-möglich«, »Sonne-steigt-auf« oder »Mond-der-frühen-Robbenwelpen«.

Ein 32 000 Jahre alter Adlerknochen aus einer Höhle in Frankreich könnte das erste Dokument für die Bedeutung des Mondes für die Menschen sein. Die Kerben im Knochen stehen für seine jeweiligen Phasen im Verlauf eines Monats. Und bei Castle Fraser, einem burgartigen Schloss im Nordosten Schottlands, hat man Steinkreise aus dem zweiten vorchristlichen Jahrtausend gefunden, die auf ein tiefes Wissen über die Mondphasen hindeuten.

Der Mond kreist auf einer Bahn von Westen nach Osten in etwas mehr als 27 Tagen um die Erde*, bei der Beobachtung von der Erde aus muss man aber die Erdrotation und den Erdumlauf um die Sonne in Betracht ziehen. Blendet man das einmal kurz aus, lässt sich vereinfacht sagen, dass der Mond irgendwo im Westen aufgeht, sich nach Osten bewegt und zwei Wochen später im Osten untergeht. Weitere zwei Wochen später geht er wieder im Westen auf, und der Zyklus beginnt von Neuem. Das ist nun ganz anders als gewohnt – geht doch sonst immer alles im Osten auf und im Westen

* Der Mond ist der nächste Nachbar der Erde, und so sagt man üblicherweise, dass er sich um die Erde dreht; das ist aber eine grobe Vereinfachung. Durch seine Nähe und Größe übt er eine ausreichend große Anziehungskraft auf die Erde aus, sodass beide Himmelskörper in Wirklichkeit umeinander kreisen, und zwar um ihren gemeinsamen Massenmittelpunkt oder den Schwerpunkt dieses Zweikörpersystems, der auf einer vom Erdzentrum zum Mond gedachten Achse etwa 4700 Kilometer vom Erdmittelpunkt entfernt liegt, also um die 3000 Kilometer näher an der Erdoberfläche als am Erdzentrum. Deshalb gibt es trotz des Vorhandenseins von nur einem Mond innerhalb von 24 Stunden zweimal einen Gezeitenwechsel. Das eine Mal werden die Gezeiten direkt von der Anziehungskraft des Mondes auf die Meere der ihm zugewandten Erdseite hervorgerufen, das zweite Mal durch die sich aus der Erdrotation ergebende Zentrifugalkraft auf der mondabgewandten Seite. Die Weltmeere werden dabei als Flutberg auf die jeweilige Seite gezogen, dazwischen entstehen zwei Ebbtäler. (Zur Beziehung zwischen Mond und Gezeiten s. James Greig McCully.)

Diese komplexe Anomalie hat aber auf unsere Navigation keinen großen Einfluss. Daher tun wir am besten so, als gäbe es sie gar nicht. Außerdem ist es einfach praktischer, davon auszugehen, dass der Mond tatsächlich um die Erde kreist.

unter. Doch das *wäre* ja auch nur so, wenn sich die Erde *nicht* drehen würde.

Wie weiter oben erwähnt, dreht sich die Erde, von oberhalb des Nordpols gesehen, gegen den Uhrzeigersinn um 15° pro Stunde, und alles am Himmel *scheint* sich auch um 15° in der Stunde von Osten nach Westen zu bewegen. Das ist schneller als die Scheinbewegung des Mondes um die Erde, daher scheint er sich von Osten nach Westen zu bewegen, wobei er in Wirklichkeit in die entgegengesetzte Richtung strebt. Relativ zu allen anderen Himmelskörpern bewegt er sich also um einen halben Grad pro Stunde (oder um seinen Durchmesser) nach Osten.

Nun kommt wieder die Sonne ins Spiel, denn erstens strahlt der Mond selbst nicht, er reflektiert nur das Sonnenlicht, zweitens beträgt sein synodischer Zyklus (als Mittelwert seines vollen Umlaufs um die Erde in Bezug zur Sonne, also zwischen zwei Neumonden) 29,5 und nicht 27,3 Tage wie bei seinem siderischen Umlauf, bei dem die Bahnen von Erde und Mond um die Sonne nicht berücksichtigt werden.

WAS WIR SEHEN

Die Sonne *scheint* sich ein wenig schneller zu bewegen als der Mond. Stehen beide an einem bestimmten Tag am selben Ort am Himmel, dann wird der Mond nach einem Tag um den 29,5. Teil des Weges oder um 12,2° zurückgefallen sein, um eine Faustbreite plus einen Handknöchel. Nach 15 Tagen sind das 15-mal 12,2°, also

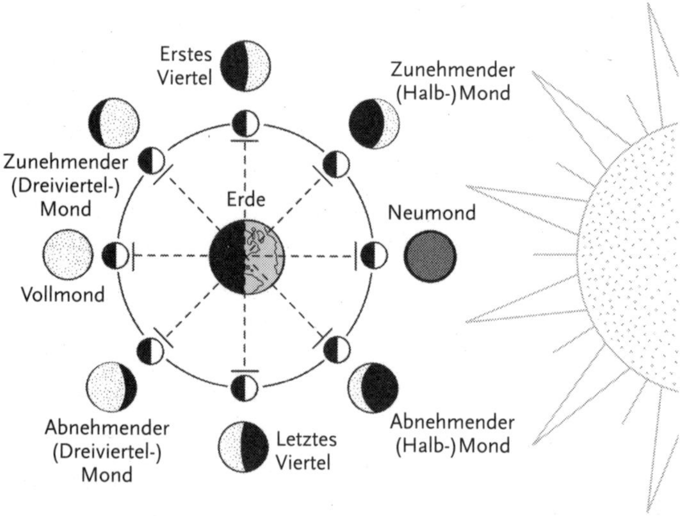

Wie man die Mondphasen von der Erde aus wahrnimmt.

gut 180°. Weitere zwei Wochen später ist der Mond so weit ins Hintertreffen geraten, dass die Sonne ihn wieder »eingeholt hat«, und der Kreislauf beginnt von vorn.

Da der Mond das Sonnenlicht reflektiert, ist seine Stellung zur Sonne ausschlaggebend für seine von uns wahrgenommene Form. Stehen beide im selben Teil des Himmels, ist Neumond, der Mond ist nicht sichtbar. Zwei Tage später kann man schon wieder eine dünne Sichel erkennen, die 25° (zweieinhalb Faustbreiten) östlich der Sonne steht. Eine Woche nach Neumond hat er ein Viertel seines siderischen, seines »hinkenden« Zyklus vollendet und ist ein Viertelmond. Das ist ein wenig verwirrend, weil wir einen Halbmond sehen – die westliche der Sonne zugewandte Hälfte –, die Bezeichnung bezieht sich aber auf die Kreisbahn. Wenn er nach zwei Wochen der Sonne gegenübersteht, sehen wir die gesamte Mondkugel als Vollmond. Eine weitere Woche später hat er drei Viertel seiner Bahn umlaufen, ist aber wieder als Halbmond zu sehen, dieses Mal mit der östlichen sonnenzugewandten Seite. Eine Woche später ist der Zyklus durchlaufen, es ist wieder Neumond.

Ausschlaggebend für unsere Wahrnehmung des Mondes als Neumond, Sichel, Halbmond, Vollmond ist also seine Entfernung und seine Stellung zur Sonne. Da er dieser auf seiner Bahn täglich ein wenig mehr hinterherhinkt, geht er auch jeden Tag ein wenig später auf, im Durchschnitt fünfzig Minuten – um diesen Zeitraum »verspäten« sich die Gezeiten von Tag zu Tag ein bisschen mehr.

PRAKTISCHE HILFE

Mit dem Wissen über die Mondphasen allein kann man sich noch nicht orientieren. Dazu müssen wir den Mond auf die Erde holen.

In Bezug auf die anderen Himmelskörper scheint er sich immer gleich zu verhalten – er geht im Osten auf und im Westen unter, und wenn er am höchsten steht, hat seine Bahn den geografischen Längengrad des Beobachters geschnitten, er muss also im Süden oder im Norden stehen.

Ein heller Mond, auch wenn er nicht ganz voll ist, wirft einen deutlichen Schatten, und man kann wie in

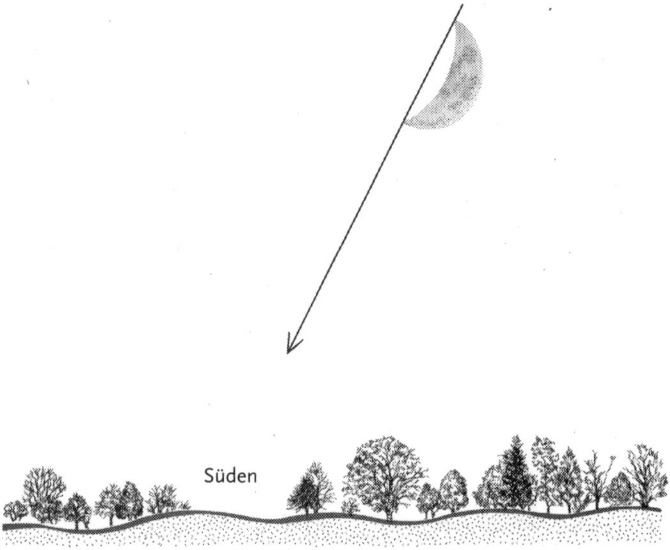

Wie man sich auf der Nordhalbkugel mithilfe der Mondsichel orientiert.

der Sonne den Schattenstab benutzen: Die kürzeste Linie ist in gemäßigten oder höheren Breiten der nördlichen Hemisphäre wieder die Nord-Süd-Linie. In Äquatornähe ist das jedoch kompliziert, dort sollte man eher andere Methoden anwenden.

Der nächste Schritt ist hergeleitet: Da Sonne und Mond sich in Ost-West-Richtung zu bewegen scheinen, muss der Mond, wenn er kein Neumond ist, entweder östlich oder westlich der Sonne stehen. Die helle Seite ist der Sonne zugewandt, die damit ihrerseits westlich beziehungsweise östlich des Mondes steht. Am besten zieht man nun – und das wiederum am besten beim

Höchststand des Mondes – eine Tangente an den beiden Sichelspitzen entlang zum Horizont hinab. Sie steht im rechten Winkel zur ost-westlichen Sonne-Mond-Ebene und weist auf der Nordhalbkugel somit nach Süden.

Die Schattenstabmethode ist zwar sehr genau, aber unpraktisch, die Tangentenmethode sehr praktisch, dafür ungenau. Daher führe ich noch eine dritte, sehr schöne Methode ein, die Phasenmethode. In ihr vereinigt sich das ganze Basiswissen, das der Navigator über den Mond haben muss: Kreisbahn, Helligkeit und Phasen. Man braucht dazu jedoch Geduld und Übung sowie eine Vorstellung von der Uhrzeit (je genauer diese Vorstellung, desto besser), man sollte grob erkennen können, welche Mondphase herrscht (ob er etwa seit sechs Tagen zunimmt oder seit vier Tagen abnimmt), und man muss ein bisschen kopfrechnen.

Am einfachsten ist es bei Neumond. Dann ist der Mond nicht sichtbar, weil er in derselben Richtung steht wie die helle Sonne und von ihr überstrahlt wird. Um 6 Uhr steht er auf der Nordhalbkugel im Osten, am Mittag direkt im Süden und um 18 Uhr im Westen, genau wie die Sonne. So weit, so einfach.

Der Vollmond nun steht der Sonne gegenüber, am Mittag also im Norden. Dann aber ist er nicht zu sehen, weil er sich im »Untergrund« befindet. Um Mitternacht sind die Rollen jedoch vertauscht, die Sonne steht im Norden und ist nicht zu sehen, der Mond gut sichtbar im Süden. Bei Sonnenaufgang geht der Mond unter und steht im Westen, bei Sonnenuntergang geht er dann wieder im Osten auf.

Eine Woche nach Neumond haben wir einen Viertelmond, den wir als zunehmenden Halbmond sehen. Er hinkt der Sonne also ein Viertel seiner Kreisbahn hinterher, das sind 90°. Wenn die Sonne um 18 Uhr im Westen steht (270°), dann steht der Mond um ein Viertel versetzt (180°) im Süden.

Ein Dreiviertelmond, den wir als abnehmenden Halbmond wahrnehmen, hinkt der Sonne um 270° hinterher – so weit, dass man eher sagen muss, er ist der Sonne um 90° voraus. Wenn die Sonne um 6 Uhr im Osten aufgeht, steht der Dreiviertelmond mit seinen 90° »Vorsprung« also im Süden.

Ein wenig komplizierter wird es, wenn wir uns vorstellen, dass wir um 21 Uhr diesen Mond hier sehen:

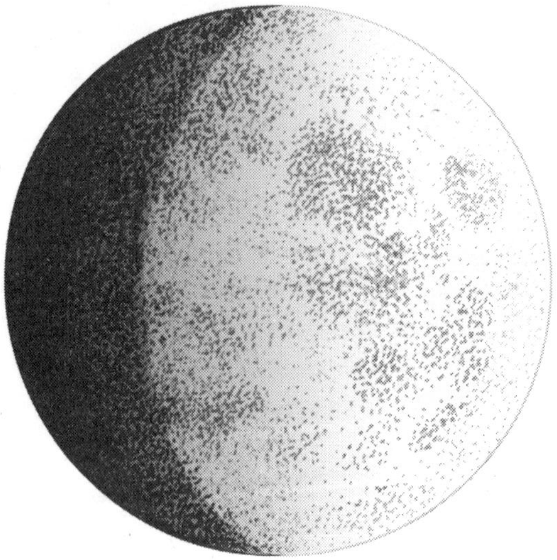

Man kann daraus Folgendes ableiten: Der Mond scheint über seine Viertelphase (zunehmender Halbmond) schon hinaus zu sein, ist aber noch kein Vollmond, er befindet sich etwa in der Mitte dieser beiden Phasen und ist circa zehn Tage alt. Somit hinkt er der Sonne um 10 mal 12°, also 120° hinterher. Um 21 Uhr steht die Sonne ungefähr in der Mitte ihrer Bahn, die sie zwischen 18 Uhr und Mitternacht zurücklegt, das heißt zwischen Westen und Norden: im Nordwesten. Nordwest liegt bei 315°, zieht man davon die errechneten 120° ab, steht der Mond bei 195°, also fast im Süden.

Das klingt zwar alles etwas knifflig und unhandlich, aber mit der Zeit wird man darin immer besser. Attraktiv ist diese Methode auch, weil nur wenige Menschen sie kennen und anwenden. Bei David Burch wird sie sehr gut beschrieben. Sie ist ein einzigartiges Mittelding zwischen wissenschaftlichem Verständnis und natürlicher Erfahrung, zwischen moderner Weltsicht und frühen Erkenntnissen.

MOND, GEZEITEN UND HIMMELSRICHTUNG

Gezeitenextreme – Springflut und extremes Niedrigwasser – werden »Springtiden« genannt. Verursacht werden sie durch die Konjunktion oder die Opposition von Sonne und Mond, also bei Neumond und Vollmond. Etwa bei Halbmond gibt es Nipptiden, dabei ist der Tidenhub, die Differenz zwischen Ebbe und Flut, am niedrigsten.

Mondphasen, Zeit, Mondposition und Gezeiten hängen also zusammen, die Gezeitenkräfte und Strömungsrichtungen werden von Erde, Mond, Sonne und Zeit bestimmt (s. auch die Fußnote S. 164). Mit Übung, Erfahrung und ein wenig Ortskenntnis kann der Benutzer des natürlichen Kompasses bei einem Blick auf den Wassersaum und die Fließrichtung des Wassers sagen, wo der Mond stehen wird. Das ist schon sehr hoch gegriffen, aber die Navigationskenntnisse können auch noch darüber hinausgehen. Es macht ziemlich viel Spaß, wenn man das große Ganze im Blick behält und neue Verbindungen herstellt.

Ein Beispiel: Abgesehen vom Wetter und von anderen Umständen, fährt man am besten bei großem Tidenhub zum Fischen hinaus, denn je schneller die Strömungen sind, desto mehr Fische führen sie mit sich, und je geschickter sich die Fischer an diesem »Nahrungsförderband« positionieren, desto besser ist ihr Fang. Erfahrene Fischer wissen das natürlich, und so kann man die Position des Mondes allein an der Anzahl der zu einer bestimmten Tageszeit ausgebrachten Fischernetze erahnen.

FÜNFTES KAPITEL

Das Meer

Unsere Vorstellungen von Seefahrt und nautischer Navigation stammen vorwiegend aus einer Zeit, als man bei der Schifffahrt bereits Instrumente benutzte – lange nachdem die ersten Seereisen überhaupt unternommen worden waren. Die berühmten Entdecker mögen weiße Flecken auf der Landkarte ausgefüllt und durch ihre Erkundungen zu einem profunderen Wissen über fremde Länder beigetragen haben, aber in den meisten Fällen betraten sie Land, das andere schon lange vor ihnen entdeckt hatten.

Dieser Aspekt wird oft vernachlässigt, weil es kaum Dokumente darüber gibt. Wir wissen einfach zu wenig über die unzähligen Wanderungen und Reisen, die unsere Vorfahren antraten, um neues Land zu besiedeln. Manche zogen über längst versunkene Landbrücken und merkten wohl gar nicht, dass sie einen anderen Kontinent betraten, andere kamen vom Kurs ab und wurden vom Schicksal irgendwohin verschlagen – bestenfalls landeten sie an neuen Ufern, schlimmstenfalls gingen sie unter. Aber es muss auch viele als solche geplante Erkundungsfahrten gegeben haben.

Der norwegische Naturwissenschaftler, Ethnologe und Abenteurer Thor Heyerdahl (1914–2002) war überzeugt, dass Polynesien von südamerikanischen Seefahrern besiedelt worden war, die sich die Ostwinde und die Strömungen zunutze gemacht hatten. Er baute ein Floß aus Balsaholz, die *Kon-Tiki*, und stach 1947 mit fünf Gefährten von Peru aus in See, um seine Hypothese zu beweisen. Nach 101 Tagen voller Entbehrungen landeten sie auf einer Insel östlich von Tahiti. Damit hatte Heyerdahl unstrittig gezeigt, dass so eine Reise technisch möglich gewesen wäre. Aber genetische und anthropologische Beweise untermauern die mittlerweile allgemein akzeptierte These, dass die Inseln im Pazifik vom asiatischen Festland aus besiedelt wurden.

Mit wissenschaftlichen Methoden können wir gewisse Aspekte dieser Reisen, wie zum Beispiel die Migrationsrichtung, immer besser beleuchten. Über die Navigationsmethoden der frühen Entdecker wissen wir jedoch noch immer so gut wie nichts – außer dass sie mit der natürlichen Navigation sehr viel besser vertraut waren als wir heute.

Selbst das Freizeitsegeln auf kleinen Jachten wird von Instrumenten gesteuert, man kann den Segelschein und andere Schifferpatente erwerben, ohne wirklich zu verstehen, wie sich Wasser verhält, ohne zu wissen, wo Mond und Sterne zu einem bestimmten Zeitpunkt stehen oder gar wo die Sonne an einem bestimmten Tag auf- und untergeht. Das soll nicht heißen, dass heutige Skipper unfähiger oder in größerer Gefahr wären, aber ihre Fahrten sind etwas monotoner und führen sie eher über zweidimensionale »Kartenmeere«.

Man muss nun nicht gleich alle Instrumente über Bord werfen, wenn man versuchen will, sich der alten Methoden zu bedienen, um ein besseres Verständnis der Natur zu bekommen und an Bord eines Dampfers, einer Jolle oder einfach nur zu Hause am Kamin darin zu schwelgen.

Vor 40 000 Jahren kam unser direkter Vorfahre, der Cro-Magnon-Mensch, nach Europa. Er hatte eine ausgeprägte Werkzeugkultur, er schuf Kunstwerke wie Skulpturen und Höhlenmalereien, und seine Gehirnkapazität war größer als unsere. Die ersten Seereisen unternahm er jedoch eher aus Zufall oder Verzweiflung, und die nautische Navigation entwickelte sich erst viel später als die an Land. Das Leben war schon schwierig genug, da brauchte es nicht noch mehr Risiken und Komplexitäten. Wahrscheinlich werden wir nie erfahren, wann genau der Mensch anfing, zur See zu fahren. Die ersten Dokumente, Darstellungen von Schiffen, finden sich auf ägyptischen Artefakten aus der Zeit um 3000 v. Chr. Weiter zurück reicht unser gesichertes Wissen nicht.

Der Mittelmeerraum war eine Wiege der Hochkulturen und somit der Seefahrt. Das Meer hat dort schwache Gezeiten und war weniger abschreckend als in anderen Teilen der Welt, beispielsweise im Nordatlantik. Das Klima sorgt für klare Tage und Nächte und ermöglicht eine zuverlässige Orientierung am Sonnenstand oder an den Sternen. Die Küstengewässer sind ausreichend tief und haben weder Klippen noch Untiefen, die für den ortsunkundigen Seemann tödlich sein können. Ich bin einmal zwei Wochen lang vor der Südwestküste der Türkei gekreuzt, Elektronik hatte ich nicht an Bord, zur Sicherheit benutzte ich nur ein paar Instrumente. Der Törn war um einiges entspannter, nachdem ich mich anhand von Seekarten mit der Unterwassertopografie vertraut gemacht hatte und wusste, dass die Felsen dort steil abfallen und das Wasser immer tief genug ist.

»Coast Hugging«, sich quasi an der Küste entlangzuhangeln, war eine wichtige Strategie in der frühen maritimen Navigation. Wer eher festen Boden unter der Füßen gewohnt ist, und das trifft auf die frühen Seefahrer sicherlich zu, bleibt gern in der Nähe der vertrauten Gestade. (Erst mit der Zeit lernte man, dass das sehr viel gefährlicher ist, als auf offener See zu fahren, denn in Küstennähe sind viel mehr Schiffe im Sturm havariert.) Wer würde auch schon an Bord eines unerprobten Schiffes gehen und sich so weit wie nur möglich in unbekannte Gewässer hinauswagen? Die nächste Generation aber weiß, dass die ersten Boote aufliefen und eine gewisse Entfernung von der Küste nicht schaden kann. Dann brechen wieder tapfere Menschen vertrauensvoll zu einer größeren Fahrt auf, und wenn die Sache gelingt, sind sie Helden. Erleiden sie aber Schiffbruch, dann machen die Nächsten einen großen Schritt über ihre sterblichen Überreste hinweg und versuchen das Ganze anders anzugehen. So vollzieht sich jede Entwicklung, werden neue Erkenntnisse gewonnen.

Der fruchtbare Mittelmeerraum beheimatete prosperierende, immer reicher werdende Gesellschaften, die Handel treiben wollten. Das führte sehr wahrscheinlich zur Ausbildung maritimer Methoden und ließ die Mittelmeerkulturen zu Seefahrervölkern werden. Die frühesten Navigationsmethoden, aber auch die Gefahren der See wurden mythologisiert oder künstlerisch verpackt. So haben wir in den Erlebnissen Odysseus', der, an den Mastbaum gebunden, die Inseln der lockenden Sirenen passiert und kurz darauf den spuckenden und fressenden Meeresungeheuern Skylla und Charybdis nur knapp entkommt, eine Metapher für die realen Gefahren der Strömungen in der Meerenge von Messina.

Dem Mittelmeer kommt für die Entwicklung der Seefahrt große Bedeutung zu, aber auch in anderen Teilen der Welt hat man auf navigatorische Probleme reagiert und Lösungen gefunden. Schiffe trafen sich, man trieb Handel, übernahm Wissen, und selbstverständlich gab es auch Rivalitäten. So beschrieb Ahmad Ibn Fadlan, der Gesandte des Kalifen von Bagdad, um 922 die wikingerstämmigen Rus an der Wolga als »die unsaubersten Menschen, die Gott je geschaffen hat«. Manche Kulturen aber entwickelten sich in geografischer Isolation, in den Archipelen des Pazifiks etwa, wo Land nicht einmal ein Prozent der Erdoberfläche ausmacht. Diese Inseln lagen auch nicht auf den großen Handelsrouten, sodass der Austausch navigatorischer Erkenntnisse begrenzt war und die Instrumente, die den meisten Seefahrervölkern bekannt waren, erst viele hundert Jahre später dort ankamen. So schufen die Insulaner andere, eigene und einzigartige Methoden, die dort besser tradiert wurden als anderswo. James Cook war tief beeindruckt von ihrer Navigation anhand Sonne, Mond und Sternen.

Am 21. Dezember 1982 brach Marvin Creamer mit seiner Crew zu seiner Weltumseglung auf: ohne Kompass, ohne Sextant, ohne Uhr und natürlich ohne GPS. Achtzehn Monate später kam er wohlbehalten wieder zurück und schrieb in seinen Reisebericht: »Wir haben bewiesen, dass man mit Informationen, die man aus dem Meer und dem Himmel bezieht, auf der ganzen Welt ziemlich präzise und sicher navigieren kann.«

Creamer nutzte dabei fast alle bekannten Methoden zur Positions- und Kursbestimmung sowie zur Sichtung von Land und erfand selbst auch neue. Wie er schreibt, gibt es zwei Hauptansätze bei der Navigation an Land und auf See: die Orientierung an der Erdoberfläche, also hier an Meer und Wind, und am Himmel. Wenn das Wetter mitspielt, gewinnt man bei Tag und auch bei Nacht am Himmel genauere Informationen als mit anderen Methoden. Und auf See ist der Navigator ja von Sonne und Himmelskugel umgeben, sodass sie die wichtigsten Faktoren sind.

Die nautische Navigation nach der Sonne unterscheidet sich von der an Land jedoch insofern, als man auf kleineren Booten für die Schattenmethode keine stabile Fläche hat und auf See sehr viel weniger Informationen für die Bahn der Sonne ableiten kann, weil es beispielsweise keine Vegetation gibt. Die Sonne muss also immer direkt interpretiert werden, besonders bei ihrem Auf- und Untergang.

Dabei ist es gut zu wissen, wo auf unserem Breitengrad zu dieser Zeit im Jahr die Sonne auf- und untergeht. Weiß man es nicht, kann man es mit den Methoden herausfinden, die im zweiten Kapitel angesprochen wurden. Dabei verschätzt man sich selten um mehr als 10°.

Will man die Himmelsrichtung von Sonnenaufgang und Sonnenuntergang ohne jede Ahnung bestimmen, muss man die Sterne, am besten über dem Horizont, zu Hilfe nehmen, und zwar in der Dämmerung, wenn Sonne und Sterne gleichzeitig am Himmel stehen. Geht die Sonne in der Nähe von Orion auf, steht sie ein paar Grad südöstlich und wird am Abend ein paar Grad südwestlich untergehen.

Auch mit einer Uhr lässt sich der Höchststand der Sonne herausfinden, das heißt der Punkt im Norden oder Süden, an dem sie unseren Meridian schneidet: Man bestimmt wie oben gezeigt die Himmelsrichtung von Sonnenaufgang und Sonnenuntergang und nimmt dann die Mitte auf dem Kreisbogen. Man kann auch Tabellen zu Hilfe nehmen, aber Uhren und Tabellen sind eigentlich schon ein Zuviel an Hilfsmitteln bei der natürlichen Navigation.

Hat man die Punkte von Sonnenaufgang, Höchststand und Sonnenuntergang bestimmt, kennt man drei wichtige Punkte auf dem Sonnenbogen und kann die anderen Himmelsrichtungen entsprechend interpolieren. Manch ein Insulaner im Pazifik kann das ohne Notizen ganz automatisch im Kopf berechnen – der Lohn von Tausenden Stunden auf See. Will man auch so weit kommen, muss man seine Berechnungen nach dem Sonnenbogen immer wieder mit Kompass und Tabellen vergleichen; so ist man schon nach einer Woche in der Lage, sehr viel genauere Einschätzungen zu treffen. Das ist eine Kunst und keine Wissenschaft, und jede Kunstfertigkeit erfordert viel Übung.

Seit es Schiffe gibt, gibt es Astronavigation. Auch hier finden sich die meisten Traditionen noch im Pazifik, wo dieses Können auf fruchtbarem Boden gedieh – nämlich auf gar keinem. Das Meer war allgegenwärtig, es war die Hauptnahrungsquelle und daher ein positiver kultureller Aspekt (es gibt allerdings auch Gegenden, wo Berge verehrt werden und das Meer gefürchtet ist, wie auf einigen Inseln im indonesischen Archipel). In Ozeanien fand man also schon früh heraus, dass das Leben sehr viel leichter war, wenn man sich mit dem Meer anfreundete. Außerdem ist das Klima warm und die Sicht über längere Zeiträume gut. (Auf einem Törn im Ärmelkanal versuchte ich einmal im Februar anhand der Sterne zu navigieren – ein eher aussichtsloses Unterfangen.) Da die Inseln im Pazifik in niedrigen Breiten in Äquatornähe liegen, gehen die Sterne im spitzen Winkel auf (s. drittes Kapitel) und behalten ihre Aufgangskoordinaten längere Zeit bei.

All diese Faktoren trugen dazu bei, dass die Pazifikanwohner sehr effektive Astronavigationsmethoden entwickelten. Wichtig war dabei auch ein gutes Gedächtnis, denn die Seeleute mussten für jede Hin- und Rückroute zwischen den Inseln ihres Archipels eine Reihe von Sternen kennen, einen »Sternenpfad«, auf dem sie durch die Nacht fanden. Zum Teil kannten sie Hunderte Sterne und die Sequenzen, die diese Pfade bildeten. Sobald sie einen Stern erkannt hatten, fanden sie auch den nächsten. Da die Sterne jeweils an verschiedenen Punkten am Horizont auf- und untergingen, teilte man den Himmel in eine Art »Sternkompass« ein. Das ist kein Gerät, sondern eine Gedächtnisstütze aus den Namen der Sterne, deren Position und schließlich den Inseln, die die Seefahrer dank ihrer Hilfe fanden. Dieses Wissen wurde von Generation zu Generation weitergegeben, indem erfahrene Seeleute die jungen instruierten: Im Sand wurde mit Korallenteilen oder anderen Gegenständen ein Kreis gelegt. Er enthielt 32 Korallenstücke, jedes repräsentierte einen bestimmten Stern und die dazugehörige Himmelsrichtung. Das Korallenstück für Nordosten hieß »Hokulei«, der polynesische Name für den Hauptstern Capella im Fuhrmann. Wenn Hokulei aufging, stand er im Nordosten, wenn er unterging im Nordwesten.

Diese Tradition lebt in kleinerem Maßstab bis in unsere Zeit fort, wie Sam Low in seinem Film von 1983, *The Navigators: Pathfinders of the Pacific*, über die Navigatoren der Insel Satawal im mikronesischen Karolinen-Archipel zeigte.

Mit dem Sternkompass kann man einen Teil der westlichen Navigationsmethoden ganz vergessen. Wir denken: »Ich will zu einer Insel im Nordosten meiner Insel, also muss ich wissen, wo Nordosten liegt, und einen Stern finden, der mich dort hinführt.« Aber die Mikronesier denken: »Ich will zu einer Insel, die unterhalb des aufgehenden Hokulei liegt. Also los!«

Die Navigationsmethoden der Pazifikinsulaner entsprechen vollkommen dem, was wir über die Himmelskugel wissen, die Unterschiede sind kultureller, nicht astronomischer Natur. Es ist einfach nur eine Vorstellung von dem, was jenseits der Erde liegt. Wenn man

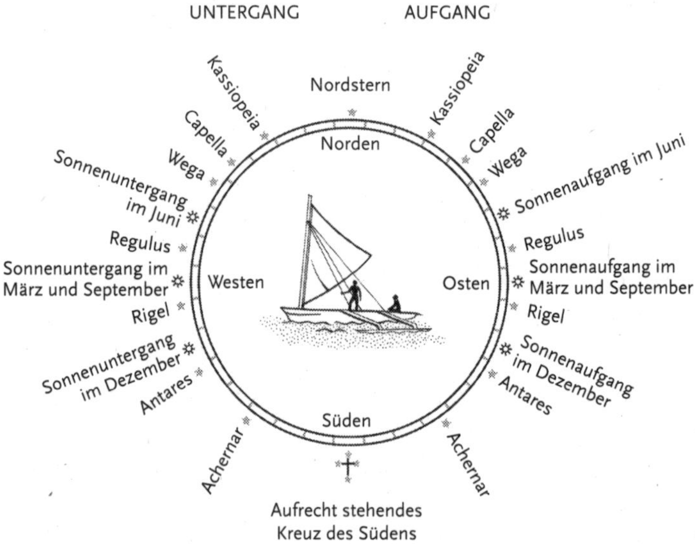

Der Sternkompass der Karolinen-Inseln

weiß, wie sich die Himmelskugel dreht, lassen sich diese Techniken in der Praxis immer weiter verbessern und sogar neue Methoden ausarbeiten.

Mit dem Sternkompass kann man sich auch an Land orientieren. Angenommen, Sie sind an einem fremden Ort und die Einheimischen empfehlen Ihnen ein gutes Restaurant in fünf Kilometer Entfernung Richtung Westen. Dann sagen Sie sich: Das ist eine Stunde Fußweg in Richtung des untergehenden Oriongürtels. Und wenn Sie irgendwann an diesen Ort umziehen, nennen Sie dieses Lokal vielleicht nach einiger Zeit »Zum untergehenden Oriongürtel« oder eine Kneipe nördlich Ihres neuen Zuhauses »Polaris-Pub«. Wenn Sie dann alle wichtigen Punkte in Ihrer Umgebung mit den Sternen verbunden haben, die Sie jeweils dorthin führen, können Sie mit Steinen in einem Kreis den Sternkompass Ihrer neuen Heimat bilden.

WIE MAN DAS MEER LIEST

Durch eine ungewöhnliche Verkettung von Umständen hat man im Westen von einer Navigationstechnik mittels Kokosnüsse und Muscheln erfahren, die über einen Missionar und einen deutschen Kapitän aus dem Pazifik zu uns gelangt ist.

Reverend Luther Halsey Gulick senior wurde 1828 in Honolulu geboren, er studierte in Neuengland Medizin und verbrachte anschließend acht Jahre auf den Marshall-Inseln, bevor ihn sein schlechter Gesundheitszustand zur Rückkehr nach Hawaii zwang. Vorrang hatte für Gulick zwar das Wort Gottes, nicht die Navigation im Pazifik, dennoch erkannte er synergetische Effekte: »Die Reiseleidenschaft der Menschen wird die Verbreitung der Heilsbotschaft mit der Zeit erleichtern.«

Während seiner Missionstätigkeit sah er, wie die Einheimischen Kokosblattrippen mit Kokosschnüren zu einem Gitter verbanden und Kaurimuscheln daran befestigten – eine Seekarte. Dass sie sich dabei nicht auf die Anordnung der Inseln ihres Archipels beschränkten, sondern auch die jeweilige Dünung darstellten, die zwischen den Inseln zu erwarten war, ist das eigentlich Außergewöhnliche an den sogenannten »Stabkarten« der Marshall-Inseln.

Dreißig Jahre, nachdem Gulick seine Erfahrungen aufgezeichnet hatte, segelte der deutsche Marinekapitän Winkler 1890 zu den Marshall-Inseln. Er war brennend an den Stabkarten interessiert und konnte die Einheimischen überreden, ihm zu verraten, wie man damit umgeht. Das war sicherlich nicht einfach, denn dieses Wissen galt gemeinhin als vertraulich und geheim. Es sicherte einem Insulaner nicht nur eine einträgliche Arbeit, sondern auch eine gehobene Stellung in der mikronesischen Gesellschaft.

Über das Verhalten der Sonne verrät das Meer nur wenig, viel aber über den Wind. Dazu muss man wissen, aus welcher Richtung der vorherrschende Wind kommt. Auf See findet man das heraus, indem man das gegenwärtige und kürzlich vergangene Verhalten des Windes beobachtet.

Eine Brise über einem Weiher, ja selbst ein Atemhauch über einer Tasse Tee lässt das Wasser sichtbar in Bewegung geraten, es entstehen Rippelwellen, die aber schnell wieder abebben, weil sie durch die Oberflächenspannung des Wassers abgeschwächt werden. Bläst ein Wind stetiger und stärker, nimmt das Wasser mehr von dessen Energie auf und die Rippelwellen werden zu größeren Wellen. Ihre Größe hängt ab von der Windstärke, dem Zeitraum, in dem der Wind aktiv ist, und der Entfernung, die er auf offenem Wasser zurücklegt, der »Luvbreite« oder Windlauflänge. Als Marvin Creamer in See stach, war die Sonne hinter schweren schwarzen Wolken verschwunden, es wehte ein Sturm aus Nordwesten. Creamer sah, dass der Wind ablandig war und er selbst nicht Gefahr lief, zurück an die Leeküste getrieben zu werden; er sah auch, dass die Wellen nicht zu hoch waren, weil die Windlauflänge gering war. Ein ablandiger Sturm verursacht unter Umständen kleinere Wellen als ein viel leichterer Wind, der über Hunderte Kilometer aktiv war.

Wellen bewegen sich nicht von selbst vorwärts, sondern durch die Energie des Windes, die sie aufnehmen. Wasser selbst schwingt meist nur auf und ab – Jack Lagan vergleicht es mit der Bewegung des Riemens einer Peitsche, die man in der Hand hält. Die Energie in den Wellen kann über 1500 Kilometer weit reichen. Laufen sie über das Gebiet hinaus, in dem der Wind die Wellen gebildet hat, nennt man das Dünung. Rippelwellen, Wellen und Restwellen (die Dünung) sind Manifestationen der Windenergie. Treffen zwei Wellensysteme aufeinander, entstehen die gefürchteten hohen, unregelmäßigen Wellen der Kreuzsee.

Für die natürliche Navigation ist die Dünung wichtig, weil sie zuverlässigere Hinweise auf den vorherrschenden Wind gibt als die Windsee, also die unter dem direkten Einfluss des Windes entstehenden Wellen, die nur seine aktuelle Richtung angeben – und die kann man sowieso spüren. Auf offener See findet man oft eine Mischung aus Dünung und Windsee vor, und das ist dann schwieriger zu interpretieren, vor allem wenn beide gleich hoch sind. Die Windsee bewegt sich in Windrichtung, und dreht der Wind, drehen auch die Wellen. Sie überlagern dabei die Dünung, die gleichbleibend ist, auch wenn sie sich gegen den Wind bewegt. Normalerweise ist sie niedriger als die Windsee, denn Wellen werden auf ihrem Weg flacher und länger.

Deshalb bricht die Windsee manchmal auf dem offenen Meer, während die Dünung bestehen bleibt, ihre Kämme und Täler also in ungebrochenen Linien verlaufen, wie David Burch schreibt; diese Restwellen sind breiter, runder und laufen viel weiter aus, scheinbar ins Unendliche.

Auch mit einiger Erfahrung kann die Unterscheidung von Dünung und Windsee schwierig sein. Man spürt aber, was sich unter dem Boot bewegt, wenn man auf Deck liegt und den Rhythmus wahrnimmt. Wie David Lewis berichtet, war es im Pazifik verbreitet, die Dünung an den Hoden zu spüren. Wer schon einmal einen Törn mitgemacht hat, weiß, dass ein Skipper immer wieder an Deck kommt und fragt, ob alles in Ordnung sei. Das ist sein Gespür. Er hat vielleicht einen Wechsel im Rhythmus bemerkt oder gehört, dass die Wellen plötzlich anders klingen, vielleicht wurde ihm nach vielen Stunden problemlosen Fahrens auf einmal schlecht, oder er weiß gar nicht, was ihn veranlasst hat nachzuschauen, denn solche Dinge spielen sich oft im Unterbewusstsein ab. Alte Seebären spüren auch im Schlaf, wenn das Schiff vom Kurs abkommt. Das kann eigentlich jeder spüren, aber der Skipper ist verantwortlich für das Leben der Crew und der Passagiere und daher dafür am sensibelsten.

Je höher die Dünung ist, desto leichter lässt sich die Richtung bestimmen, aus der sie kommt – auch wenn man dafür unter Umständen teuer bezahlen muss. Auf dem Atlantik war ich einmal tagelang frustriert, weil ich Schwierigkeiten hatte, die Dünung zu deuten. Dann aber kam ein Sturm von Madeira, der sehr leicht zu interpretieren war, das Boot allerdings so übel traf, dass ich ganz andere Sorgen hatte, zum Beispiel wie ich das Ganze unverletzt überstehen und wie ich essen und trinken sollte.

Die sturmbedingte Dünung, die die vorherrschende Dünung überlagert und durchdringt, ist aber die Ausnahme. Normalerweise wird sie von den vorherrschenden Winden bestimmt, die über lange Strecken ungestört und unbeeinflusst vom Land wehen. Die jahreszeitlich bedingte Windrichtung auf einem Ozean ist wegen der Sonnenerwärmung des Wassers über weite Teile konstanter als an Land und genauso vorhersagbar wie an einem Ort an Land – allerdings ohne Gewähr. Jedes Meer hat seine eigenen Winde und Dünungen, was Surfer von Hawaii bis Cornwall zu schätzen wissen.

Wie die Bäume an Land, so verrät die Dünung, die über Stunden und Tage (wenn auch nicht Monate oder Jahre) konstant ist, die Windrichtung und kann als Kompass genutzt werden. Am besten prüft man die Dünungsrichtung anhand von Sonne und Sternen. Wenn die Himmelskörper dann untergegangen sind, kann man daran Kurs halten. Um einen Kurs abzustecken, ist es jedoch besser, man peilt einen Punkt in der Ferne an. Der Horizont ist selten richtig »leer«, und eine bestimmte Wolke oder Wolkenbank kann für eine kürzere Zeit zur Peilung herangezogen werden.

Die Dünung wird fast immer nur in Verbindung mit dem Wind selbst interpretiert, der auch ein Mittel ist, Kurs zu halten. Das ist kurzfristig einfacher, und es gibt dafür tolle Hilfsmittel, die Windfahnen, die das heutzutage übernehmen. Dennoch ist der Wind weniger zuverlässig als die Dünung. Wenn man sich am Wind orientiert, besteht die Gefahr, weit vom Kurs abzukommen, theoretisch sogar, im Kreis zu fahren.

Die Mikronesier haben die Kunst der Navigation anhand der Dünung lebendig gehalten und sie über die Jahrhunderte verbessert. Sie nehmen die Energie der Wellen und der Dünung sozusagen körperlich auf. Theoretisch ist das nicht besonders kompliziert, und selbst wer zum ersten Mal segeln geht, wird unweigerlich den Rhythmuswechsel und die Bewegung eines kleinen Bootes beim Kurswechsel in einer hohen Dünung spüren.

Auf großen Schiffen hat man eine andere Perspektive. Das Deck einer Fähre ist ein guter Beobachtungsposten für die Verhaltensmuster des Meeres. Bei unserem letzten Sommerurlaub in Frankreich nahmen wir bei Poole die Fähre über den Ärmelkanal nach Saint-Malo, eine Route mit sehr bewegter See. Es gibt schnelle Gezeitenströme, Inseln und regen Schiffsverkehr – alles zusammen wühlt das Wasser auf und verfälscht die Windeffekte, dennoch kann man in den sich überlagernden Wellensystemen in der Mitte des Kanals ein Muster erkennen, bevor sie sich zu den Küsten hin chaotisch fortpflanzen.

Wenn Wellen auf Land treffen, werden sie genauso reflektiert wie eine Welle, die in der Badewanne von Rand zu Rand schwappt, bis ihre Energie verbraucht ist. Der Winkel, in dem eine Welle abprallt, und die Stärke ihres Rücklaufs hängen davon, wie sie eingelaufen ist, und von der Landbeschaffenheit ab. An geschwungenen und leicht ansteigenden Stränden gibt es einen weitaus schwächeren Rücklauf als an einer Felsküste.

Ein- und auslaufende Wellen interferieren und verändern das Muster im Wasser – Amplitude, Form und Wellenlänge. Physikalisch kann man das genau erklären, Insulaner aber lernten den Unterschied zwischen offener, reflektierter und interferierender Dünung an ihren Küsten auf natürliche Weise. Mit ihrem Gespür für die unterschiedlichen Wellenmuster und am phosphoreszierenden Glitzern der interferierenden Wellen verstanden sie bisweilen selbst bei Dunkelheit das Meer zu lesen.

Diese Effekte lassen sich auch in kleinerem Maßstab simulieren, indem man einen Stein in ein viereckiges Bassin legt und mit leichtem Pusten eine Dünung bildet. Verändert man die »Windstärke« und die Position des Steins, kann man schwache Interferenzlinien erkennen.

Unter der Dünung und den Wellen ist das Wasser nur selten ganz ruhig. Bei konstanten Winden folgt es der Windrichtung in einer breiten, schwachen Strömung, die zudem von der Wassertemperatur und -dichte beeinflusst wird. Im Mittelmeer heizt die Sonne das Wasser auf und lässt es verdampfen. Der Pegel nimmt ab, Wasser vom Atlantik gleicht ihn wieder aus. Durch die hohe Verdunstungsrate ist im Mittelmeer die Salzkonzentration und somit auch die Dichte höher. Wenn nun das kältere Atlantikwasser durch die Straße von Gibraltar einfließt, strömt schwereres, salzigeres Wasser darunter hinaus.

Die bekannteste Meeresströmung ist der Golfstrom. Die Passatwinde über dem Südatlantik treiben warme Wassermassen von der afrikanischen Küste nach Nordosten und die amerikanische Ostküste hinauf in den

Nordatlantik. Der Golfstrom ist Seefahrern seit Jahrhunderten bekannt, als Erster hatte ihn 1513 der spanische Konquistador Juan Ponce de León beschrieben. In der Folge nutzten ihn Ponce de Leóns Landsleute auf ihrem Weg von der Karibik nach Spanien. Wie alle großen Strömungssysteme wird auch der Golfstrom von der Corioliskraft abgelenkt: Durch die Erddrehung wird alles, was sich über weite Entfernungen auf der Erdoberfläche bewegt, auf der Nordhalbkugel nach rechts, auf der Südhalbkugel nach links gezogen.

Der Golfstrom befördert warmes Salzwasser mit einer Geschwindigkeit von fast fünf Knoten, etwa neun Stundenkilometer. Mit seiner auffälligen indigoblauen Färbung unterscheidet er sich deutlich von anderen Strömungen und Gewässern, die er passiert. Der schärfste Kontrast entsteht durch die Temperaturunterschiede an der Cold Wall, der »kalten Mauer«: Bei den Grand Banks – der Neufundlandbank, einer Gruppe von Unterwasserplateaus, die sich aus dem nordamerikanischen Kontinentalschelf erheben – treffen der warme Golfstrom und der kalte Labradorstrom zusammen und verursachen starke Nebelbildung.

Wie die meisten Naturphänomene sind auch Meeresströmungen keine isolierten Systeme, und ihre Wirkungen reichen weit über das Wasser an sich hinaus. Das Inka-Reich gelangte zur Blüte, weil man unter anderem den Guano der Vögel erntete, die sich am Fischreichtum labten. Die Fische wiederum ernährten sich durch das Plankton, das im kalten Wasser gedieh, und das kalte Wasser floss gen Norden nach, um jenes zu ersetzen, das der Golfstrom mit sich fortgetragen hatte.

Man sollte die Strömungen kennen, weil sie jedes noch so kleine Boot und jedes noch so große Schiff tragen, aber auch weil sie durch die Linien, die sie auf dem Meer zeichnen, zur Positionsbestimmung beitragen. Captain King, ein Mitglied der James-Cook-Expedition 1776–1780, beobachtete, dass der Kuroshio- oder Japanstrom, der im westlichen Pazifik nach Nordosten fließt, von einem sehr viel dunkleren, fast schwarzen Blau ist als das Wasser in seiner Umgebung. Diese Auffälligkeit wurde schon über hundert Jahre zuvor in der *Descriptio Regni Japaniae* erwähnt, der »Beschreibung des Königreichs Japan«, die der deutsche Mediziner und Geograf Bernard Varen im Jahr 1649 veröffentlichte. Varens Werk ist die erste auf Quellen gestützte Darstellung Japans, und daher liegt die Annahme nahe, dass »die schwarze Strömung«, der Kuroshio, sogar schon davor beschrieben worden war.

Doch die meisten Strömungen sind nicht so leicht auszumachen, und man kann von Glück sagen, dass sie relativ schwach sind, sich also mit höchstens einem Knoten bewegen, knapp zwei Stundenkilometern. In der modernen Navigation verlässt man sich auf Tabellen, die man im Lauf der Zeit erstellt hat, sodass fast alle Routen durch Strömungen führen, auch wenn man sie noch nicht entdeckt und benannt hat. Wenn ein Schiff auf offener See von einer Strömung erfasst wird, kann der Kapitän dies kaum mit natürlichen Mitteln herausfinden. Creamer, der für jedes Zeichen des Wassers äußerst sensibel war, bemerkte »Kräuselbänder« nördlich des Äquators, und es gelang ihm, sie als äquatoriale Gegenströmungen zu identifizieren.

Polynesier und Mikronesier hatten keine Seekarten und Tabellen mit Strömungsdaten, also verließen sie sich auf ihre Erfahrung und Methoden, die über kurze Entfernungen funktionieren. War ihr Ziel eine Insel, die sie anhand von zwei Landmarken anzupeilen vermochten, konnten sie die Stärke der Strömung schon zu Beginn der Fahrt einschätzen und sie entsprechend kompensieren. In Tikopia auf den Solomonen gibt es einen Strand vor einer Bergrinne. Die Linie, die durch diese beiden Punkte führt, die Transitlinie, gibt den Kurs auf die Insel Anuta an, und so heißt dieser Strand Mataki Anuta, »Ausschau nach Anuta«. Dadurch kann früh auf der Überfahrt die Strömung beurteilt und die nötige Kurskorrektur vorgenommen werden.

Diese Methode lässt sich immer anwenden, wenn zwei Punkte an Land gut sichtbar sind. Stellen Sie sich vor, Sie dümpeln in einem Boot ohne Motor und ohne Segel. An Land sehen Sie einen Kirchturm vor einem Sendemast. Jede Veränderung in der Ausrichtung dieser Linie sagt Ihnen, was das Wasser unter Ihnen macht. So kann man auch prüfen, ob ein Anker hält: Wenn sich die Transitlinie verschiebt, dann schleift er.

Strömungen haben große Fahrten beeinflusst und große Seefahrer in Erstaunen versetzt, selbst wenn sie gar nicht mehr richtig auf dem Wasser fuhren. Der norwegische Entdecker Fridtjof Nansen (1861–1930) wollte so nahe wie möglich an den Nordpol herankommen, indem er sein speziell verstärktes Schiff *Fram* im Meereis einfrieren ließ, das nach Norden driftete. So war er aber nicht mehr in der Lage, den Kurs zu beeinflussen, und fand von Zeit zu Zeit keine Erklärung für die Richtung der Drift: »Trotz all meiner Studien, all meiner Erwägungen und all meiner Berechnungen kann ich einen südwärts gehenden Strom nicht erklären – die Strömung müsste nördlich sein. Wenn sie hier südwärts gerichtet ist, wie erklärt sich dann die große offene See, die wir nordwärts durchquert haben? Und die Bai, bis zu deren Ende wir im weitesten Norden dampften? Diese konnten nur durch die nordwärts gehende Strömung entstanden sein, die ich früher angenommen hatte.«

Strömungen sind in unbekannten Gewässern also nicht ohne Weiteres vorauszusagen. Auch wenn der heutige Navigator Seekarten hat, sollte er doch so vorsichtig und wachsam sein wie diejenigen, deren Leben noch heute von den Strömungen abhängt. Durch ihre große Sensibilität für die Kräfte der Natur haben die Inuit eine einzigartige Technik entwickelt: Sie nutzten zur Orientierung dahintreibenden Tang, *qiqquaq*, indem sie die untergetauchten Wedel beobachteten, die mit der Strömung vom oben schwimmenden Algenkörper und den Stängeln weggezogen werden.

DIE GEZEITEN

Unser Wissen über die Gezeiten ist noch immer lückenhaft und somit ein dankbares Feld für alle mit einem Sinn für naturkundliches Rüstzeug. 1872 baute Lord Kelvin (1824–1907) die erste Gezeitenrechenmaschine, einen eindrucksvollen Apparat aus Uhren und Trommeln. Das Bestreben der Menschen, dieses verwirrende

Naturphänomen zu erfassen, führte zu immer komplexeren Geräten und gipfelte 1910 in der Fleisher-Harris-Apparatur. Der Koloss war über drei Meter lang und zwei Meter breit, ein Gewirr aus Hebeln, Wellen und Zahnrädern, mit denen 37 unabhängige Himmelsbahnen und andere Einflüsse auf die Gezeiten berücksichtigt werden konnten. Damit wurden in den USA zwar bis zum Computerzeitalter die Gezeitentabellen errechnet, dennoch kann diese Maschine das Verhalten der Tiden nur annähernd messen.

Und selbst heute, da der Computer in der Lage ist, Milliarden Kalkulationen in der Sekunde durchzuführen und jeden Menschen im Schach zu schlagen, vermag keine Maschine der Welt die Gezeiten an einer neuen Örtlichkeit ohne die direkte Beobachtung vor Ort exakt vorauszusagen. Denn hier entzieht sich die Natur den Nullen und Einsen des binären Systems.

Die Warao im venezolanischen Orinoko-Delta wissen von diesen technischen Fortschritten nichts, aber sie kennen ihre Gezeiten und finden mit deren Hilfe ihren Weg. Sie beobachten genau, an welchem Punkt im Gezeitenzyklus sie sich befinden – der Tidenhub im Delta beträgt ungefähr zwei Meter. Dann prüfen sie die Strömungsrichtung anhand der dahintreibenden Pflanzen und finden so den Weg stromaufwärts und hinaus aufs Meer.

Unser gefährlicher Tanz mit dieser periodischen Wasserbewegung hat schon in der Antike begonnen. Bereits unser alter Freund Pytheas, der die Schattenmessung erfand, berichtete, die Gezeiten in Nordeuropa seien sehr viel ausgeprägter als am Mittelmeer, aber es sollte noch lange dauern, bis diese Beobachtung in eine haltbare Erklärung mündete. In der Zwischenzeit kämpfte Julius Cäsar an der britischen Küste mit den Gezeiten, und Shakespeare verglich in seinem gleichnamigen Stück das Geschick der Menschen mit Ebbe und Flut.

Oft endete unser Kampf mit den Tiden traurig. Im 19. Jahrhundert havarierte ein Segelschiff vor den Kanalinseln. Die dreißig Passagiere, alle Frauen, konnten sich zunächst auf einen Felsen der Écréhous-Inselgruppe bei Jersey retten und auf Hilfe warten. Die Crew aber, die den Tidenhub dort wohl besser kannte, schwamm zu einem höheren Felsen. In der Nacht stieg das Wasser, am nächsten Tag kamen Retter, aber der Felsen der Frauen war menschenleer. Es heißt, ihr Flehen könne man noch immer hören, wenn im Frühjahr die Flut den Felsen überspült, der daher »Prières des Femmes« genannt wird.

Auch heute begreifen nur wenige Menschen die Gezeitenbewegungen in ihrem ganzen Umfang. Jede bunte Linie von Flechten an einer Hochwassermarke zieht eine ganze Reihe irritierender und verzwickter Fragen nach sich. Sind die Gezeiten eine horizontale oder vertikale Wasserbewegung? Warum beträgt der Tidenhub in weiten Bereichen des Mittelmeers nur ein paar Zentimeter, in der Lagune von Venedig aber einen Meter? Warum hat das Wasser vor der Kanalinsel Alderney eine Geschwindigkeit von sieben, ein paar Kilometer weiter aber nicht einmal zwei Knoten? Warum gibt es an manchen Orten, zum Beispiel im Golf von Mexiko, nur eine Flut innerhalb von 24 Stunden, andernorts aber meist zwei Fluten am Tag?

Kurz und bündig die Antwort: Der Mond verursacht eine Vertikalbewegung der Meere von bis zu dreißig, die Sonne eine bis zu fünfzehn Zentimetern (s. auch die Fußnote S. 164). Jede andere Bewegung ist eine Reaktion auf die Komplexität der Küstenlinien und auf Wassermassen, die in seichtere Gewässer einfließen. In schmalen, trichterförmigen Buchten wie dem Bristol-Kanal werden Gezeiten massiv verstärkt, während sie mitten auf dem Atlantik kaum spürbar sind. Neben diesen Hauptfaktoren müssen aber auch noch andere Variablen berücksichtigt werden, um die Tidenhöhe exakt vorauszusagen: Wind, Meeresströmungen, Luftdruck.

Und die Antwort auf die Frage nach der Tide im Golf von Mexiko: Die Interferenzen der Gezeitenwellen mit den rückläufigen Wellen sind so stark, dass eine der beiden Fluten einfach aufgehoben wird.

Der Einfluss des Mondes auf die Gezeiten ist seit Jahrtausenden bekannt. Der angelsächsische Benediktinermönch Beda Venerabilis (um 672–735) machte dazu sehr präzise Beobachtungen. Auch im *Königsspiegel (Konungs Skuggsjá)*, einem altnordischen Text, der um 1230 entstand, steht: »Der Meeresstrom verstärkt seinen Lauf in sieben Tagen und einer halben Stunde des achten, und es wird da an jedem siebenten Tag Flut anstelle von Ebbe, denn um den siebenten Tag wächst er, sobald er anfängt zuzunehmen [...]. Aber der Mond vollendet seinen Lauf im Zunehmen in fünfzehn Tagen weniger sechs Stunden, und in derselben Weise nimmt er ab [...], und es kommt deshalb immer so zusammen, dass die Ströme während des Neumonds besonders heftig und die Ebben besonders stark sind. Aber wenn der Mond halb angewachsen ist, da sind alle Ströme am schwächsten und ebenso die Ebben.«

Der Gezeitenzyklus erstreckt sich also ungefähr über vierzehn Tage, wobei die beiden Extreme – Springtiden zu Neumond und Nipptiden zu Halbmond – besonders hoch beziehungsweise besonders niedrig sind.

Um sich aber anhand der Gezeiten zu orientieren, reichen wissenschaftliche Hintergründe allein nicht aus. Als Grundregel gilt, dass die Flut etwa sechs Stunden auf die Ebbe folgt und umgekehrt. Damit kann man einen kleinen Törn an der Küste entlang planen oder berechnen, wann man am besten in einen engen Hafen einläuft. Auch die Strömung lässt sich einschätzen: Wenn die Gezeitenströme rasch in eine Richtung fließen, werden sie sechs Stunden später genauso rasch in die andere fließen, denn sie folgen grob der »Zwölftel-Regel«: Der Wasserstand in der ersten Stunde nach Niedrig- beziehungsweise Hochwasser ändert sich um ein Zwölftel des Tidenhubs, in der zweiten Stunde um zwei Zwölftel, in der dritten und vierten um je drei Zwölftel, in der fünften wieder um zwei Zwölftel und in der sechsten und letzten Stunde wieder um ein Zwölftel. Einfacher gesagt, die Hälfte des Wassers fließt in den mittleren beiden Stunden, wenn die größte Wasserbewegung und die größte Veränderung im Tidenhub erwartet werden. Kurz nach Vollmond kommt ziemlich genau sechs Stunden nach einer sehr niedrigen Ebbe eine sehr hohe Flut, dann – und auch bei Neumond – sollte man nicht in den mittleren Stunden hinausfahren, wenn man schnelle Gezeitenströme meiden will.

Auch spielt der Zusammenhang zwischen Mondphasen und Gezeiten eine Rolle. Man kann sich daraus einen Spaß machen, wenn man bei Halbmond einen Strand erreicht. Dann ist der Tidenhub niedrig, aber niemand wagt sich über die Linie hinaus, die die Springflut am Strand hinterlassen hat, und man hat einen breiten Sandstreifen ganz für sich allein – die Belohnung für den, der seinen Weg ohne Navi gefunden hat.

DIE FARBEN DES WASSERS

Ein Glas Meerwasser ist nicht blau. Als Ganzes reflektiert das Meer die Farben des Himmels, absorbiert aber auch einen Teil der roten Strahlen des Spektrums, und in dieser Kombination wirkt das Meer blau. An sonnigen Tagen mit vereinzelten Schönwetterwolken kann man sehen, wie Schatten auf die Meeresoberfläche geworfen werden und diese Stellen weniger blau, dafür umso düsterer erscheinen. Das ist aber keine Navigationshilfe – nach der müssen wir uns anderswo umsehen.

Auch bei gleichem Licht haben die Meere an unterschiedlichen Stellen unterschiedliche Farben. Wie wir beim Golfstrom und beim Kuroshio-Strom gesehen haben, gibt es ein breites Spektrum. Kontraste und Farbwechsel können durch Flussschlick entstehen. Wie Herodot beobachtete, »entfärbt« sich der Nil ins Meer hinein noch bis zu einer Tagesreise vom Delta entfernt. Der Amazonas trägt die Sedimente seiner über tausend Zuflüsse ins Meer hinaus, was dem Meerwasser nahe der Mündung eine schlammgelbe Färbung verleiht.

Der griechische Philosoph Empedokles (500–434 v. Chr.) glaubte, das Salz im Meer sei »der Erde Schweiß« – eine Möglichkeit, das Meer als eine schwache Lösung aller Stoffe der Erde zu betrachten. Doch der stärkste Kontrast entsteht durch die Unterschiede in der Saltation und die Auswirkungen, die diese auf die maritimen Mikroorganismen hat. Je höher der Salzgehalt, desto schwerer hat es das Phytoplankton, zu überleben. Es steht ganz unten in der Nahrungspyramide der Ozeane und trägt somit fast das gesamte Leben im Meer, doch es ist sehr anfällig für Umweltveränderungen wie eben verschiedene Grade der Salzkonzentration. Wo es einen Austausch von unterschiedlich salinem Wasser gibt – zum Beispiel am Zusammenfluss von Süß- und Brackwasser –, kann das dramatische Auswirkungen haben. Die Phytoplanktonblüte färbt das Wasser lebhaft, flaut aber ab, wenn der Salzgehalt steigt.

Im Allgemeinen bestimmt die Salinität die Farbe des Meeres: Blau bei hohem, Grün bei niedrigem Salzgehalt. Das Mittelmeer ist sehr salzig und hat daher eine geringe Phytoplanktonflora, demnach ist es tiefblau. In den Polarmeeren fließt immer wieder Süßwasser in Form von Schmelzwasser hinzu, die Organismen gedeihen und verleihen dem Wasser eine grünliche Färbung. Das beobachtete der japanische Polarforscher Nobu Shirase (1861–1946) bei seiner Expedition 1910–1912: »Die See war zum Glück eisfrei, und als wir uns umsahen, waren wir von den schillernden, blaugrünen Rippelwellen umgeben, die für das Rossmeer so charakteristisch sind.«

Auch die Wassertiefe trägt wesentlich zur Farbe bei. Marvin Creamer freute sich, als er vor der Küste Neuseelands einen Wechsel von Blau zu Grün wahrnahm. Das lag an der veränderten Tiefe, als er den Kontinentalschelf passierte. Und da der Schelf nicht weit vom Land entfernt ist, wusste er, dass die Küste nah war.

Ebenso beeinflusst der Meeresgrund die Färbung. Nach der Faustregel verändert sich die Farbe, je seichter ein Gewässer wird und umgekehrt. Wenn blaues Wasser über goldenen Sand auf ansteigendem Grund fließt, wird es blaugrün, grün und schließlich gelb – dann ist man aufgelaufen. Entsprechende Farbverläufe gibt es auch auf weißem oder schwarzem Sand. Harold Gatty, der in späteren Jahren auf einer eigenen Pazifikinsel lebte, wusste allein mit dieser Methode zügig durch unkartierte Riffe zu segeln.

Auf altägyptischen Flachreliefs gibt es Darstellungen von Booten, in deren Bug ein Mann mit einem Lotstab steht. Der Stab wurde abgesenkt bis auf den Grund; so nahm die Besatzung eine konstante Messung der Wassertiefe vor. Auch Odysseus hatte eine lange Stange an Bord. Jeder Seemann kommt einmal in eine Situation, in der dieses Instrument – wahrscheinlich das erste zur Tiefenmessung – eine weitaus bessere Hilfe ist als die moderne Elektronik. Es ist nie ein Fehler, eine Lotleine – eine Schnur mit einem Grundblei – dabeizuhaben, mit der sich ohne Batterien, Software und unnötige Ausgaben die Wassertiefe unter dem Kiel messen lässt.

Wenn man das Blei mit Talg einfettet, hat es gegenüber dem Echolot noch immer den Vorteil, dass man Proben vom Meeresgrund nehmen und Hinweise auf die eigene Position bekommen kann. Herodot stellte auch fest, dass in derselben Entfernung vom Delta, bis zu der sich das Nilwasser im Meer »entfärbt«, mit dem eingefetteten Senklot noch Schlick – die Ursache der Nil-Färbung – heraufgeholt werden konnte, so weit hinaus reichen die Anschwemmungen. Der Meeresgrund ist vielfältig – Schlamm, Felsen, Muscheln, Sand, Algen; wichtig zu wissen, wenn man irgendwo Anker werfen will, ohne dass er sich verheddert. Kenntnisse der Einheimischen wurden lange vor der Erfindung von Seekarten genutzt, um festzustellen, dass oder ob man sich der Küste näherte. Auch die Matrosen des Apostels Paulus merkten, dass Gefahr drohte, als sie das Lot warfen, erst zwanzig und dann fünfzehn Faden maßen (ein Faden entspricht 1,83 Meter), während sie an die Küste Maltas getrieben wurden und Schiffbruch erlitten (Apostelgeschichte 27,27–41).

DIE VÖGEL

Wenn wir das Wasser mal ein paar Minuten verlassen und in den Himmel blicken, finden wir dort gefiederte Orientierungshilfen. Historisch kam Vögeln bei der nautischen Navigation schon immer große Bedeutung zu. Man nahm sie an Bord, und wenn man Land vermutete, ließ man sie ausfliegen und folgte ihrem Flug. Im Gilgamesch-Epos kommen Möwen, Raben, ja sogar ein Sperling vor, und in der Genesis finden wir sie auf der Arche Noah. Plinius erwähnt, diese Methode sei von den Schiffern im Gebiet des heutigen Sri Lanka angewandt worden. Nach der nordischen Mythologie war Flóki Vilgerdarson der zweite Mensch, der Island betreten hat. Er hatte drei Raben dabei, die er an verschiedenen Punkten in Küstennähe freiließ. Die ersten beiden kehrten zurück, der dritte aber führte Flóki an die isländische Küste. So wurde er der Nachwelt als »Rabenflóki« bekannt.

Auch die Sichtung von Wildvögeln trug zur Einschätzung bei, wo Land war und welche Küste man ansteuerte. Jedes Gebiet hat seine Bewohner – so wie die Seychellen ihre Fregattvögel haben. Kosmas, genannt Indikopleustes (»Indienschiffer«), ein griechischer Händler und späterer Mönch aus Alexandria, wollte ganz sicher sein, wo sich Land befand, denn er glaubte, die Erde sei flach und habe vier Ecken. In seiner Schrift *Christliche Topographie* vermerkt er um das Jahr 550: »Ein großer Schwarm der Souspha genannten Vögel [Fregattvögel] folgte uns die ganze Zeit hoch über unseren Köpfen, und ihre Anwesenheit war ein Zeichen, dass wir uns dem Ozean näherten« – jenem Ozean, der für Kosmas das Ende der Welt war.

Unsere zeitgenössischen Seefahrer finden Tiere selten so bemerkenswert wie unsere Vorfahren. Doch Marvin Creamer schrieb: »Wir sehen jetzt mehr Taubensturmvögel und weniger Albatrosse und fragen uns, ob das ein Hinweis darauf sein kann, dass wir uns Tasmanien nähern.«

Wer sich an den Anblick von Eissturmvögeln gewöhnt hat, die in der Abenddämmerung die Küste anfliegen, und dennoch mehr navigatorische Hilfe von Vögeln bekommen möchte, muss nach Arten, Anzahl, Häufigkeit, Uhrzeit, Jahreszeit und Verhalten unterscheiden. Ein weites Feld, aber nach einigen aufmerksamen Beobachtungen findet man sich bald zurecht.

Als Erstes muss man die Vogelart identifizieren. Kennt man sie und ihre Gewohnheiten, lassen sich ein paar allgemeine Rückschlüsse auf die eigene Position ziehen. Schwärme sind hierfür zuverlässiger, weil einzelne Vögel so exzentrisch sein können wie Menschen, während ein Schwarm sich wohl kaum kollektiv gegen seine normalen Gewohnheiten verhält.

Es ist gut, wenn man in der Lage ist, ein paar heimische Vogelarten aus einem jeweiligen Gebiet zu erkennen, nachdem man entweder mit Einheimischen gesprochen oder sich ein wenig mit der Naturkunde der Region befasst hat. Der wichtigste Hinweis, den Vögel uns geben können, ist ihre Entfernung zur Küste. Hier müssen wir zwischen Küsten- und Seevögeln unterscheiden. Sturmvögel und Albatrosse sind Hochseevögel, sie verbringen außerhalb der Brutzeit ihr Leben auf den Ozeanen und verraten uns eher wenig über unseren Standort. Küstenvögel sind landverbundener, und wie weit sie sich auf ihren Flügen vom Land entfernen, hängt von ihrer jeweiligen Größe ab: Seeschwalben und Noddis finden sich bis 40 Kilometer vor der Küste, Tölpel 80 und Fregattvögel bis ungefähr 120 Kilometer. Wenn Sie auf einer Rettungsinsel dümpeln und am ersten Tag Fregattvögel sehen, am zweiten Tölpel und am dritten Seeschwalben, können Sie sich schon mal überlegen, was Sie in der Hafenkneipe bestellen. Tauchen die Vögel in umgekehrter Reihenfolge auf, machen Sie sich vielleicht besser Gedanken darüber, welchen Kameraden Sie als Ersten verspeisen …

Man kann Vögel am Verhalten identifizieren, auch wenn man eine spezielle Art zunächst nicht erkennt.

Fregattvögel werden zum Beispiel nur ungern nass, denn Wasser perlt an ihrem Gefieder nicht so gut ab wie bei fischenden Vögeln. Also kämpfen sie mit List und Tücke um ihr Fressen, das sie allzu gern auch klauen. Man erkennt sie also an ihrem unsozialen Verhalten, selbst wenn man schon lange kein Exemplar mehr aus der Nähe gesehen hat.

Thomas Gladwin hat bei den Eingeborenen im Pazifik über dieses Thema geforscht und bei bestimmten Vögeln deutlich zu unterscheidende Verhaltensmuster festgestellt. Er beobachtete, dass Feenseeschwalben mit einem Fisch im Schnabel immer an Land fliegen, weil der Happen doch etwas zu groß ist, um ihn auf See zu verschlingen. Ein Tölpel kreist über dem Boot, tut so, als wolle er landen, doch in der Dämmerung fliegt er dann an Land. Tropikvögel nisten an Land, kommen aber oft sehr spät am Abend zurück. Der Regenpfeifer schließlich entfernt sich nur bis zu 16 Kilometer vom Land und ist an seinem unverwechselbaren Ruf zu erkennen.

Küstenvögel fliegen morgens aufs Meer hinaus und kehren abends zurück – ein ganzer Schwarm wird uns am Abend also ziemlich sicher an Land führen.

UNGEWÖHNLICHE METHODEN

Je länger man auf See ist, desto ungewöhnlicher werden die Beobachtungen, und in bestimmten Gebieten führen sie unter Umständen zu Methoden, die nicht auf andere Gebiete übertragbar sind, was ihrer Faszination aber keinen Abbruch tut.

David Lewis betrieb monatelang Navigationsrecherchen im Pazifik, dabei stieß er auf die Lumineszenz- oder Phosphoreszenz-Methode. Das hat nichts mit dem allgegenwärtigen Leuchten von Mikroorganismen im Wasser durch biochemische Prozesse zu tun, sondern es ist das unbekanntere »Unterwasserleuchten« in einem Meter Tiefe etwa 150 Kilometer von der Küste einer Insel entfernt. Dabei scheinen die Lichtstrahlen und -streifen von der Küste zu kommen, sodass sich die Einheimischen auch in regnerischen, verhangenen Nächten daran orientieren können. Dieses Phänomen war noch nicht umfassend zu klären, Lewis nimmt aber an, dass es von der wogenden Dünung verursacht wird oder diese reflektiert.

Auf Nikunau im Inselstaat Kiribati traf Lewis auch einen Einheimischen, der anhand der Sonnenstrahlen navigieren konnte. Blickt man am Mittag ins Wasser, erscheinen die Sonnenstrahlen unterschiedlich lang, und die kürzesten deuten zur Küste hin.

All das klingt aber fast noch irgendwie erklärbar im Gegensatz zu einer Methode, die Makea Nui Teremoana Ariki, der weibliche Häuptling der größten Cook-Insel Rarotonga, 1965 beschrieb: Man könne eine Wimper leichter ausreißen, wenn man in Küstennähe sei.

LAND IN SICHT!

Sobald Land in Sicht ist, vergrößert sich das Risiko einer Havarie, und der Navigator muss allen Beistand der Natur ausnützen, den er nur bekommen kann.

Zum Glück verhalten sich Licht, Luft, Wasser, Flora und Fauna dort, wo Land und Meer sich treffen, ganz speziell.

Dass man – egal, ob zu Fuß, im Auto oder mit dem Boot – sein Ziel meistens später erreicht als kalkuliert, ist ein altbekanntes Rätsel. Jeder von uns hat Kindheitserinnerungen an ein endlos wiederholtes »Sind wir bald da?«. Des Rätsels Lösung ist der Unterschied zwischen dem Sichten des Ziels und dem tatsächlichen Ankommen. Der Navigator konzentriert sich auf den Moment, in dem das Ziel in Sicht kommt und die Ankunft garantiert ist, weil er damit die letzte Hürde überwunden hat. Für den Autofahrer ist das vielleicht ein Wegweiser zu einem kleinen Dorf, bei einem Fußmarsch ein Pfad, von dem man weiß, dass er nach Hause führt, und auf See der Augenblick, in dem es heißt: »Land in Sicht!« Doch von diesem Punkt an muss man immer noch einen kleinen Weg zurücklegen, bis man endlich die Tür aufschließen, den Rucksack absetzen oder das Boot festmachen kann.

Wegen der Gefahren an fremden Küsten haben Seefahrer seit der Antike immer auf Lotsen zurückgegriffen, einheimische Seeleute mit gründlicher Kenntnis der Unbilden ihres Gebiets. Für einen Kapitän ist es jedoch nicht selbstverständlich, das Kommando über sein Schiff abzugeben, und so haben sich Gebräuche herausgebildet, wie man mit diesem Umstand verfährt. In alten Zeiten waren die Verhältnisse klar: Der Lotse hatte einen begehrten Job mit einem guten Einkommen und einem Platz in der Seefahrergemeinde, aber das hatte auch seine Kehrseite. Wenn er ein Schiff in Gefahr brachte, konnte der Kapitän kurzen Prozess mit ihm machen und ihn umstandslos exekutieren.

Die Lotsen hüteten natürlich ihr Wissen, dennoch fand es seinen Weg in schriftliche Dokumente. So liegen mit dem *Periplus* aus dem fünften Jahrhundert die ältesten bekannten Küstenbeschreibungen mit allen Einzelheiten über die Mittelmeerhäfen und anderen nautischen Leckerbissen vor; sie werden dem Seefahrer Skylax von Karyanda zugeschrieben.

Horace Beck erzählt eine amüsante Geschichte über den Einsatz von Lotsen im schottischen Pentland Firth: Ein britischer Admiral bestand darauf, dass der Lotse die entsprechende Seekarte benutzen sollte. Der Lotse erwiderte, darauf sei er nicht besonders scharf – seien auf der Seekarte doch auch unvorteilhafterweise die vielen Wracks in der Förde verzeichnet …

Wie natürliche Wegzeichen als Hilfsmittel verwendet wurden, sei aus dem von dem kanadischen Journalisten Norman Duncan (1871–1916) verfassten *Dr. Grenfell's Parish* an einem Beispiel aus Neufundland geschildert:

Siehst du vor dir Joe Bett's P'int
Und Dave's Rock im Westen wie 'n Splint,
Nimm Kurs auf Westnordwesten
Bis Brimstone Head am besten.
The Tickle ist schmal und nicht sehr breit,
Die Tiefe ist auf der Steuerbordseit'.
Läufst du in den Hafen ein agil,
Hast du vier Faden unterm Kiel.

Eine Methode auf der Suche nach Land ist die Beobachtung der Wolken. Sie werden oft durch die Orografie beeinflusst, wenn über Erhebungen an Land die feuchte Meeresluft in die Höhe gedrückt wird, kondensiert und Wolken bildet. Daher gibt es auch an den Luvseiten von Gebirgen schwerere Regenfälle als auf der Leeseite, wo der Wind im »Regenschatten« meist trockener ist.

Auch niedrige Inseln lassen sich mithilfe von Wolken finden. Die Sonne heizt das Land schneller auf als Wasser. Warme, feuchte Luft steigt in einer Säule über der Insel auf, kondensiert – und es bilden sich Wolken. Meist ist es eine einzelne Wolke oder, besser gesagt, eine Wolke, die reglos am Himmel hängt, während andere Wolken vorbeiziehen. Wenn der Luftstrom stark ist, kann sich die Wolke auch teilen, dann hängen die Wolken wie erstaunt hochgezogene Augenbrauen am Himmel.

Nicht nur die Form und die Existenz von Wolken an sich geben Hinweise auf nahes Land, sondern auch die Farbe. Wenn der Kontrast zwischen Meer und Land groß ist, spiegelt sich das manchmal an der Unterseite der Wolken, zum Beispiel als grüner Schimmer über einer Pazifiklagune.

Die Reibung zwischen Land und Meer zeigt sich oft in Form von Treibgut. Holz und leider auch Müll können überall auf See auftauchen, aber in Küstennähe häufen sie sich. Mit einer Ausnahme: Bei schwachen oder konvergierenden Strömungen entstehen oft stationäre Strudel, die ideale Lebensbedingungen für bestimmte Tiere und Pflanzen bieten, so für die frei schwebende Braunalge Sargassum, die der Sargassosee ihren

Namen gab. In diesen Gewässern sammelt sich auch treibender Unrat zu riesigen Müllstrudeln. Laut der amerikanischen Journalistin Kate Bradshaw ist das Ausmaß der »Riesenmüllhalde« am North Pacific Gyre, einer der fünf großen rotierenden Meeresströmungen, schätzungsweise größer als die Fläche von Texas.

Wir müssen grundsätzlich mit allen Sinnen navigieren, wenn wir uns des natürlichen Kompasses bedienen. Unsere Augen bemerken Veränderungen im Wasser und am Himmel. Der Klang der Brecher dient seit den Anfängen der Seefahrt als Warnzeichen. Der Rhythmus der Wellen, die Dünung, selbst ein minimaler Wechsel des Windes helfen dem Seemann seit jeher beim Abstecken seines Kurses. Und nie werde ich den süßen, leicht würzigen Duft der Karibikinsel Santa Lucia nach meiner ersten Atlantiküberquerung vergessen.

UNTER WASSER

Unterwassernavigation der natürlichen Art ist nicht so ungewöhnlich, wie es klingt, jedenfalls nicht bis zu einer gewissen Tiefe. Die Sonnenstrahlen dringen durch seichtes, klares Wasser – Anhaltspunkte lassen sich auch in Schatten finden –, in der Nacht scheint der Mond.

Tauchen ist nur sicher, wenn man weiß, in welcher Tiefe man sich befindet, und Instrumente zeigen diese am zuverlässigsten an. Doch in geringer Tiefe ist die Natur durch den abgestuften Lichteinfall eine große Hilfe. Es braucht Zeit, um die Veränderungen des Lichts unter Wasser kennenzulernen. Sonnen- und Mondlicht brechen sich im Wasser, und vor allem die Sonne verliert am Morgen oder Abend an Kraft, wenn sie niedrig am Himmel steht.

Genau wie das Land hat der Meeresgrund seine eigene Topografie, mit der man sich vertraut machen muss. Dem Taucher stehen Täler, Felsrinnen und Schluchten zur Verfügung, denen er wie bei der Orientierung an Land nur folgen muss. So wie abfallendes Land zum Meer führen kann, so kann ansteigender Grund unter Wasser an die Küste führen. In seichtem Wasser bilden die Brandungswellen Rippel im Sand, die parallel zur Küstenlinie verlaufen und deren Kämme sich wie gefrorene Wellen der Küste zuneigen. Bei starkem Seegang werden brechende Wellen reflektiert, sie laufen aus und bilden zusammen mit den einlaufenden Wellen diamantförmige Rippel im Sand.

Doch die sicherste Methode der Unterwassernavigation ist die Orientierung an unverwechselbaren Punkten, die nicht von Strömungen und Gezeiten bewegt werden – eine Korallenbank, ein Algenbett, oder vielleicht gibt es einen untergegangenen Baum, ein Wrack, ja gar ein Autowrack.

Auch Wasserpflanzen weisen einem den Weg wie ihre Kollegen an Land. Sie wachsen zum Licht, sind aber nicht dem Wind, sondern der Strömung ausgesetzt. Algen schwingen in Strömungsrichtung, während Gorgonien im rechten Winkel zu ihr stehen.

Ausführliche Hinweise zur Unterwassernavigation finden sich bei Ralph Erickson und Jim Foley.

Trotz aller moderner Instrumentarien ist die natürliche Navigation noch lange nicht ausgestorben. An manchen Orten erlebt sie eine kleine, aber eindrucksvolle Renaissance, zum Beispiel im Pazifik, wo die Polynesian Voyaging Society seit 1973 Fahrten unternimmt, um das nautische und maritime Kulturerbe in den einzelnen Inselgemeinden zu pflegen.

Jede Seereise wird bereichert, wenn man mit wachen Sinnen Wind, Wetter und Wasser beobachtet. Das Meer hat immer schon Menschen mit einer breiten, ganzheitlichen Weltsicht angezogen, und wer solch eine Sicht noch nicht in vollem Umfang hat, erweitert seinen Horizont ganz sicher auf einer längeren Fahrt.

SECHSTES KAPITEL
Das Wetter

Fast alle Reisen, die Menschen unternehmen, finden in der dünnen Gasschicht zwischen Erdoberfläche und Weltraum statt. Die Erdatmosphäre ist nicht statisch, sie ist ständig in Bewegung, weil Winde und Wettersysteme hindurchwirbeln. Das Wetter kann eine Reise beeinflussen, dem Benutzer des natürlichen Kompasses aber auch als Hilfsmittel dienen.

Von der Erde aus nimmt man das Wetter als dynamischen Wechsel vor einem blauen oder dunklen Himmel wahr. Die Antwort auf eine einfache Kinderfrage, »Warum ist der Himmel blau?«, ließ jedoch lange auf sich warten.

Die Farbe des Himmels war sicherlich auch Thema beim X Club, einem Kreis aus neun befreundeten Wissenschaftlern, die sich in viktorianischer Zeit regelmäßig trafen. Der herausragende Physiker John Tyndall (1820–1893) gehörte auch dazu. Er erklärte Phänomene wie den Treibhauseffekt und warum manche Tiere, zum Beispiel Pfauen, bläulich aussehen. Außerdem führte er Untersuchungen zur Lichtstreuung durch, also wie Licht von den Partikeln in der Atmosphäre abgelenkt wird.

Dabei gibt es eine Korrelation zwischen der Wellenlänge des Lichts und der Intensität der Streuung. Das Sonnenlicht gelangt in unterschiedlichen Wellenlängen in die Erdatmosphäre. Blaues Licht ist kurzwelliger als das rote Licht am anderen Ende des sichtbaren Spektrums und führt zu intensiverem Streulicht. Und alles Licht, das wir außer dem Sonnenlicht sehen, ist Streulicht. Eine merkwürdige Vorstellung, dass der Taghimmel ohne die Atmosphäre aussehen würde wie der sternengesprenkelte Nachthimmel mit einem Feuerball, der darüber hinwegzöge.

Die Lichtstreuung bewirkt auch die warmen Farben des Sonnenauf- und -untergangs. Am Anfang und am Ende des Tages müssen die Sonnenstrahlen eine größere Strecke durch die Erdatmosphäre zurücklegen, das blaue Licht wird herausgefiltert und die weniger gestreuten Wellen mit ihren Rot- und Gelbtönen kommen durch. Auch Schwebeteilchen, die aus der Luftverschmutzung resultieren, beeinflussen die Lichtstreuung. Und da das Ausmaß der Verschmutzung normalerweise am Abend größer ist als am Morgen, wird abends noch mehr blaues Licht herausgefiltert und die Farben des Sonnenuntergangs sind anders nuanciert als bei Sonnenaufgang. Auch der Himmel im Westen sieht ein wenig anders aus als im Osten, wenn das auf Fotos auch kaum wahrzunehmen ist.

Die Blautöne des Himmels hängen von Luftdruck, Luftfeuchtigkeit und dem Grad der Luftverschmutzung ab. In den Bergen und wenn die Luft sehr trocken ist, wirkt der Himmel oft dunkler. Zur Wettervorhersage wurde jahrhundertelang die Klarheit der Luft herangezogen. David Lewis führt an, dass die Polynesier Regen und Wind am Sternenfunkeln vorhersagten. Es steht zu vermuten, dass Zirruswolken hoch oben in der Atmosphäre, die im Allgemeinen an der Vorderflanke eines Frontensystems stehen, die Szintillation beeinflussen.

Marvin Creamer zog in seiner kleinen Kajüte aus einem kleinen Hauch feuchter Luft eine navigatorische Schlussfolgerung größeren Maßstabs: »Zum ersten Mal sahen wir unseren Atem in der Kajüte kondensieren. Kaltluft aus dem Norden konnte sich über dem Meer nicht bilden. Sie musste vom Land kommen, und da die Sonne zu dieser Jahreszeit hoch stand, konnte sie auch nur von sehr hohen Landerhebungen kommen, also von den Bergen, sehr wahrscheinlich einem schneebedeckten Gebirge.«

Der französische Physiker François Aragon (1786 bis 1853) sagte voraus, dass kein seriöser Wissenschaftler, der um seinen Ruf besorgt sei, jemals wagen werde, das Wetter vorherzusagen, ganz unabhängig von jedem wissenschaftlichen Fortschritt. Wegen ihrer Ungenauigkeit ist die Wettervorhersage bis heute eine wenig ernst genommene Wissenschaft. Wetter bildet sich durch Luftdruck, Luftfeuchtigkeit und Temperatur. Das ganze System ist so komplex, dass sich ein kleiner Fehler in der Datenauswertung schnell zu einem großen Irrtum auswachsen und zu einer ungenauen Vorhersage führen kann. Da selbst Meteorologen mit Zugang zu den leistungsstärksten Rechnern der Welt oft irritiert sind, lässt sich leicht vorstellen, wie es einem mit dem natürlichen Kompass ergeht, wenn man versucht, das Wetter zu interpretieren.

Wetter ist ein wichtiger, unumgänglicher Faktor jeder Reise. Dabei ist vor allem das aktuelle und vergangene Wetter von Interesse, nicht eine Voraussage für die kommenden Stunden oder Tage. Gräser biegen sich im Wind der letzten Stunden, Bäume im Wind der zurückliegenden Jahre. An beidem kann sich der Wanderer orientieren, während er gleichzeitig den Wind im Gesicht spürt. Wellen und Dünung sagen dem Seemann, was auf dem Meer los war und gerade los ist – nicht, was in der Zukunft sein wird.

DER WIND

Wie wir wissen, spielt der Wind für den Navigator eine wichtige Rolle. Man muss jedoch bedenken, dass die Sonne die Haupttriebkraft für den Wind ist. Sie heizt die Erdoberfläche je nach dem Einfallswinkel ihrer Strahlen auf – das Land schneller als das Meer –, und so entstehen an Land wärmere Luftmassen. Sie beeinflussen den Luftdruck: Warmluft dehnt sich aus, steigt auf und vermindert den Druck. Durch Kaltluft hingegen entstehen thermische Hochdruckgebiete. Die Atmosphäre ist in ständiger Bewegung, denn die Hochdruckgebiete fließen in die Tiefdruckgebiete ein. Durch das Druckgefälle bildet sich Wind.

Aufgrund der Erdrotation wehen globale Winde über weite Strecken nie als gerade Bänder. Sie werden von der Corioliskraft abgelenkt und zirkulieren um Hoch und Tief, es entstehen sogenannte Zyklone oder dynamische Hoch- und Tiefdruckgebiete, die das Wetter bestimmen. Sie werden von Satelliten erfasst und bilden die Grundlage für die Wettervorhersage.

Man denkt gern, das Wetter sei unberechenbar und willkürlich. Doch die Sonnenwärme ist ziemlich konstant, und auch die Erdoberfläche ändert sich nur unwesentlich, sodass daraus unweigerlich durchgängige Muster entstehen. Klar, an Orten mit geringer Sonneneinstrahlung wie an den Polen ist es üblicherweise kalt, in den Tropen hingegen warm. Aber es gibt sowohl regional als auch global komplexere vorhersagbare Muster.

Ganz wichtig für Atlantiksegler ist das Azorenhoch im subtropischen Hochdruckgürtel des Nordatlantiks, das im Sommer nach Norden wandert. Die Winde zirkulieren im Uhrzeigersinn und bilden den beständigen Nordostpassat, der zur äquatorialen Tiefdruckrinne zieht und Seefahrer – oder auch eine Flaschenpost in der ihn begleitenden Strömung – immer zuverlässig von den Kanarischen Inseln in die Karibik bringt. Winde in niedrigen Breiten sind normalerweise beständiger als in höheren Breiten, und über dem Meer sind sie besonders ausgeprägt. Auf der Südhalbkugel tritt entsprechend der Südostpassat auf.

Die beiden Passate treffen sich in der Innertropischen Konvergenzzone, einem berüchtigten Kalmengürtel etwa zwischen 10°S und 10°N. Ungefähr bei 25° bis 35°N und 25° bis 35°S liegen die Rossbreiten, im Gegensatz zu den Kalmen jedoch ein Hochdruckgebiet. Benannt sind sie wohl nach den Pferden, die die Spanier schlachteten, wenn sie auf dem Weg in die Kolonien wochenlang bei Flaute in diesen Gebieten festsaßen und an Bord Trinkwassermangel herrschte, denn das

Wasser wollten sie nicht auch noch mit den Tieren teilen.

Das globale Wettersystem wird noch von weiteren Faktoren beeinflusst. In Norwegen und Schweden ist es aufgrund des Golfstroms weitaus wärmer als in anderen Gebieten derselben geografischen Breite, zum Beispiel in Südgrönland.

Nach der Konvention werden Winde nach der Himmelsrichtung bezeichnet, aus der sie kommen, nicht nach der, in die sie wehen. Das ist vielen Leuten wenig eingängig und sorgt oft für Verwirrung. Winde bringen Wetter, aber wie Marvin Creamer gezeigt hat, verändern sie sich auch in den Regionen, die sie durchlaufen. Es ist immer gut zu wissen, *wohin* der Wind einen bringen und auch *was* er bringen kann. Frederick Cook schrieb als einer der Ersten über diesen wichtigen Punkt in hohen Breiten: »In dieser hilflosen Eiswüste hängt alles vom Winde ab. Weht Südwind, dann haben wir beständiges, klares, kaltes Wetter; weht Nordwind, dann haben wir eine warme, feuchte Luft mit Schnee und unbeständigem Wetter; weht Ost- oder Westwind, so bringt er einen Sturm und große Massen von Treibschnee; niemals aber legt sich der Wind ganz. Wir haben Wind und immer Wind von allen Himmelsrichtungen. Wegen dieser Bedeutung des Windes, der für den bevorstehenden Tag den Grundton angibt, ist am Morgen unsere erste Frage: ›Was für ein Wind geht?‹«

Dieses Dokument ist zwar schon über hundert Jahre alt, hat aber nichts von seiner Relevanz verloren: Die Richtung bestimmt den Charakter des Windes. In der Antike analysierte man den Wind oft umgekehrt: Aus seiner bekannten Charakteristik leitete man die Richtung ab, aus der er kam.

Die Windrichtung gibt Hinweise auf kurzzeitige Wetterschwankungen, aber auch auf saisonale Bedingungen, vor allem in Regionen mit jahreszeitlich wechselnden vorherrschenden Winden. Die Monsunwinde sind dafür das beste Beispiel. Sie kehren sich im Verlauf eines Jahres zweimal um und bringen den tropischen und subtropischen Regionen, die monatelanger Hitze ausgesetzt waren, den lange ersehnten Regen. In Südasien oder Schwarzafrika beobachtet man daher die Windrichtung zum Jahreszeitenwechsel ganz genau im Hinblick auf die so nötigen Niederschläge.

Da man beim Segeln nicht direkt in den Wind, sondern nur vor dem Wind fahren oder am Wind kreuzen kann, war und ist es wichtig, dem richtigen Wind zu folgen, um sein Ziel zu erreichen. Plinius beschrieb den »Circius« in der Narbonensischen Provinz, dem heutigen Südfrankreich, als den bedeutendsten, weil heftigsten Wind überhaupt, er brachte ein Schiff übers Ligurische Meer direkt nach Ostia. An anderer Stelle ergibt sich zusammen mit einer Entfernungsangabe ein umfassenderes Bild: »Von Carpathus beträgt in südlicher Richtung mit Africus bis Rhodus die Entfernung 50 000 Schritte.« »Africus« war der westsüdwestliche Wind, den es brauchte, um von der Dodekanes-Insel Karpathos in ostnordöstlicher Richtung nach Rhodos zu segeln.

Die Kenntnis der Winde war in früheren Zeiten auch deshalb so wichtig, weil man vor der Erfindung des Kompasses mithilfe der Winde und deren Charakteristika die Himmelsrichtung selbst erfasste. Die alten Griechen wussten, dass der Südwind heiß und trocken war, wenn er aus Richtung des winterlichen Sonnenaufgangs kam (wenige Grad nördlich von Südosten), und er war heiß und feucht, wenn er aus Richtung des winterlichen Sonnenuntergangs wehte (wenige Grad nördlich von Südwesten). Wind und Windrichtung waren ein und dasselbe. Der Nordwind hieß »Boreas«, so wurde auch der Norden selbst bezeichnet.

Der »Turm der Winde« in Athen, ein achteckiges Gebäude aus dem ersten vorchristlichen Jahrhundert, veranschaulicht sehr schön die ganzheitliche Sicht auf die Elemente in der Antike. An den oberen Enden der Außenwände sitzen insgesamt acht Reliefs, auf denen jeweils, und um je 45° versetzt, der entsprechende Wind aus dieser Richtung als Gottheit dargestellt ist: Boreas im Norden, Kaikias im Nordosten, Apeliotes im Osten, Euros im Südosten, Notos im Süden, Lips im Südwesten, Zephyros im Westen und Skiron im Nordwesten. (Der Nordwestwind hieß im antiken Griechenland eigentlich Argestes. »Skiron« ist ein athenischer Begriff, der auf die sturmgepeitschten Skironischen Felsen in der Nähe des gut dreißig Kilometer südwestlich von Athen gelegenen Megara zurückgeht, wo der sagenhafte Straßenräuber Skiron hauste, der seine Opfer ins Meer stürzte, nachdem er sie ausgeraubt hatte.) An jeder Seite war auch eine Sonnenuhr angebracht, im Turm selbst gab es eine Wasseruhr, mit der die Zeit gemessen werden konnte, wenn die Sonne nicht schien. Somit dokumentiert ein einziges kleines Bauwerk das Zusammentreffen von Wind, Wasser und Sonne.

Die Kenntnisse über die acht Winde führten zur Entwicklung der Windrose oder des »Windkompasses« – der Begriff ist ein wenig missverständlich, weil bei diesem Kompass lediglich Informationen über die Winde dargestellt waren, er fand die Himmelsrichtungen nicht selbst. Das war ein logischer Schritt für Menschen, die sich sehr auf die Windrichtung verließen. Die verschiedenen Winde, ihre Temperatur, ihre Feuchtigkeit, ja selbst die Farbe des Staubs, den sie in der Sahara nahe Länder brachten, wurden zunehmend mit der Himmelsrichtung in Verbindung gebracht. Jedenfalls war der Windkompass der Vorläufer der Kompassrose, die man auf historischen, zum Teil aber auch noch auf modernen Seekarten findet.

Noch heute kann man sich die Charakteristika der Winde zunutze machen, um den Zusammenhang zwischen Wetter und Windrichtung zu erfassen. Ändert sich die Temperatur oder die Stärke des Windes, hat er mit hoher Wahrscheinlichkeit gedreht. Spürt man einen jahreszeitlich zu kalten oder zu heftigen Wind, kommt er eher nicht aus der vorherrschenden Windrichtung. An manchen Orten lassen sich Gerüche mit bestimmten Wetterbedingungen in Zusammenhang bringen. In Großbritannien kommen die kältesten Winde meist aus Nordosten. Wenn in dieser Richtung etwas liegt, das einen unverwechselbaren Geruch verströmt, beispielsweise das Meer, kann man die Windrichtung bestimmen und – wie eine meiner Kursteilnehmerinnen – im Winter sogar vorhersagen, ob Schnee kommt.

Dreht der Wind, wird sich aller Wahrscheinlichkeit nach auch das Wetter ändern. Mit etwas Aufmerksamkeit sind solche Tendenzen leicht festzustellen. Kleine Wechsel in der Windrichtung sind über den Tag gesehen normal, wesentliche Veränderungen im Wind aber bringen auch große Wetterveränderungen mit sich. Ich kann mich an ein einziges Mal erinnern, als ein starker Wind in kurzer Zeit um 180° drehte; der blaue Himmel verschwand hinter Regen und dicken Wolkenbänken. Das liegt am Zusammenspiel von Hoch- und Tiefdruckgebieten, die neue Wetterfronten bringen.

Eine Wetterfront ist die Grenze zwischen zwei Luftmassen unterschiedlicher Dichte und Temperatur. Ein kaltes Tief zieht einen Kaltluftkeil hinter sich her. Das

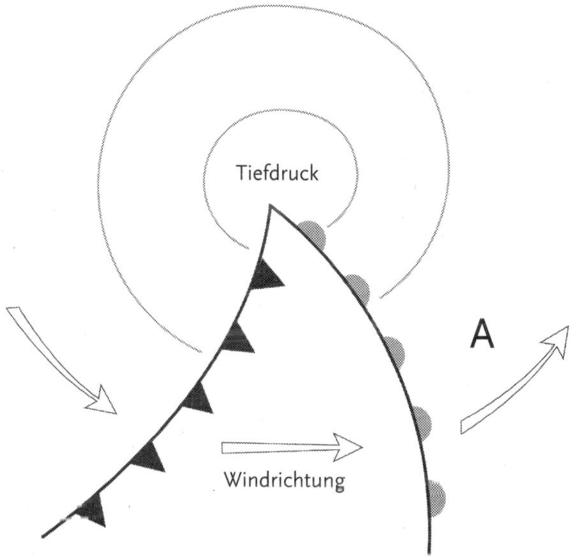

Ein Tiefdrucksystem mit einer Kalt- und Warmfront in der nördlichen Hemisphäre

Diagramm auf der vorigen Seite zeigt ein typisches Tiefdruckfrontensystem (Sturmtief) und die Windrichtungen, die mit jeder Frontpassage drehen.

Stellen Sie sich vor, Sie stehen an Punkt A, dann erleben Sie normalerweise folgende Veränderungen: Wenn sich die Warmfront nähert und über Sie hinwegzieht, folgt hohen, fedrigen Zirruswolken eine dünne Schicht Zirrostratuswolken, die immer dicker wird, während dunkle Altostratuswolken sie ersetzen. Als Nächstes überzieht eine noch dunklere dicke, schwere Nimbostratusdecke den Himmel und bringt anhaltende Regenfälle. Nach Durchzug der Warmfront dreht der Wind von Südwesten nach Westen, die Bewölkung lockert auf, die Temperatur steigt. Kommt dann die Kaltfront, dreht der Wind nach Nordwesten, es entstehen wirbelnde Kumulus- und Unwetterwolken, die Schauer und Gewitter bringen.

Winde über dem Meer haben sich nur mit Luftdruck- und Temperaturunterschieden zu arrangieren, über dem Land aber müssen sie Kompromisse schließen. Auf weiten Ebenen kann der Wind ungehindert wehen, sobald aber das Land ansteigt, muss er sich anpassen, wie Apsley Cherry-Garrard herausfand: »Als wir die Wellen überquerten, die vom Berg hinab in die echten Druckrücken zu unserer Rechten ausliefen, stellten wir fest, dass der Wind, der vom Berg herunterkam, den Kamm der Wellen strich und, zu beiden Seiten hin abgelenkt, auf der einen Seite eine nordöstliche, auf der anderen eine nordwestliche Brise erzeugte.«

Kurzfristig gewinnt immer das Land, über die Jahre aber hat der Wind einen entscheidenden Vorteil, denn anders als bei Hügeln und Bergen ist die Quelle, aus der er sich bildet, unerschöpflich. Er führt oft auch andere Elemente wie Regen und Schnee mit sich. So bringt, nach Harold Gatty, der winterliche Südwestwind in der Region Palouse im Osten des Staates Washington Schnee, der sich gleichmäßig auf die Südwesthänge legt, sich an den Nordostflanken aber in Wechten sammelt. Im Lauf der Zeit wurden die Südwestseiten der Hügel im Gegensatz zu den steilen Nordosthängen sehr viel flacher, was man auch ohne Schnee gut sieht.

Wie gesagt, wenn man die vorherrschenden Winde einer Region kennt, kann man sich sehr viel leichter orientieren. Die windzugewandte Seite einer Erhebung ist der Erosion stärker ausgesetzt, während sich auf der windabgewandten Seite eher Sand, Schnee, Staub und Laub sammeln; daraus kann man auf die Windrichtung schließen. Einmal fand ich am Feldrain auf einer Seite eines Hügelkamms einen schmalen Saum trockener Blätter und Getreidespelzen, die in den Windschatten des Hügels geweht worden waren. Die Verlängerung dieser Linie über den Hügelkamm hinaus deutete in die vorherrschende Windrichtung, in diesem Fall nach Südwesten.

Wer sich anhand des Windes orientieren will, wird sich schnell eines seltsamen Widerspruchs bewusst. Wegen seiner relativen Unbeständigkeit ist der Wind die am wenigsten verlässliche Navigationshilfe, und doch ist er die letzte, die sich unseren Sinnen entzieht. Schließen Sie die Augen und drehen Sie sich so, dass Sie den Wind gleichmäßig auf beiden Wangen spüren und auf beiden Ohren hören. Strecken Sie nun den Arm in diese Richtung aus, öffnen Sie die Augen und suchen Sie nach einem auffälligen Punkt in der Ferne. Diese Landmarke wird Ihnen, solange sie sichtbar ist, genau die Windrichtung bezeichnen.

Gemeinhin führt die Orientierung im Gelände anhand naturgegebener Faktoren am Anfang nicht zu Verwirrung und Verunsicherung, sondern zu Erfolgserlebnissen. Viele sind überrascht, wie leicht und schnell sie den Weg finden, dann aber genauso schnell bestürzt, weil alles sehr viel schwieriger wird, wenn die natürlichen Wegweiser hinter Bäumen oder Hügeln verschwinden. Ein klassisches Beispiel: Sie gehen bei klarem Wetter und guter Sicht bergab und kommen in einen dichten Wald, wo Sie nicht weiter als 15 Meter sehen. In dieser Situation schenkt selbst eine leichte Brise in den Bäumen Sicherheit und neues Vertrauen. Sie mag zwar keine präzise Richtungsangabe sein, aber es ist immerhin ein Anfang. Hat man den Wind jedoch stundenlang ignoriert, kann man sich davon keine große Hilfe erwarten. Aber wenn man schon von Anfang an auf seine Richtung geachtet und diese mit anderen Hinweisen abgeglichen hat, wird der Wind einen dafür belohnen, noch lange nachdem die Sonne, die Bäume, die Topografie als Wegweiser ausgefallen sind.

Ein Segler muss immer auf die Windrichtung relativ zu seinem Boot achten. Die Segel können perfekt zum Wind stehen, wenn der aber dreht, nützt alles nichts mehr. Ist der Skipper mit dem Wind von achtern zu nachlässig, kann ein Fun-Törn leicht in eine lebensbedrohliche Situation umschlagen. Dreht der achterliche Wind von einer Seite zur anderen (oder schwenkt das Bootsheck und geht durch den Wind), kann es zu einer unbeabsichtigten Halse kommen, einer sogenannten Patenthalse, bei der der Großbaum mit dem Hauptsegel plötzlich unkontrolliert und mit solcher Geschwindigkeit und Wucht auf die andere Seite schlägt, dass jeder, der dort im Weg steht, sich wünschen würde, er hätte »nur« einen Baseballschläger an den Kopf bekommen.

Der Skipper weiß deshalb, dass er seinen Kurs zum Wind halten und die Segel entsprechend trimmen muss. Eine plötzliche Veränderung der Windrichtung ist wenig wahrscheinlich und wenn, dann wird sie von weiteren verräterischen Wetterboten wie heftigen Böen begleitet. Normalerweise dreht der Wind nur allmählich und kaum merklich, und das kann problematisch werden. Daher haben die Spezialisten in Ozeanien gelernt, auch immer auf andere Hinweise zu achten – auf Sonne, Sterne und die Dünung. Die Motu in Papua-Neuguinea hielten ihren Kurs immer zum Wind und zu einem Leitstern. Eine lange Stange mit einem Wimpel aus Rinde oder Federn wurde zum Stern hin ausgerichtet und befestigt. Jede Kursänderung relativ zum Wind oder Stern konnte durch diese wunderbare Erfindung, das *kino kino*, schnell ausgeglichen werden, wie David Lewis schildert.

Die Winde, die ich hier angesprochen habe, sind Teil der globalen Wettersysteme, aber es gibt auch lokale Winde, die der Navigator kennen muss. Land- und Seewinde entstehen im Zusammenspiel der Temperaturen von Küste und Meer. Bei Tag heizt die Sonne das Land schneller auf als das Wasser. Die warme Luft dehnt sich aus, kann aber nicht aufs Wasser hinaus, weil dort die

Luft kühler und dichter ist; ins Land hinein kann sie auch nicht, weil sich dort die Luftmassen ebenso aufheizen und ausdehnen. Also steigt sie auf und hinterlässt ein Tiefdruckgebiet, in das kühlere Seeluft einfließt: der Seewind. Nachts kühlt das Land schneller ab als das Meer, der Prozess kehrt sich um, es weht ein Landwind.

Berge leiten Winde nicht nur, sie erzeugen auch selbst welche. Von sonnigen Berghängen steigt tagsüber Luft auf, und bergauf fließende, sogenannte anabatische Winde strömen nach. Wenn die Oberfläche des Berges kälter ist als die ihn umgebende Luft, wenn er etwa eis- oder schneebedeckt ist, kühlt die Luft ab, wird dichter und fällt ab. Das sind dann ablandige Fallwinde oder katabatische Winde.

Einige davon haben eigene Namen und sehr spezielle Charakteristika. Die Bora (vom griechischen *boréas* für »Nordwind«) ist ein böiger, kalter Wind, der von den Nordostalpen an die Adriaküste Italiens, Sloweniens und Kroatiens weht. Er kann so stark sein, dass er Menschen fortreißt und sogar Autos umwirft. Unter vergleichbaren Bedingungen kommt er auch am Schwarzen Meer, in Skandinavien und Japan vor.

Noch bekannter ist der Mistral, der aus Nordwesten durchs Rhônetal fegt. Dabei wird bei hohem Luftdruck die Polarluft, die in ein Tiefdruckgebiet einströmt, zwischen Alpen und Pyrenäen hindurch in den Mittelmeerraum gelenkt.

Ein weiterer bekannter, allerdings warmer Fallwind ist der Föhn im Voralpenraum. Er kommt von Süden und lädt die Feuchtigkeit, die er über dem Mittelmeer aufgenommen hat, an den kalten Alpenhängen ab. Dann weht er als warmer, trockener Wind in die leeseitigen Täler. Er kann gesundheitliche Beschwerden hervorrufen, von Kopfschmerzen über Schlafstörungen bis hin zu Herz- und Kreislaufproblemen.

Ihr Ruf eilt diesen Winden also voraus, und man wird sie kaum ignorieren können. Bei der Verwendung des natürlichen Kompasses muss man aber auch auf leichtere regionale Winde an Hügeln oder Küsten achten und sie mit anderen Hinweisen korrelieren, um sie zu nutzen, wenn keine anderen Orientierungsmöglichkeiten mehr bestehen. Der Wind weht immer weiter, auch wenn unsere Reise, in jeder Hinsicht, beendet ist. Die Buschmänner in der Kalahari sagen: »Wenn wir sterben, verweht der Wind unsere Fußspuren, und dann sind wir wirklich tot.«

DIE WOLKEN

Wolken sind niemals statisch, sie werden nach ihrer flüchtigen Form und Erscheinung definiert, können aber, wie große Blätter in einem unsichtbaren Fluss, viel Aufschluss über die Luftbeschaffenheit und -bewegung geben.

Die Sonne heizt das Wasser auf, es verdampft, die warme, feuchte Luft steigt auf und dehnt sich aus. Dabei kühlt sie wieder ab, und weil Kaltluft weniger Wasserdampf halten kann als Warmluft, ist die Luft irgendwann gesättigt und kondensiert zu einer Wolke. Je nach Lufttemperatur, die selbst wiederum von der Höhe abhängt, wird die Feuchtigkeit als Wassertropfen oder Eiskristalle sichtbar. Die Form einer Wolke wird von fast allen Faktoren bestimmt, die Einfluss auf die Atmosphäre haben: Sonne, Mond, Wasser, Land, Luft, menschliche und tierische Aktivitäten. Kein Mensch und kein Computer vermag exakt vorherzusagen, welche Wolkenformation wir zu einem bestimmten Zeitpunkt sehen werden.

Außer bei bildenden Künstlern, Dichtern und Schriftstellern wie Gavin Pretor-Pinney, der 2005 die Cloud Appreciation Society gründete, beschränkt sich der Blick in die Wolken gewöhnlich auf die gängigen Formen, denn sie sagen etwas über die aktuellen und, unter ganz bestimmten Umständen, auch etwas über künftige Wetterbedingungen aus.

Die Wolken ermöglichen dem Beobachter, die Stabilität oder Instabilität der unsichtbaren Luft zu beurteilen. Eine waagerechte Linie wolliger Schäfchenwolken, die sich über den blauen Himmel zieht, so weit das Auge reicht, verheißt stabiles und schönes Wetter. Eine hohe Wolke bildet sich durch instabile, schnell aufsteigende Luftsäulen und deutet auf unbeständiges, eventuell stürmisches Wetter hin. Wolkenformen sind für den Anwender des natürlichen Kompasses besser verständlich als meteorologische Fachbegriffe, und wenn man sie mit der Windrichtung kombiniert, lassen sich ziemlich gute kurzfristige Wettervorhersagen treffen. Konstanter Wind ohne aufwärtsgerichtete Wolkenbewegungen verspricht beständigeres Wetter als eine Bank sich jagender Riesenwolken und als ein Wind, der spürbar gedreht hat.

Längerfristige Voraussagen kann man durch Erfahrung und Kenntnis der Wolkenformationen machen.

Wenn man eine einzelne Wolkengattung sieht, ist es kaum möglich, über ein paar Stunden hinaus zu planen, doch die Aufeinanderfolge verschiedener Wolken zeichnet ein umfassenderes Bild. Ein paar Zirruswolken am Himmel sagen nicht viel aus, aber gefolgt von Zirrostratus und Altostratus gehen sie einer Sturmfront voraus. Diese Wolkenfolge in Verbindung mit Veränderungen bei der Sicht war schon vielen Reisenden eine Warnung. Die amerikanische Reiseschriftstellerin Gretel Ehrlich beobachtete auf einer Hundeschlittentour durch Grönland, dass bei einem Halo um die Morgensonne schlechtes Wetter drohte.

Als Nächstes muss man die Windrichtung beachten sowie die Richtung, in die sich die Wolken scheinbar bewegen. Für den natürlichen Navigator gibt es bei den Wolken zwei und beim Wind drei Hauptebenen: den Wind, den man am Boden spürt; den Wind, der die unteren Wolkenschichten bewegt; und den Wind auf der Ebene der hoch gelegenen Wolken. Meist wehen diese Winde in unterschiedliche Richtungen, die Unterschiede sind jedoch minimal. Wolken in verschiedenen Höhen können also den Eindruck erwecken, als zögen sie in unterschiedliche Richtungen. Auf der höchsten Wolkenebene ist diese Bewegung als Wellenmuster erkennbar. Das sind gemeinhin keine »Wetterwolken«, sie ziehen in viel größerer Höhe als Regenwolken über den Himmel. Schaut man zu den Kondensstreifen von Flugzeugen, sieht man auf dieser Ebene reine Eiswolken: die fein gewobenen Zirruswolken. Die Höhenwinde, die Jetstreams, wehen normalerweise über einen längeren Zeitraum aus der vorherrschenden Windrichtung als die niedrigen Winde und mäandrieren auf der Nordhalbkugel für gewöhnlich von Westen nach Osten.

Die niedrigen Wolken sind im Allgemeinen flockige Kumuli und Stratuswolken mit ihren strukturlosen Schichten, die sich wie eine Decke über das Land legen. Manchmal sind sie so niedrig, dass sie als Dunst oder Nebel auftreten – wobei Nebel einfach nur dichter Dunst ist. Geraten Sie beim nächsten Nebel in so eine Suppe, sollten Sie in den Himmel blicken. Es ist erstaunlich, wie oft man durch den Nebel in einen blauen Himmel sehen oder hoch gelegene Wolken entdecken kann, die bei der Orientierung helfen. Wie ich selbst schon erfahren musste, kann der Nebel einen Piloten auf Sichtflug manchmal kalt erwischen. Die Landebahn ist erst deutlich sichtbar, doch nach wenigen Minuten, beim Landeanflug, ist sie aus dem Blick verschwunden, obwohl die Sicht selbst nicht schlechter geworden ist. In Dunst und Nebel ist die Sicht immer vom Winkel abhängig. Blickt man waagerecht durch eine dünne Schichtwolke, wird sie zu dichtem Nebel.

Die niedrigen Wolken bewegen sich in einer Höhe von ein paar Hundert Metern bis zu wenigen Kilometern. Sie wandern in einem leicht veränderten Winkel zur Richtung des Windes, den man am Boden spürt. Das kann verunsichern, weil beide Winde aus derselben Richtung kommen, die Reibung an der Erdoberfläche den Wind am Boden aber umlenkt. Auf der Nordhalbkugel bewegt er sich dann nach »hinten«, also gegen den Uhrzeigersinn. Von oben gesehen scheint er beim Kontakt mit der Erde, die ihn bremst, nach links zu gleiten – denn der Wind zirkuliert um das Zentrum eines

Tiefdruckgebiets, und wird er langsamer, zieht es ihn mehr in dieses Zentrum hinein. Der Winkel zwischen dem Wind in Bodennähe und dem »Wetterwind« hängt auch vom Standort ab. Auf dem Wasser, wo die Reibung geringer ist, beträgt er etwa 15°, an Land aber 30° und mehr. Mit diesem Wissen fühlt man sich schon wohler, wenn man wahrnimmt, wie die Richtung des Windes, der in unser Gesicht weht, und die Richtung der Wolken am Himmel auseinanderdriften.

Wolken helfen uns, an Land und auf See den Weg zu finden, sie hängen über Bergen und Inseln und verheißen Land hinterm Horizont. »Mögen die Gipfel Hawaiis in den Wolken stecken!«, heißt es in einem *fangu*, einem Lied von den Tuamotu-Inseln Französisch-Polynesiens.

Auch wenn Wolken nicht über einer wichtigen Landmarke stehen, können sie zeitweilig als Führer dienen. Marvin Creamer korrigierte seinen Kurs an einem drehenden Wind, nachdem er gesehen hatte, wie eine »auffallend lange und schwere Wolke von Backbord nach Steuerbord zu driften schien«.

Auch Roald Amundsen folgte auf seinem Weg zum Südpol einer ähnlichen Methode: »Heute hatte ich das Amt des Vorläufers, und ich machte mich rasch auf den Weg. Jetzt war es nicht mehr schwer, die Richtung einzuhalten, ich konnte mich nach wunderschönen Wolkengebilden richten, und alles ging ganz mechanisch vor sich.«

Pioniere wie die Wikinger mussten lange Reisen in Kälte und unter einem verhangenen Himmel aushalten, doch die Wolken brachten auch ausreichend Trinkwasser – was Seefahrer in wärmeren Zonen wie dem Mittelmeer oft lange missen mussten. In gemäßigtem Klima werden Reisen meistens im Sommer unternommen, um dem Regen zu entgehen, aber in den Wüsten verzichten die Menschen in den Monaten mit gleißender Sonne und wenigen Wolken darauf, weite Strecken zurückzulegen, sie schränken sogar ihre Sozialkontakte ein. In der ausgedörrten Kalahari gilt Regen als etwas Magisches, ja fast Heiliges. »Triffst du auf eine hässliche Frau, machst du selbst die schön!«, heißt es vom Himmelswasser.

Wolken treten nie vereinzelt auf, denn sie sind Manifestationen unsichtbarer Faktoren in der Erdatmosphäre wie Temperatur, Feuchtigkeit, Wind. Um darüber nachzudenken, gibt es wohl keinen geeigneteren Ort als die spirituelle Heimstatt ganzheitlichen Denkens: Kalifornien. Die Sonne über dem Pazifik heizt das Wasser auf, die warme, saturierte Luft weht vom Meer her an die Küste und bildet dichte Nebelbänke. Diese niedrigen Wolken hüllen das Land ein und teilen ihr Wasser mit den an der Küste wachsenden Mammutbäumen. Das Wasser läuft von den Redwoods ab, tränkt den Waldboden und macht ihn fruchtbar für das Leben dort. Die enge Beziehung zwischen Erde und Himmel, dieser Kreislauf, den man an den Wolken beobachten kann, schließt sich mit den Redwoods – sie werden über hundert Meter hoch und bis zu 1500 Jahre alt.

SIEBTES KAPITEL

Gewohnheitstiere

Wir sind die einzigen Vertreter des Tierreichs, die Navigationsinstrumente zur Hand nehmen, alle anderen finden ihren Weg mit eindrucksvoller Natürlichkeit. Ihre bemerkenswerten Wanderungen faszinieren uns – und doch stellen sie unsere Fähigkeiten als Spezies auch irgendwie in Frage.

Wenn Bienen zu ihrem Stock zurückkehren, erkennen ihre Artgenossen am mitgebrachten Pollen, welche Pflanzen sie besucht haben. Natürlich werden Bienen vom Hunger getrieben und von dem Bedürfnis, sich Energie zuzuführen – und nichts anderes führte auch die Menschen auf ihre ersten Entdeckungsreisen. Doch neben großen Migrationsbewegungen, um dem Hungertod zu entgehen, kann man sich auch leicht einen abenteuerlustigen Händler vorstellen, der von einer Reise mit dem glitzernden Klumpen eines Materials zurückkehrt, das man in seiner Heimat noch nie gesehen hat. Dieses teuer geschätzte und handelbare Gut wird dann noch mehr ehrgeizige Abenteurer auf den Weg bringen. In der Antike verbanden Handelsbeziehungen Nordeuropa und den Mittelmeerraum. Der Bedarf an

Salz und der Wunsch nach Edelmetallen gab wahrscheinlich den Ausschlag für die ersten Seereisen.

Männliche Motten legen auf der Suche nach Weibchen große Entfernungen zurück. Manche Vogelarten ziehen Tausende Kilometer weit, um zu brüten. Fortpflanzung ist im Tierreich ein starkes Movens für die Wanderung, dabei werden selbst die größten natürlichen Hürden überwunden. Auch bei den Menschen war das so. Im 18. Jahrhundert kamen Forschungsreisende mit extravaganten Tätowierungen und Geschichten über ein freizügiges Sexualleben im Pazifik, etwa auf Tahiti, zurück. Tätowierungen wurden schnell Teil der Seemannskultur, und die Kapitäne hatten keine Not, Mannschaften für Fahrten in den Pazifik anzuheuern. Fletcher Christians Meuterei auf der *Bounty* und seine anschließende Flucht 1790 auf die Insel Pitcairn, die er und seine Gefährten besiedelten, ist vordergründig eine Geschichte über Disziplin auf See, im Grunde aber ging es eher um Sex und Liebe.

Wanderungen sind die größten Leistungen im Tierreich, aber auch der Heimkehrinstinkt ist ein starker Impuls. Für Tiere wie für Menschen war und ist die Rückkehr immer ein wichtiger Teil der Reise. Manch eine Wanderung ist völlig unerklärlich. In einem Experiment wurde 1952 die Heimkehrfähigkeit an einem Schwarzschnabel-Sturmtaucher getestet. Man brachte den Vogel aus seiner Heimat auf der Insel Skokholm vor der walisischen Küste mit dem Flugzeug nach Boston. In zwölfeinhalb Tagen fand er den Rückweg über 5500 Kilometer. Das ist nicht nur ziemlich schnell, sondern zeigt auch, dass er »wusste«, wohin er fliegen musste. Selbst wenn man diesen Instinkt nicht ganz erklären kann, ist es faszinierend, was damit möglich ist.

Es gibt die verblüffendsten Geschichten über Tiere. Als Kind war mein Liebling ein Zwergschnauzer namens Muffles. Ein kleiner, struppiger Hund, klug, aber mit schlechten Augen und einem noch schlechteren Geruchssinn – er konnte kaum ein Stück Schokolade finden, das einen Meter von seiner Nase entfernt war. Einmal sprang er auf der Isle of Wight aus dem Auto und war weg. Nach drei Tagen hektischer Suche begannen wir das Schlimmste zu fürchten. Doch am nächsten Tag tauchte er vor dem Haus einer Freundin meiner Schwester auf, wo er noch nie gewesen war – fünf Kilometer von dem Punkt entfernt, wo er weggelaufen war.

Tiere helfen uns auf zwei Arten. Wir können ihr Verhalten beobachten und daraus Schlüsse ziehen, aber auch ihre Techniken untersuchen und versuchen, sie nachzuahmen.

Kein Tier ist ganz unabhängig von den anderen Geschöpfen in seinem Lebensraum, und ob wir es zugeben oder nicht: Wir alle beeinflussen uns gegenseitig. Man muss nur die Kettenreaktion bei Tieren beobachten, wenn man sich in einem abgelegenen Gebiet bewegt. Manche Tiere sind bekannt für ihre Reaktionsgeschwindigkeit und Schnelligkeit, auf die wiederum die langsameren Tiere reagieren; erst flattern Vögel auf, kurz darauf fliehen die Säugetiere. In der Natur ist dieser Effekt, diese sich allmählich ausbreitende Wirkung, ein vorherrschendes Muster. Menschen haben mithilfe von Tieren das Verhalten anderer Menschen, vor allem ihrer Feinde, interpretiert – ein alter Trick, den auch Jim

Hawkins, der jugendliche Held aus der *Schatzinsel*, kannte: »Plötzlich aber begann es sich unter den Schilfgewächsen zu regen. Eine Wildente flog quakend auf, eine zweite folgte, und bald erfüllte eine große Wolke schreiender, ängstlich umherflatternder Vögel die Luft über dem Sumpf. Ich dachte mir gleich, dass einer meiner Schiffsgefährten sich längs des Randes des Sumpfes nähern müsse [...]. Dieser Umstand erfüllte mich mit solchem Schrecken, dass ich mich unter die nächste Lebenseiche verkroch und dort, still wie eine Maus, der weiteren Entwicklung der Dinge harrte.«

Vögel warnen die Menschen in der Kalahari vor Schlangen, aber sie führen sie auch zum Wasser.

Im 18. Jahrhundert brachte der Schweizer Naturforscher Charles Bonnet (1720–1793) ein paar Ameisen mit nach Hause und beobachtete, wie sie zwischen einem Zuckerhäufchen an der Tischkante und ihrem »Ameisenhaufen« hin- und herwuselten. Er wollte wissen, wie sie ihren Weg so zielsicher fanden, und begann die Umgebung zu manipulieren. Licht schloss er als bestimmenden Faktor aus. Mit dem Finger strich er über die Ameisenstraße, verursachte kurzzeitigen Aufruhr und stellte dann fest, dass die Tiere auf die Stoffe auf der Tischoberfläche reagierten, ihren Weg also am Geruch fanden, den andere Ameisen hinterließen.

Viele Orientierungstechniken aus dem Tierreich sind uns vertraut. Karibus und Gnus folgen naturgegebenen Wegen wie Flüssen, Tälern, Graten, während Lemminge zu den Bergen streben, wenn sie über gefrorene Seen wandern. Tölpel wurden aus ihrem Habitat entfernt, wieder freigelassen und vom Flugzeug aus beobachtet. Sie erkunden die neue Region, suchen Orientierungspunkte und fliegen dann zielgerichtet nach Hause. Tauben meiden Flüge über Wasser, sie orientieren sich auf dem Nachhauseweg an Landmarken.

Papageienfische, Sandfliegen, Vögel, Käfer, Bienen und viele andere Tierarten orientieren sich an der Sonne. Experimente lassen vermuten, dass Vögel einen inneren Sonnenkompass haben, der sie mit einer Genauigkeit von plus/minus 5° nach Hause führt. Bienen sind die interessantesten Sonnennavigatoren, weil sie zudem mit ihrem charakteristischen Tanz anderen Bienen die Richtung der Futterquelle relativ zur Sonne kommunizieren. Eine senkrechte Aufwärtsbewegung heißt zum Beispiel: »Flieg in Richtung Sonne«, während eine senkrechte Abwärtsbewegung das Gegenteil bedeutet. Ihre Tänze sind so komplex und hoch entwickelt, dass der Winkel zur Sonne genau dargestellt werden kann. Es ist wirklich faszinierend, dass Bienen in dieser Hinsicht effektiver miteinander zu kommunizieren verstehen als wir.

Menschen haben offenbar auch nicht das Monopol auf den Schattenstab, Vögel orientieren sich ebenfalls am Schatten. Der »Stab« mag für eine Taube allerdings ein zwanzig Meter hoher Baum sein. Nach Galler und Schmidt-Koenig kann sie auf diese Weise in einem bestimmten Zeitraum eine sechsmal größere Veränderung wahrnehmen, als wenn sie die Sonne selbst beobachten würde, denn Schatten vergrößern die Effekte des Sonnenbogens für Tauben ebenso wie für Menschen.

Nachts wird die Sache auch für den Navigator aus dem Tierreich schwierig, aber seine Wanderung ist mit dem Sonnenuntergang nicht zu Ende. Schwarzkäppchen und Grasmücken haben bei Experimenten in einem Planetarium problemlos ihren Weg gefunden, auch Stock- und Krickenten orientieren sich an den Sternen. Und der Eulenfalter nimmt offenbar zusätzlich den Himmelsäquator zu Hilfe.

Der Mond ist eine so wichtige Erscheinung am Nachthimmel, dass es erstaunlich wäre, wenn Tiere ihn nicht nutzten. Frühe Theorien darüber waren allerdings ein wenig abstrus. So erklärte Francis Godwin, Bischof von Hereford, im 16. Jahrhundert, Schwalben und andere Vögel, die die Kälte nicht vertragen, würden am Ende des Sommers zum Mond fliegen. Jüngere Studien ergaben, dass Mistkäfer sich an polarisiertem Mondlicht orientieren. Sandflöhe änderten die Richtung, wenn man mit einem Polarisationsfilter das Himmelslicht umlenkte, und orientierten sich um etwa 180° versetzt, wenn man den Normalzyklus von Tag und Nacht um zwölf Stunden verschob.

Das Band zwischen Tieren und Himmelskörpern scheint breit und eng geknüpft zu sein. Immer spielt dabei auch ein Gespür für die Zeit eine Rolle. Manche Tiere haben laut Robin Baker (1980) eine so genaue innere Uhr, dass sie im Verlauf eines Tages nur fünf Minuten abweicht. Dabei gibt ihnen auch der Mond die Zeit an. Die Fortpflanzung des Ringelwurms Samoa-Palolo ist an den Phasenwechsel des Mondes gebunden, sie findet kurz nach dem dritten Mondviertel im Oktober und exakt einen Zyklus später noch einmal statt.

Doch trotz vieler neuer Erkenntnisse über die Orientierung der Tiere bleiben viele Fragen offen. Vögel navigieren bei Langstreckenflügen unter anderem anhand der Windrichtung – doch fliegen sie auch, wenn es verhangen und neblig ist und sie nichts sehen? Schnecken finden ihren Weg über verhältnismäßig weite Strecken, etwa ein paar Hundert Meter – aber warum verlieren sie die Orientierung, wenn man sie in eine Schachtel setzt und schüttelt?

Auf dem Weg von Norwegen nach Grönland orientierten sich die Wikinger zum einen an den Shetland-Inseln, zum anderen mussten sie sich nahe der Südküste Islands halten, um den Sichtkontakt zum Land nicht ganz zu verlieren. Dabei beobachteten sie auch das maritime Leben, Seevögel und Wale etwa, die die krillreichen, seichten Gewässer am Kontinentalschelf bevölkern. Flora und Fauna waren für Seefahrer schon immer große Navigationshilfen.

Delfine halten sich lieber in tieferem Wasser auf. Joshua Slocum (1844–1909), der als Erster einhand die Welt umrundete, orientierte sich an Tümmlern, um sicherzugehen, dass er weit genug von der Küste entfernt war. Für Einhandsegler sind diese Tiere wirklich ein Geschenk Gottes, denn in Regionen mit nur wenigen anderen Tierarten sind sie eine dankbare Gesellschaft. Sie scheinen die Einsamkeit der Menschen zu spüren und tauchen immer im richtigen Augenblick auf.

Tierbeobachtungen nehmen in allen Fahrtenberichten breiten Raum ein. Manchmal sind es nur sehr schlichte Erkenntnisse: Manche Seeleute stellten fest, dass einzelne Vogelarten an bestimmten Felsen nisten, andere berichteten trocken, man bekomme die Tiere zu Gesicht, wenn man ihr Revier passiere. Doch es gibt auch sehr präzise Beobachtungen.

Mit der *pookof*-Methode, die Stephen Thomas auf der mikronesischen Insel Satawal bei dem Seemann Mau Piailug studieren durfte, hat die Navigation mithilfe von Tierbeobachtungen eine neue Stufe erreicht. Neben den Sternen und dem Wind orientierte sich Mau am Vorkommen bestimmter Tierarten und an einzelnen Exemplaren, die er zu unterscheiden wusste – von einem kleinen Vogel bis hin zu einer Schule Killerwale. So gab es einen Rochen mit einem roten Fleck hinter den Augen, einen Fregattvogel, der hoch in den Himmel aufflog, einen Makrelenhai, der sich immer träge durchs Wasser bewegte … Das ist für Polynesier allerdings nicht außergewöhnlich, auch andere haben bestätigt, dass sie sich an einzelnen Tieren orientieren.

VÖGEL

In der Seefahrt weiß man seit Jahrtausenden, dass Vögel die Nähe von Land verraten. Doch sie hatten wohl schon weitaus früher Einfluss auf Wanderungsbewegungen, indem sie neues Land verhießen. Dabei spielte ihr saisonales, nicht ihr alltägliches Verhalten eine Rolle. Schwärme bestimmter Vogelarten zogen mit zuverlässiger Regelmäßigkeit zu bestimmten Jahreszeiten hinaus in die Welt und führten möglicherweise die ersten Erkundungs- und Entdeckungsfahrer auf ihrem Weg.

In zwei verschiedenen Teilen der Welt beobachtet man Vogelzüge ganz genau. Im Pazifik gibt es herausragende Beispiele, wie die Routen des Goldregenpfeifers und des Borstenbrachvogels zwischen Tahiti und Hawaii. Interessant ist, dass die Route, die die Maori zwischen dem 13. und 14. Jahrhundert von Tahiti nach Neuseeland nahmen, um die Inseln zu besiedeln, dem Flug des Langschwanzkoel folgte, der auf Neuseeland brütet und im Winter zu den Westpazifischen Inseln zieht.

Man weiß, dass irische Kuldeer-Mönche schon im sechsten Jahrhundert regelmäßig zwischen Irland und Island unterwegs waren. Wie sie Island damals überhaupt gefunden hatten, ist jedoch nicht bekannt, möglicherweise hatten sie darüber bei Plinius, Solinus oder Martianus Capella gelesen, wie Eva G. R. Taylor vermutete. Die Reisen der Mönche folgten jedenfalls der Route der Ringelgänse. Schar um Schar zogen diese Vögel von ihren Nistplätzen, beispielsweise in der Shannon-Mündung, gen Horizont über den Himmel. Ihre jährliche Abwanderung war wohl ein nachdrücklicher Hinweis darauf, dass in dieser Richtung Land liegen musste, und sehr wahrscheinlich waren ihre Zugrouten für die Mönche eine navigatorische Hilfe. Ohnehin waren Mönche für solche Pionierfahrten prädestiniert. Wenn sogar Gänse in neues Land zogen, fühlten sich die Diener Gottes vielleicht verpflichtet, sein Wort auch dort zu verkünden … Sicherlich halfen ihnen ihr Glaube und ihre Geduld auch, wenn sie im kalten Nordatlantik unter einem verhangenen Himmel in einem kleinen Boot dümpelten und darauf warten mussten, dass endlich ein Schwarm Gänse am Horizont auftauchte.

Auch heute können die Routen der Zugvögel Seereisen bereichern, es lässt sich aber auch noch etwas anderes von Vögeln lernen. Polynesier und Mönche haben das sicherlich geschätzt: Ausdauer. Die Küstenseeschwalbe ist bekannt für ihre unermüdlichen Fortpflanzungsbemühungen. Anders als manches Menschenpaar, das bei seiner Hochzeitsreise nicht über den eigenen Kontinent hinauskommt, legen diese Vögel von ihren Brutplätzen in der Arktis zur Überwinterung in der Antarktis und retour jedes Jahr an die 30 000 Kilometer zurück. Damit entgehen die Küstenseeschwalben und andere Langstreckenzugvögel dem dunklen Winter am einen Pol und finden am anderen ausreichend Licht und Futter für ihre Brut. Lange Wanderungen um ein paar Stunden mehr Tageslicht für den Nachwuchs willen ist für manche Vogelarten überlebenswichtig. Viele Menschenmütter würden das wohl kaum mitmachen. Und das hier auch nicht: John D. Carthy gibt an, ein amerikanischer Hauszaunkönig habe seine Jungen an einem Tag 1117-mal gefüttert.

Aufgrund ihrer mühevollen Migration kann man bei arktischen Vögeln sehr gut untersuchen, wie Vögel überhaupt ihren Weg finden. In hohen Breiten sind sie Licht beziehungsweise Dunkelheit, dem Zusammenlaufen der Längengrade und dem Erdmagnetismus extrem ausgesetzt. Extreme helfen aber oft beim Ausschluss einzelner Faktoren, und bei jüngsten Forschungen hat man begonnen, einige Geheimnisse der aviären Navigation zu lüften. Einer Theorie Jonathan Hagstrums zufolge können sich Vögel am Infraschall orientieren, also an Luftschwingungen in einem Frequenzbereich unterhalb der Hörschwelle des menschlichen Ohrs.

Lange Zeit nahm man an, Vögel hätten einen »inneren Kompass«, würden also mithilfe des Erdmagnetismus navigieren. Diese Hypothese wurde durch die Entdeckung von Magnetrezeptoren – auf Magnetismus reagierende Eisenoxidverbindungen – im Oberschnabel einiger Vogelarten gestützt. Vermutlich sind Vögel sensibel für Richtung, Stärke und Gradient (den Winkel zur Horizontale) des Magnetfelds, nicht aber für seine Polarität. Das heißt, sie können spüren, wo ein Magnetpol ist, wie stark das Feld ist und in welchem Winkel zur Erdoberfläche es liegt, nicht aber wo Norden oder Süden ist. Die Fähigkeit, selbst schwache Veränderungen in der Feldstärke oder im Gradienten zu interpretieren, ist nicht nur für die Orientierung wichtig, sondern auch zur Standortbestimmung. Der Gradient ändert sich mit der geografischen Breite – das kann entscheidend sein. Dass man die Koordinaten des Zielortes zu Beginn einer Reise kennt, reicht nicht immer aus. Vögel können auf ihrem Weg jederzeit von starken Winden abgetrieben werden, dann müssen sie darauf reagieren und ihren Kurs korrigieren. Möglicherweise, so die Wissenschaftsjournalistin Jane Qiu, nutzen Vögel das Magnetfeld sowohl zur Standortbestimmung als auch zur Zielfindung.

Die Beobachtung der Vögel kann uns den Weg weisen. Aber wie ahmen wir sie in ihrer Reaktion auf den Erdmagnetismus nach? Ganz einfach: Wir brauchen lediglich einen Kompass, einen Magnet oder eine magnetisierte Nadel an einem Faden. Oh, aber das sind ja Instrumente, und der natürliche Navigator soll doch die Finger davon lassen! Na, vielleicht ist es ja nicht ganz so einfach …

Robin Baker führte 1979 im nordenglischen Barnard Castle einen Versuch durch, den man vielleicht gar nicht ernst genommen hätte, wäre Baker nicht Zoologe an der Universität Manchester gewesen. Er brachte Freiwillige unter seinen Studenten mit verbundenen Augen an einen Ort, manche hatten Magnete am Kopf befestigt, andere nicht. Am Zielort wurden ihnen die Augenbinden abgenommen, und sie mussten sich orientieren. Diejenigen, die Magnete am Kopf gehabt hatten, schnitten wesentlich schlechter ab. Baker wollte damit beweisen, dass Menschen einen magnetischen Richtungssinn besitzen, der durch die Wirkung der Außenmagneten beeinträchtigt worden war.

Wenn nun Eisenoxid der Schlüssel zur Navigation bei Vögeln ist, könnte dies auch die navigatorischen Fähigkeiten anderer Tiere erklären. Entsprechende chemische Verbindungen wurden unter anderem bei Bienen, Fliegen, Bakterien, Brieftauben, Delfinen und tatsächlich auch in den Nebenhöhlen des Menschen gefunden.

Aber ob wir nun einen magnetischen Richtungssinn haben oder nicht – Kaninchen, Mäuse, Ratten reagieren jedenfalls auf Magnetfelder, bei Affen wirken sie sich auf die Herzfunktion und den Puls aus. Man hat auch schon gehört, dass Magnetstürme die psychische Gesundheit einzelner Menschen beeinträchtigt haben, und laut Baker steigt die Selbstmordrate dadurch. Aber wir haben erst begonnen, uns ein Bild vom Einfluss des Magnetismus auf Tiere, einschließlich des Menschen, zu machen, und dieses Bild ist noch längst nicht vollständig.

Die Radarortung brachte Wissenschaftlern eindrucksvolle Erkenntnisse über die Wanderrouten von Vögeln. In der Arktis orientieren sie sich an der Sonne, fliegen aber keine gerade Linie, sondern im Gegenteil eine Orthodrome, den kürzesten Weg zwischen zwei Punkten auf einer Kugel. Die Berechnung einer Orthodrome ist ein komplexer Prozess, den wir heutzutage kaum mehr ohne Computer angehen. Doch man vermutet, dass Vögel genau das können, indem sie ein Problem elegant durch ein anders lösen. Da Vögel kein ausgeprägtes Zeitgefühl haben, folgen sie auf einem Kurs von Ost nach West der Sonne in einer gekrümmten Linie, die annähernd einer Orthodrome entspricht und ihnen viele Stunden Flug erspart, wie Jane Qiu herausgefunden hat. Das mag genial sein oder einfach Mutter Natur geschuldet, vielleicht hat sich dieses Verhalten durch natürliche Selektion herausgebildet oder ist einfach nur ein toller Zufall.

Vögel können uns aber auch den Weg weisen, wenn sie nicht auf dem Flug sind. Sie sind ortstreu und nisten gern an geschützten Stellen im Schatten der vorherrschenden Winde, und daraus lassen sich Rückschlüsse ziehen. Dann wiederum gibt es Exemplare, die »umgezogen« sind – allerdings nicht aus eigener Kraft – und die Wissenschaftler in Erstaunen versetzen. Die Debatte über einen Kontakt zwischen dem lateinamerikanischen Kontinent und Polynesien hatte sich seit Thor Heyerdahls *Kon-Tiki*-Expedition 1947 beträchtlich verschärft. In Chile hatte man Hühner gefunden, deren DNS dem Genmaterial polynesischer Hühner entsprach, was nach Brendan Borrell die These eines Kontaktes in früherer Zeit fest untermauert. Im Windschatten nistende Vögel helfen uns heute, eine Route zu finden, während längst verstorbene Vögel uns darin unterstützen, die Reisen unserer Vorfahren zu rekonstruieren und besser zu verstehen.

Ein Punkt, der es für uns so schwierig macht, aviäre Navigation umfassend zu erklären, ist aber auch deren größte Stärke. Zugvögel sind äußerst anpassungsfähig. Es scheint sie nicht zu stören, ob die Sonne oder die Sterne sichtbar sind, ob sie das Land oder das Magnetfeld erkennen oder ob der Wind konstant ist – die meisten Vögel orientieren sich an dem, was eben gerade verfügbar ist, um ihr Ziel zu finden. Vielleicht ist das die beste Lektion für den Reisenden, der mittels des natürlichen Kompasses versucht, es ihnen gleichzutun: Versteifen Sie sich nicht auf eine Methode, zu bestimmten Zeiten wird sie einfach nicht funktionieren.

INSEKTEN

Spinnen orientieren sich nicht am Wind, aber mit der Ausrichtung ihrer Netze geben sie indirekt einen Hinweis auf die Windrichtung. Ein Netz zu bauen ist harte Arbeit, und Webspinnen haben sicherlich recht schnell »gelernt«, dass sie sich eine Menge Mühe ersparen können, wenn sie ihr Netz nicht gegen die vorherrschenden Winde weben. Beliebt sind daher die windabgewandten Seiten von Gebäuden oder Bäumen. (Hier sei angemerkt, dass man durch Kenntnis des Verhaltens bestimmter Tiere in Verbindung mit einem Gefühl für das Wetter leichter die Richtung finden kann: Walrosse nähern sich bei Nordwind dem Land, wie John MacDonald anführt.)

Die »Schnittertermite« in den Steppengebieten Südostafrikas sucht Tag und Nacht Futter, sie findet ihren Weg auf Sicht und durch Pheromone; ist die Sicht schlecht, schaltet sie auf Schnüffeln um. Es klingt logisch, dass man nach dem Geruch eher auf die Futterquelle zugeht als davon weg. Uns lockt ja auch schon der kleinste Hauch Kreuzkümmel in ein indisches Lokal, mit vollem Bauch aber interessiert uns der Duft keinen Deut mehr.

Bei Bienen sieht man, wie wichtig ein Aspekt ist, der nichts mit der Zielangabe zu tun hat. Ihr Tanz gibt nicht nur die Richtung der Futterquelle an, sondern auch deren Entfernung. Dazu wackeln die Bienen mit dem Hinterteil hin und her, und je langsamer sie wackeln, desto größer ist die Entfernung, wie John D. Carthy es darstellt. Versuche haben gezeigt, dass sie nicht die Entfernung an sich angeben, sondern wie weit sie durch die Luft fliegen müssen. Bei Windstille kommt das auf dasselbe hinaus, aber bei Gegenwind wird die Entfernung als größer wahrgenommen. Das kennen auch wir: Wenn wir bergauf gehen, Gegenwind haben oder der Weg beschwerlich ist, empfinden wir die Strecke als weiter.

Auch das Verhältnis der Bienen zur Sonne ist faszinierend. James Gould zeigt, dass sie sich nicht nur am Sonnenstand orientieren und in der Lage sind, diese Richtung ihren Kameraden zu kommunizieren, sie können auch extrapolieren, wo die Sonne bei ihrem nächsten Flug stehen wird. Das ist zwar keine sehr genaue Berechnung, aber sie reicht aus, um darauf zu reagieren, dass ein Ziel, das vor zwanzig Minuten in Richtung Sonne lag, nun ein paar Grad rechts oder links der

Sonne zu finden ist. Bienen können ihr Ziel auch einschätzen, wenn die Sonne ein paar Stunden lang nicht zu sehen war und danach an einem ganz anderen Punkt am Himmel steht.

Da selbst die Wissenschaft die Orientierung und Navigation bei Tieren nicht voll und ganz erfassen kann, ist es am lohnendsten, sich von ihrem Einfallsreichtum und der Vielfalt ihrer Methoden inspirieren zu lassen. Die Skala reicht von der kalten Welt der Inuit, die ein Gespür für das Verhalten ihrer Schlittenhunde haben, bis hin zu den Tauben in der Wüste, die Leben retteten, weil sie Menschen zum Wasser führten.

Die Liste aller navigatorischen Hinweise, die uns Tiere geben, wäre sehr lang, aber man kann daraus zwei Lehren ziehen: Erstens sind wir noch immer eine Spezies des Tierreichs und haben deshalb wahrscheinlich wesentlich mehr navigatorische Fähigkeiten, als wir glauben. Zweitens: Vögel und viele andere Tiere wenden bei der Orientierung Methoden an, die sich gegenseitig ergänzen. Bei der natürlichen Selektion haben sie »gelernt«, dass es beim Finden des Wegs um Leben und Tod gehen und irgendwann problematisch werden kann, wenn man sich zu sehr auf nur eine Technik verlässt. Kombinierte Methoden sollte also auch der Benutzer des natürlichen Kompasses anwenden, um sein Leben einerseits zu schützen, es andererseits aber auch zu bereichern.

ACHTES KAPITEL

Wo bin ich?

Bei der Navigation sucht man nicht nur die Richtung, in die es gehen soll, man muss zunächst einmal wissen, wo man sich überhaupt befindet. Unsere Position auf der Erde und im Universum ist relativ, das weiß man schon lange, aber spätestens seit Albert Einstein weiß man es ganz genau. Es gibt keine absolute Positionsbestimmung, wir können nur anhand von Systemen und Konventionen sagen, wo wir relativ zu einem anderen Punkt oder zu zwei anderen Punkten stehen. Wenn jemand Sie in London aus einer anderen Stadt in Großbritannien auf dem Handy anruft und fragt: »Wo bist du?«, antworten Sie: »In London.« Hält sich der andere auch in London auf, aber nicht in Ihrer Nähe, sagen Sie vielleicht: »Westminster.« Oder wenn Sie mit dem anderen in Westminster verabredet sind, er Sie aber dort nicht findet, präzisieren Sie: »Direkt vor Big Ben.« Alle Angaben beziehen sich immer auch auf den Standort des anderen, sie mögen hilfreich sein oder auch nicht, aber wenn jemand diese Orte gar nicht kennt, sind die Angaben darüber vollkommen sinnlos.

Was macht man, wenn man sich an einem Ort ohne distinktive Wegzeichen befindet? Die Koordinaten aus Längen- und Breitengrad geben nach der Konvention eine Position relativ zu einer festgelegten Linie zwischen den beiden Polen, dem Äquator und einer willkürlich gezogenen Linie an, die vom Nordpol durch Greenwich zum Südpol führt, dem Nullmeridian. Pole und Äquator gibt es auch ohne menschliches Zutun. »Nord« und »Süd« sind Begriffe, die sich auf natürliche Punkte beziehen. »Ost« und »West« hingegen beziehen sich auf eine künstliche Linie. Auch ohne die Einteilung nach Breitengraden würde man, ginge man immer weiter nach Norden, an einen Punkt kommen, den Nordpol, an dem es nicht mehr weiter nach Norden geht und jeder Weg, egal in welche Richtung, wieder nach Süden führt. Mit den Worten des Nordpolentdeckers Robert Peary (1856–1920): »In irgendeinem Augenblick habe ich während dieser Hin- und Hermärsche den Punkt überschritten, wo Nord und Süd und Ost und West in eins zusammenfließen.«

Geht man auf irgendeinem Breitengrad (außer den Polen) nach Westen oder Osten, kann man ewig weiterlaufen, man kommt wieder und wieder zum Ausgangspunkt zurück. Denn die Sonne geht normalerweise im Osten auf, egal, wo auf der Welt man ist. Für Osten und Westen gab es keine geografischen Referenzlinien, bis wir mit dem Nullmeridian eine erfunden haben. 1884 fand in Washington die *Internationale Meridiankonferenz* statt. Dort wurde entschieden, welcher der vielen anerkannten Meridiane (durch Paris, Jerusalem, Kopenhagen, Washington oder die Cheops-Pyramide, um nur ein paar wenige zu nennen) als Basis des internationalen Koordinatensystems und der Weltzeit eingeführt werden sollte. Wegen der ausgewiesenen internationalen Bekanntheit seines Observatoriums fiel die Wahl auf Greenwich, das seitdem auf 0° liegt und für die gesamte Welt den Nullmeridian angibt. Die Franzosen waren dagegen und enthielten sich der Stimme, und selbst auf zeitgenössischen Seekarten findet man noch immer den Pariser Meridian.

Auf der Konferenz wurde der Tatsache Rechnung getragen, dass Breitengrade natürliche Referenzlinien, Längengrade aber willkürlich gezogen sind. Geht man nach Norden oder Süden, verhalten sich Sonne und Sterne sichtlich unterschiedlich, geht man aber nach Westen oder Osten, stehen sie zu festen Uhrzeiten immer an derselben Stelle. Je nach unserem Längengrad gehen sie früher oder später auf – das verursacht den Jetlag –, es ist aber auch die einzige astronomische Unterscheidung, die man treffen kann. In der Seefahrt war es nie ein Problem, den Breitengrad zu ermitteln, bis ins 18. Jahrhundert war die Bestimmung des Längengrads jedoch ein problematisches Unterfangen.

KOPPELUNG

Am 2. August 1947 startete die britische Propellermaschine *Star Dust* in Buenos Aires und flog mit Kurs auf Santiago de Chile nach Westen. An Bord waren sechs Passagiere, darunter ein hoher Diplomat und ein deutscher Emigrant, sehr wahrscheinlich ein Nazi. Kurz vor

Santiago gab es noch eine Funkmeldung, dann verschwand das Flugzeug spurlos. Gefunden wurde es erst fünfzig Jahre später, was viele Verschwörungstheorien über die Absturzursache nach sich zog. Es wurde sogar gemutmaßt, dass ein UFO beteiligt gewesen sei.

Das Wrack wurde im Jahr 2000 im Schmelzwasser eines Gletscherhangs entdeckt. Abgestürzt war die *Star Dust*, weil der Navigator nach der traditionellen Methode in abgelegenen Gebieten gekoppelt hatte und davon ausgegangen war, dass sich das Flugzeug bei einer bestimmten Geschwindigkeit auf dem Flug in eine bestimmte Richtung auf einer bestimmten Position befinden müsse. Er nahm also an, dass sie die Anden bereits überflogen hätten und ihrem Ziel nahe wären. Der Himmel war bedeckt, sie hatten keine Sicht, und so verließen sie sich auf diese Berechnungsmethode.

Tatsächlich aber waren sie in den heftigen Jetstream geraten und hatten das schmale Starkwindband in der oberen Erdatmosphäre als Gegenwind. Da sie dachten, sie wären schon kurz vor Santiago, leiteten sie den Sinkflug ein und zerschellten dabei an einem Berg, der sehr viel weiter östlich lag als ihre vermutete Position. Es war nicht der Fehler des Navigators oder der Besatzung, denn das Phänomen Jetstream war damals noch nicht zur Gänze erfasst. Die Insassen der Maschine verloren ihr Leben, weil die Koppelnavigation ihre Grenzen hat.

Da es auf See keine deutlichen Referenzpunkte gibt, war die Positionsbestimmung ein gehüteter Schatz. Die Orientierung an Landmarken ist nur im Küstenbereich möglich, auf hoher See aber hatten die Seeleute früher lediglich drei Faktoren, die sie miteinander in Beziehung setzen konnten: Sie kannten grob ihren Kurs. Sie wussten in etwa, wie lange sie für eine Strecke gebraucht hatten, und damit auch, welche Entfernung sie zurückgelegt hatten. Und sie kannten ihren Ausgangspunkt – was heute als notwendiger Faktor meist übersehen wird, denn durch die Leichtigkeit, mit der wir mittlerweile ganz genau sagen können, wo wir sind, ist das früher geheiligte Wissen zur Positionsberechnung über Bord gegangen.

Alexander der Große wusste noch um die Bedeutung des Startpunkts für die Kalkulation einer aktuellen Position. Er hatte zwar keine Navigationsinstrumente, aber ausreichend Mannen. Er teilte Bematisten ein (das griechische *béma* bedeutet »Schritt«), die den Auftrag hatten, die Schritte zu zählen, die die Armee an einem Tag zurücklegte. Diese Methode wird auch heute noch beim Militär gelehrt, aber kaum angewandt.

Bei Reisen in heutiger Zeit »koppeln« wir auch noch quer über den Daumen. Fragt man auf einem neunstündigen Langstreckenflug nach sechs Stunden ein Kind, wie weit es noch ist, kann es mit einem Blick auf die Uhr sagen – ohne ins Cockpit zu gehen, eine Karte, ein GPS oder einen Kompass zu Rate zu ziehen –, dass in diesen sechs Stunden etwa zwei Drittel der Strecke zurückgelegt wurden.

Jahrtausendelang war der Schlüssel zum Überleben auf See die Koppelnavigation: die Verbindung von Kurs, Fahrt und Zeit zur Ortsbestimmung, wobei Gezeiten und Strömungen früher nicht mit einkalkuliert wurden. Sie wird heute noch in Luft- und Seefahrt gelehrt, ihre

Bedeutung nimmt aber rasant ab. Für die natürliche Orientierung ist sie noch immer wichtig und interessant, auch wenn es ihr an Genauigkeit mangelt.

DAS KREUZ MIT DEM LÄNGENGRAD

Im Oktober 1707 wurden an der Küste der Scilly-Insel Saint Mary's vor Cornwall die sterblichen Überreste des englischen Flottenadmirals Sir Cloudesley Shovell gefunden. An seiner Hand fehlte ein großer Smaragdring, und es kam der Verdacht auf, Shovell sei bei seiner Auffindung noch am Leben gewesen und wegen des Rings getötet worden. Doch wie auch immer, er hatte seinen Schöpfer zusammen mit etwa 1500 anderen getroffen, die an Bord der vier Marineschiffe *Romney, Eagle, Firebird* und dem Flaggschiff *Association* gewesen waren. Die Schiffe waren auf den Klippen der Scilly-Inseln aufgelaufen und innerhalb kürzester Zeit gesunken. Die Hauptursache: mangelhafte Positionsbestimmung. Auch hier glaubten die Navigatoren sich an einem Punkt, an dem sie in Wirklichkeit nicht waren. Besser, man weiß, dass man sich verirrt hat, als zu glauben, man sei auf dem richtigen Weg …

Diese tragische Episode in der Geschichte der britischen Seefahrt hat sicherlich dazu beigetragen, spätere Leben zu retten. Die Nation war angespornt, die Positionsbestimmung auf See zu verbessern. Das große noch fehlende Puzzleteilchen war der Längengrad. Egal, wo im Osten oder Westen man sich befindet, die Position der Himmelskörper ändert sich nicht, abgesehen von ihrem Aufgang und Untergang. Somit sind Längengrad und Zeit zwei Seiten derselben Medaille. Wenn die Sonne für Sie eine Stunde früher aufgeht als für jemand anderen auf demselben Breitengrad, sind Sie der aufgehenden Sonne näher, also weiter östlich. Eine Stunde entspricht dem 24. Teil des Erdenrunds, also 15°. Sind Sie auf 15°O, geht die Sonne eine Stunde früher auf als in Greenwich.

Die Beziehung zwischen Zeit und Längengrad war zwar schon früh bekannt, aber da niemand glaubte, auf See die exakte Zeit messen zu können, wurde diese Kalkulation als unmöglich erachtet. Dava Sobel beschreibt in dem Buch *Längengrad* sehr schön, wie der englische Uhrmacher John Harrison (1693–1776) den Großteil seines Lebens der Lösung des Längenproblems widmete und den Schiffschronometer erfand. Er musste das Board of Longitude – eine Kommission aus Sachverständigen, die 1714 gebildet wurde und Aufträge und Preise zur Lösung dieses Problems vergab – überzeugen, dass der Schlüssel zu diesem Schatz in der konstanten Zeitmessung auf See lag. Zu Anfang jedoch meinte die Kommission noch, die Antwort finde sich im Himmel.

Himmelskörper waren schon in der Antike relevant für die Positionsbestimmung. Pytheas meisterte anhand des Sonnenstandes seine eindrucksvolle Expedition in den Norden. In Beziehung zur geografischen Länge wurde der Himmel aber erst im zweiten vorchristlichen Jahrhundert gebracht. Hipparch stellte fest, dass Aufgang und Untergang von Himmelskörpern unabhängig vom Längengrad jeweils übereinzustimmen scheinen, er war aber der Ansicht, bestimmte Himmelserscheinungen wie Sonnen- und Mondfinsternisse gebe es zu bestimmten festen Zeiten bei Tag oder Nacht und diese Zeiten hingen von der jeweiligen Position des Beobachters im Osten oder Westen auf der Erde ab. Hipparch sprach sich dafür aus, Mondfinsternisse für die Bestimmung des Längengrades heranzuziehen. Dieselbe berühmte Mondfinsternis wurde während Alexanders entscheidender Schlacht von Gaugamela in Mesopotamien und drei Stunden später in Karthago beobachtet, was zu der Annahme führte, dass die beiden Orte 45 Längengrade (drei Stunden = dreimal 15°) auseinander liegen; es sind allerdings nur 33°. Theoretisch können Mondfinsternisse zeitliche Bezugspunkte sein, sie treten aber nicht häufig genug auf, um für Navigatoren, die ständig unterwegs sind, von praktischem Nutzen zu sein.

Dem Uhrmacher schlug also vonseiten der Kommission ein harter Wind ins Gesicht. Es gab die absurdesten Theorien und die bizarrsten Vorschläge – zum Beispiel den Einsatz von »Sympathetischem Pulver« aus Kupfersulfat, das getrocknet worden war, als die Sonne im Tierkreiszeichen Löwe stand. Mehrere Hunde sollten mit einem Messer verletzt werden, das danach in London genau am Mittag in dieses Pulver getaucht werden sollte. Der Schiffshund würde dann vor Mitgefühl aufheulen und dem Kapitän anzeigen, dass es nun in London Mittag war. Es funktionierte nicht. Aber Harrisons Schiffschronometer funktionierte und revolutionierte die Schifffahrt. Auch lange Schiffsreisen ließen sich nunmehr mit großer Sicherheit überstehen.

Doch der Längengrad ist eine Nuss, die bei der natürlichen Orientierung nicht ohne Instrumente zu knacken ist. Lässt man den Gebrauch einer Uhr zu, die nach der mittleren Greenwich-Zeit (GMT) gestellt ist, kann man mit einem Schattenstab den Längengrad grob kalkulieren: Wenn es beim Höchststand der Sonne, verglichen mit der GMT-Uhr, 18 Uhr ist, befindet man sich sechs Stunden westlich von Greenwich oder 90°W. Aber selbst mit der Schattenmethode bleibt die Berechnung des Sonnenzenits ungenau. Deshalb hat man den Sextanten erfunden.

Selbst der glühendste Verehrer der Kunst der natürlichen Navigation muss zugeben, dass schon allein das Längenproblem die Erfindung navigatorischer Instrumente rechtfertigte. Dennoch kann man weiterhin die Meinung verfechten, dass Instrumente niemals wichtiger sind als die Reise selbst.

DIE HIMMELSBREITENGRADE

Phyteas hat die geografische Breite ganz einfach bestimmt: durch das Verhältnis der Länge des Mittagsschattens bei der Tagundnachtgleiche zur Länge des Stabs. Die Sonne ist am Himmel am leichtesten zu finden, aber wegen der jahreszeitlichen Schwankungen in ihrer Position über dem Horizont braucht man an den meisten Tagen im Jahr zusätzlich Tabellen, um den Breitengrad anhand des Sonnenstandes zuverlässig zu berechnen. Im 15. Jahrhundert half den Portugiesen dabei der Hofastronom Zacuto von Salamanca. Die Sterne verändern ihre Bahn monatelang nicht und sind deshalb ein wichtiges Hilfsmittel bei der Berechnung des Breitengrads.

Wenn man seine geografische Breite verändert, sieht man einen anderen Ausschnitt der Himmelskugel. Selbst wenn man nur zehn Schritte nach Süden geht und wieder den Kopf hebt, ist der Nachthimmel minimal »verrutscht«, je länger die Strecken aber sind, die man nach Süden oder Norden zurücklegt, desto auffälliger werden die Veränderungen.

Wenn Sie am Nordpol stehen, haben Sie den Nordstern direkt über sich, damit steht er 90° über dem Horizont. Am Äquator sitzt der Nordstern auf dem Horizont, also bei 0°, und ist nicht sichtbar. Auf halbem Weg zwischen Pol und Äquator beträgt die Breite 45°, und auch der Nordstern steht 45° über dem Horizont. Die geometrischen Verhältnisse meinen es gut mit uns: Der Himmelspol Ihrer Hemisphäre steht immer im selben Winkel zum Horizont wie Ihr Breitengrad zum Äquator. In Sydney steht der schwarze Fleck des Himmelssüdpols, den Sie mithilfe des Kreuzes des Südens erkannt haben, knapp 34° über dem Horizont, weil die Stadt selbst auf knapp 34°S liegt.

Um den Breitengrad zu messen, müssen Sie also nur den Nordstern oder den Himmelssüdpol suchen und dann seinen Winkel zum Horizont messen. Zu einer exakten Messung braucht man einen Sextanten und einige Übung, aber das Prinzip lässt sich auch ohne Instrumente aufzeigen. Die am ausgestreckten Arm geballte Faust hat eine Breite von durchschnittlich 10°. Wenn Sie sich auf 55°N befinden, wird der Nordstern fünfeinhalb Faustbreiten über dem Horizont stehen. In einer klaren Nacht kann man Norden und damit seinen Breitengrad mit bloßen Händen bis auf plus/minus ein Grad berechnen.

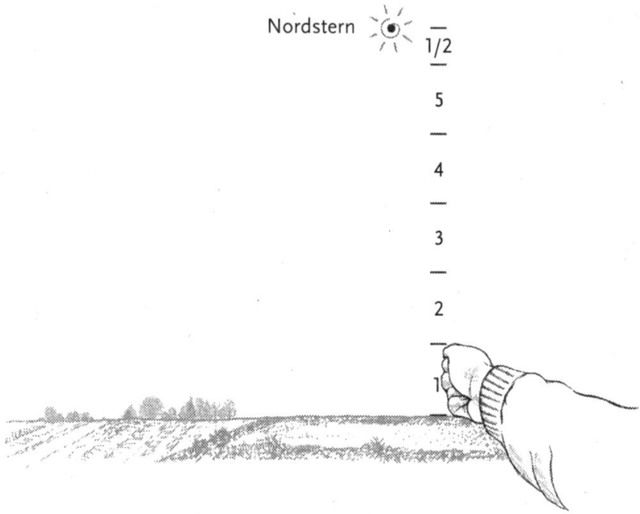

Eine Faust am ausgestreckten Arm umfasst etwa 10°.

Die Araber maßen mithilfe des Nordsterns ihre Breite im Indischen Ozean, auch Kolumbus navigierte so, und die Wikinger, die umsichtigsten Seeleute damaliger Zeit, kannten zwei Navigationsmethoden: die Orientierung nach Sicht an der Küste und das Messen des Breitengrads. Die Tahitianer wissen seit Jahrhunderten, wenn nicht gar Jahrtausenden, dass der Nordstern aus ihrem Blick verschwindet, wenn sie den Äquator überqueren und auf die Südhalbkugel gelangen. »Kommst du nach Piko-o-Wakea, verlierst du Hokupua aus den Augen«, so gibt es Greg Dening wieder.

Bei dem römischen Dichter Lukan aus dem ersten Jahrhundert v. Chr. finden sich über die Folgen von Pompeius' Niederlage bei Pharsalos im Bürgerkrieg gegen Cäsar – der Geschlagene floh nach Ägypten – diese Zeilen: »Alle Lichter, die sich am gestirnten Himmel bewegen und vorübergleiten (denn das Himmelsgewölbe steht niemals still), täuschen unselige Schiffer, und wir folgen ihnen nicht. Doch der Polarstern, der nie untergeht und nie in die Wogen eintaucht, der hellste Stern der beiden Bären, er lenkt die Schiffe. Wenn ich ihn zum Zenit aufsteigen sehe und der Kleine Bär über den höchsten Rahen steht, dann blicke ich zum Bosporus und zum Schwarzen Meer, das die Küste Skythiens in Buchten gliedert. Wenn aber der Bootes nur ein wenig vom Großmast herabgleitet und der Kleine Bär sich dem Horizont nähert, hält das Schiff Kurs auf die Häfen Syriens. Danach kommt Kanopos, ein Stern, dessen Bahn sich auf den südlichen Himmel beschränkt und den Norden fürchtet. Wenn du ihn zur Linken lässt und über Pharos hinaussegelst, wird dein Schiff mitten im Meer auf die Syrten treffen.«

Bootes, die griechische Bezeichnung für das Sternbild Bärenhüter, steht für Arktur, den sechsten Stern im Bärenhüter und zugleich hellsten Stern am Nordhimmel. Dessen Höhe relativ zum Schiffsmast ist ein Hinweis auf den Breitengrad. Canopus, der sehr weit südlich steht, kann nur »kommen«, wenn das Schiff weit genug nach Süden gefahren ist.

Doch man kann die geografische Breite auch noch auf andere Weise mithilfe der Sterne bestimmen. Am Nordpol scheinen sie sich parallel zum Himmelsäquator zu bewegen. Am Äquator sieht man keine Sterne am nördlichen und südlichen Horizont, aber in gemäßigten Breiten umkreisen sie die Himmelspole und berühren dabei den Horizont. Um den Nordstern kreisen sie gegen den Uhrzeigersinn, und ihr Schnittpunkt mit dem Horizont, ihr Radius, entspricht dem Breitengrad des Beobachters. Je weiter man nach Norden kommt, desto größer wird ihr Kreis. Das bemerkte auch Pytheas und beschrieb diesen Breitengrad als den, »wo der Sommerwendekreis zum Bärenkreis wird«, also zum nördlichen Polarkreis. Dort beträgt der »Radius« der Zirkumpolarsterne 66,33°, und Pytheas wusste, dass er sich auf seiner Reise genau auf dieser Breite befinden musste. Wenn man die Sterne an einem Horizont kennt, kann man auf einem bestimmten Breitengrad mit ihrer Hilfe oder anhand ihres Auf- und Untergangs Kurs auf ein Ziel halten. Doch über den Längengrad sagt das nichts aus. Sieht man den orangerot leuchtenden Arktur über sich, ist man auf einer geografischen Breite, auf der Mumbai, Honolulu, Mexico City und noch viele andere Orte liegen.

Man kann diese Methode auch umkehren. Kennt man die Deklination eines Sterns, also seinen Breitengrad auf der Himmelskugel, ist es einem möglich, die eigene Breite zu ermitteln: Sieht man den hellen Stern Capella ganz oben am Himmel, befindet man sich auf 48°N. Die Deklination einzelner Sterne gehört nicht gerade zum Allgemeinwissen, aber beim Studium der Sternkarte oder bei einem Blick ins Internet findet man die wichtigsten Sterne seines Heimatorts oder Reiseziels heraus. Mit einiger Übung kann man auf diese Weise bis auf einen Grad Ungenauigkeit oder plus/minus hundert Kilometer seinen Breitengrad bestimmen. Marvin Creamer hat im Wesentlichen so navigiert.

Kennt man eine Landschaft gut, kann man auch ein Gespür für die eigenen Positionskoordinaten darin entwickeln – eine eher ungenaue, aber effektive Methode, die Tausende Jahre lang sowohl von Pazifik- als auch Wüstenbewohnern sowie Seefahrern angewandt wurde. Ein Targi erklärte mir, dass er immer wisse, in welcher Richtung sich die wichtigsten Städte und Dörfer im Umkreis befänden. Das hat nichts mit dem sechsten Sinn zu tun, sondern es ist eine anschauliche Art, geistig in der Spur zu bleiben. Anstatt in Entfernungen zu denken, die man in eine bestimmte Richtung zurücklegen muss, konzentrieren sich die Tuareg zum Beispiel auf drei Dörfer relativ zu ihrem jeweiligen Standort und verbessern diese Fertigkeit ständig, weil sie einfach wissen müssen, wohin sie sich in der Wüste zu bewegen haben, falls sie in Gefahr geraten. Sie kennen die Landschaft so gut, dass die Koordinaten der Dörfer nicht präzise sein müssen, aber genau genug, um einen Targi zu einer Landmarke zu führen, die er wiedererkennen und an der er sich auf dem weiteren Weg orientieren kann.

Auch in Mikronesien wird eine ähnliche Methode angewandt, aber wie bei allem, was wir aus dem Pazifik kennen, hat auch das ein paar kuriose Eigenheiten. Thomas Gladwin dokumentierte ein mentales Koordinatensystem namens *etak*. Wie die Tuareg merkten sich auch die mikronesischen Seeleute die Richtung zu bestimmten Inseln, stellten sich aber ergänzend vor, welcher Stern über jeder Insel stand. Wenn sie diesen Stern sahen, konnten sie sich daran orientieren. Die andere

Eigenheit hat eher »künstlerischen« Wert: Die Insulaner stellten sich vor, ihr Kanu stünde fest auf dem Meer und die Inseln, die im Lauf der Zeit unter verschiedenen Sternen stehen, zögen entgegen ihrer Fahrtrichtung an ihnen vorbei. Das ist eigentlich auch nicht umständlicher, als sich vorzustellen, dass man zu Beginn einer Wanderung eine Stadt rechts vor sich und am Ende rechts hinter sich hat. Es ist einfach nur eine Eselsbrücke, ein gedankliches Bild der eigenen Position in Relation zu distinktiven Orientierungspunkten.

Der Reisende und Beobachter, der sich dem natürlichen Kompass anvertraut, mag die Welt vielleicht gar nicht in Breiten- und Längengrade und Koordinaten einteilen, sondern sich an ein allgemeineres Wissen und allgemeinere Hinweise halten. Um es sarkastisch auszudrücken, kann ein Wanderer, der sich in einer Eis- oder Sandwüste verlaufen hat, daraus schließen, dass er garantiert nicht an der Hyde Park Corner steht. Auch ist es zwar unterhaltsam, aber weitgehend sinnlos, wenn ein Feinschmecker anhand der Nahrungsmittelauswahl und des Geschmacks des Essens errät, in welchem Teil Europas oder auch Indiens er sich befindet. Unsere Vorfahren hatten diesbezüglich weit mehr Methoden auf Lager, als die Geografie heute bietet. Der griechische Philosoph Poseidonios (135–51 v. Chr.) glaubte, dass die verschiedenen Breiten nicht nur ähnliche Klimazonen aufwiesen, weil sie im selben Winkel zur Sonne lägen, sondern dass die Menschen dort jeweils auch eine ähnliche geistige und physische Konstitution besäßen.

Doch abgesehen von exzentrischen kulinarischen und antiken philosophischen Ansätzen, gibt es auch ganz gediegene und praktische Möglichkeiten, seinen Standort zu bestimmen. Dazu muss man seine Sinne schärfen und ein wenig um die Ecke denken.

Wie wir gesehen haben, kann man sich an die Tiere halten. So finden wir bei Jack Lagan den Hinweis, dass die 30 000 Basstölpel-Paare, die auf Grassholm nisten, für die Einheimischen immer ein Zeichen waren, dass sie sich der walisischen Küste von Pembrokeshire näherten, darüber mussten sie nicht einmal nachdenken. Auch wissenschaftliche Erkenntnisse über das Verhalten von Tieren helfen bei der Orientierung. Man weiß, dass Buckelwale auf ihrer jährlichen Wanderung von Hawaii nach Alaska nur an einer ganz bestimmten Stelle vor der Küste Alaskas in Gruppen jagen, was sie sonst nirgendwo tun.

Auch Pflanzen, hauptsächlich Bäume, geben wichtige Hinweise. An der Südküste von Devon und Cornwall wachsen zum Beispiel sehr viel mehr Palmen als an der Nordküste und dort wiederum wesentlich mehr als in allen anderen Küstenzonen Großbritanniens. Jede Tier- und Pflanzenart hat ihre Eigenheiten, etwa ein bevorzugtes Habitat, wo sie gut gedeiht. In manchen Waldgebieten sprießen zum Beispiel im Frühjahr üppig Glockenblumen, mit deren Hilfe sich eine Art »Glockenblumenkarte« anlegen lässt.

Unser Gesichtssinn drängt alle anderen Sinne gern aus unserem Bewusstsein, doch sie sind immer verfügbar. Nach David Lewis sollen in den Zwanzigerjahren des 19. Jahrhunderts ein blinder polynesischer Seemann namens Kaho und sein Sohn Po'oi einer Flottille verirrter Kanus zurück nach Tonga geholfen haben. Kaho tauchte seine Hand ins Meer und schmeckte die Gischt. So beurteilte er Wellen und Dünung. Zusätzlich bekam er von seinem Sohn Informationen über die Sterne. Einer seiner Nachkommen behauptete, er habe sich auch an der Wassertemperatur orientiert. Er wusste also zu sagen, in welcher Wasserzone, *fanakenga*, er sich befand, wenn er nur das Wasser spürte. Das klingt plausibel, denn die Temperaturschwankungen in diesem Gebiet betragen bis zu 4° C.

Wie diese wenigen Beispiele zeigen, gibt es in jeder Hinsicht unbegrenzt viele Orientierungsmethoden, seien sie ganz seriös oder einfach nur amüsant. Nur mangelnde Neugier setzt ihnen Grenzen. Auf die Frage: »Wo bin ich?« kann man mit der Angabe der Ortskoordinaten antworten, aber auch sagen: »Ich bin in einer Kasbah im Hohen Atlas« oder irgendeine Position in Bezug auf Sonne, Mond, Sterne, Planeten, Flora und Fauna angeben, man kann das Wasser und die Luft beschreiben oder auch davon schwärmen, wie die Tajine in einem bestimmten Lokal schmeckt.

Mit ein paar Ratschlägen für Segler von Marvin Creamer will ich diesen kurzen Blick auf die breiter angelegten Orientierungsmöglichkeiten abschließen. Als Creamer sich der Küste Westafrikas näherte, wollte er seine Position bestimmen: »Wir konnten an der Flora – Wüste oder Steppe – ablesen, ob wir nördlich oder südlich von Dakar waren.«

Meine eigenen Erfahrungen auf diesem Gebiet sind noch weniger akademisch als selbst dieser vage Gestrüpphinweis. Am Ende jedes Jahres nach der Hurrikan-Saison treffen sich Segler auf den Kanarischen

Inseln und bereiten sich auf einen Törn in die Karibik vor. Immer gibt es unten am Wasser angeregte, fröhliche Gespräche unter Geistesverwandten. Man bekommt dort eine Menge solide Ratschläge, gewürzt mit viel Humor und eingesponnen in starkes Seemannsgarn. Ich erinnere mich noch gut an meine erste Diskussion mit einer Skipperin über die beste Route in die Karibik – die Frau hatte sie schon öfters befahren. Um den richtigen Breitengrad zu bestimmen, schlug sie mir doch glatt vor: »Fahr nach Süden, bis die Butter schmilzt, dann bieg nach rechts ab.«

NACHWORT

Einssein

Ist denn verblasst der Sonne goldnes Scheinen
Und unsre schöne Erde minder schön,
Weil jedem Lebenspulsschlag wir uns einen,
Im Staubkorn wie im Lufthauch untergehn?
O nein! Es werden neue Sonnen glänzen,
Und Blumen wird erhöhte Pracht, erhöhte Glut umkränzen.
Und wir zwei Liebende stehn nicht von ferne,
Verächter der Natur; nein, unser Kleid
Ist das verzückte Meer, der Kranz der Sterne
Ist Strahlen unsrer Lust! Der Herrlichkeit
Des Universums werden wir gegeben
Und mit der Weltenseele eins hin durch Äonen schweben!

OSCAR WILDE,
Panthea

Im Buchenwald in der Nähe meines Hauses stieß ich auf einen hohen, majestätischen Baum, der alle anderen Bäume daran hinderte, in allzu großer Nähe zu ihm zu wachsen. Der Waldboden dort bildete einen dicken Teppich aus Unterholz und Efeu. Auf einer Seite dieser mächtigen Buche war der grüne Grund mit weißen Flecken gesprenkelt, denn dort saßen gern Vögel auf den Zweigen – was sich daran zeigte, dass sie ihre Schwanzfedern schüttelten und ihre Spuren auf dem Boden hinterließen.

Offenbar waren diese weißen Punkte leicht zu übersehen, mir muss es Hunderte Male so ergangen sein. Aber an jenem Tag waren meine Sinne so scharf, dass ich die Punkte wahrnahm. Ich dachte über meine Beobachtung nach, und nach an einer Rast im Schatten des Baumes kam ich zu folgendem Schluss: Auf dieser Seite wuchsen mehr Äste, deshalb wurde sie von den Vögeln bevorzugt. Das Bedürfnis des Baumes nach Sonnenlicht und der Höchststand der Sonne im Süden sagten mir, dass die weißen Dungflecken im Süden lagen. Sonne, Baum und Vögel hatten zusammengelegt und mir einen »Vogelmistkompass« geschenkt. Wer sich aber nicht für die ungewöhnliche Kunst der natürlichen Orientierung interessiert, wird so einen Kompass nie bekommen.

In diesem Buch musste ich die Natur in Bereiche aufteilen, um die verschiedenen Facetten der Navigation aufzuzeigen. Am schönsten aber ist es, wenn alles zusammenspielt und wir diese Hinweise in allem bekommen, was uns umgibt. Wir nehmen gern Unterteilungen vor, um mit der komplexen Welt zurechtzukommen, in der wir leben, aber es macht oft mehr Spaß, die Trennwände einstürzen zu lassen.

Wenn wir in einer klaren Nacht unterwegs sind und die Sterne beobachten, schadet es nicht, sich auch den Wind ganz bewusst um die Nase wehen zu lassen oder darüber nachzudenken, wie diese klare Nacht selbst aus der Beziehung zwischen Sonne, Luft und Wasser entsteht. Die Sterne verschwinden nicht, wenn wir ein Holzfeuer riechen und feststellen, dass der Wind den Geruch aus einem Dorf im Osten zu uns getragen hat. Oder wenn wir eine Eule hören und herausfinden, dass sie südlich von uns im Wald sitzt. Wenn wir versuchen, die Natur zu beobachten und zu ergründen, werden wir mit einem Blick in die Vernetzung alles Natürlichen belohnt.

Auch abseitige Verbindungen sind zuweilen vergnüglich – wenn man zum Beispiel sieht, wie die lange Wolle bei Schafen die Windrichtung angibt, während die Tiere selbst an einem heißen Sommertag dem Schatten einer großen Eiche folgen wie einer Uhr oder einem Kompass.

Bosham in der Bucht von Chichester ist so eine typische Ortschaft an der englischen Südküste, die in Reiseführern gern als heimeliges, verschlafenes Nest beschrieben wird. Dort soll Knut der Große, im 12. Jahrhundert König von England, der des bedingungslosen Gehorsams seiner Untertanen müde war, seinen Thron an den Strand gestellt und versucht haben, den Wellen Einhalt zu gebieten. Er wollte damit demonstrieren, wie gering seine Macht im Vergleich zur Natur war. Eine weiterer Hinweis auf die Ohnmacht des Menschen gegenüber der Natur war für Knut der Tod seiner kleinen Tochter im Mühlbach.

Vor sechs Jahren war ich mit meiner Frau in Bosham. Wir spazierten durchs Dorf und besichtigten die normannische Kirche, in der Knuts Tochter angeblich bestattet sein soll. Bosham liegt an einem Schnittpunkt von Land und Meer, wo immer Geschichte geschrieben wurde, jeder Quadratzentimeter dieses Ortes war wahrscheinlich schon einmal Schauplatz eines historischen Ereignisses. Das alles wusste ich aber bei meinem ersten Besuch nicht. Von der Kirche gingen wir zu einem Pub am Wasser, holten Getränke und genossen den wunderbaren Blick auf die Küste – so richtig »umgehauen« hat es mich aber nicht. Es war wirklich schön und auch ruhig, wenn nicht gar »verschlafen«. Es regte sich nur etwas, als ein paar Kajakfahrer ins Wasser wateten. Alles war vorhanden, um einen perfekten Augenblick zu schaffen, wenn es so etwas überhaupt gibt, ich aber empfand nicht mehr, als wenn ich eine Postkarte von Bosham betrachtet hätte.

Vor einem Jahr fuhren meine Frau und ich noch einmal hin. Wir folgten denselben Wegen, in einem kleinen Dorf hat man ja keine große Auswahl. Im Gesicht spürte ich die feinen Veränderungen im Wind, als wir an einem Bootshaus vorbeikamen, und ich versuchte, mir einen Reim auf die seltsame Krümmung einer Eibe auf dem Kirchhof zu machen, fand aber keine Antwort.

Dann standen wir mit unseren Gläsern in der Hand wieder ungefähr an der gleichen Stelle vor dem Pub am Ufer und schauten wie fünf Jahre zuvor aufs Meer hinaus. Die Szenerie war dieselbe, dennoch hätte alles gar nicht unterschiedlicher sein können. Die Sonne sank im Nordwesten und beschien das Land und das Wasser um uns herum. Die Bäume zeigten die Spuren der vielen Jahre, in denen sie Sonne und Wind ausgesetzt waren.

Der Viertelmond ging im Süden auf und brachte starke Meeresgerüche mit sich, was eine Nipptide ankündigte. Die letzte Bö vom Meer her verabschiedete sich und verriet uns, dass der Wind bald drehen würde. Ich war ganz aufgeregt, wollte unbedingt das Puzzle mit all meinen Sinnen und meinem Verstand zusammensetzen. Ich glaube, meine Frau hörte, wie die Rädchen in meinem Kopf surrten. Sie dachte wahrscheinlich, ich würde mir wegen irgendetwas Sorgen machen, und erkundigte sich, ob alles in Ordnung sei. »Ja«, antwortete ich und meinte es auch so.

Kurz darauf fragte ich sie, wo sie gern essen wolle. Sie hatte bereits den Geruch von Fish 'n' Chips wahrgenommen und steuerte nun um die Ecke auf einen Pub zu. Ich folgte ihr.

Dank

Viele Menschen haben mit mir die Leidenschaft geteilt – und ertragen –, mit der aus einer Idee heraus dieses Buch entstanden ist, ihnen möchte ich danken:

Meiner Familie, in erster Linie meiner Frau, meinen Geschwistern und meinem Vater für ihre Unterstützung und ihr Engagement. Meiner Literaturagentin Sophie Hicks. Louisa Joyner, Davina Russell, Toby Clarke – und dem ganzen Team bei Virgin Books –, die mein Buch unermüdlich von der Planung an begleitet haben. Margaret Stead, Ruth Murray, Fiona Vincent, David Burch, Marvin Creamer und Tom Peppitt spielten gegen Ende des Projekts eine wichtige Rolle. Ich danke den vielen Lehrern, Freunden und Gefährten, die mir in all den Jahren Freude an der natürlichen Navigation schenkten und das eine oder andere Risiko mit mir eingingen. David Palmer verdanke ich wertvolle Einblicke in das Serendipity-Prinzip und John Haggarty aus South Stoke viele Inspirationen.

Danken möchte ich all jenen, die an meinen Kursen teilgenommen haben, ohne sie wäre dieses Buch nicht entstanden.

Besonderer Dank geht an Marvin Creamer, der mir gestattete, seinen unveröffentlichten Bericht über seine instrumentenfreie Weltumseglung zu nutzen und daraus zu zitieren.

Dank der bewundernswerten Geduld meiner Tuareg-Freunde Muhammed, Amgar und Khadiro, die mir auf unserem Marsch über 150 Kilometer durch die Wüste von Fezzan meine vielen Fragen beantworteten, bekam ich einen tiefen Einblick in die Orientierungsmethoden der Bewohner der libyschen Sahara.

Dass das Thema natürliche Navigation so weit und vielfältig ist, mag die einen begeistern, die anderen abschrecken. Ich habe mich an Quellen orientiert, die die Bandbreite von der Antike bis in die heutige Zeit abdecken, und meine eigenen Erfahrungen und Gespräche mit nomadisch lebenden Menschen geschildert. Es würde zu weit führen, alles aufzulisten, was mein Wissen über dieses Thema prägte, manche Überzeugungen und Vorstellungen leben schon so lange in mir, dass ich nicht mehr weiß, welchen Ursprungs sie sind. Ich möchte hier aber einige Veröffentlichungen herausstellen, aus denen ich konkrete Fakten, Zitate und Ideen bezogen habe. Wo ich aus Platzgründen ein Thema beschränken musste, möchte ich dem interessierten Leser die weiterführende Lektüre empfehlen.

Harold Gatty soll hier erwähnt werden, dessen Buch *Nature is Your Guide: How to Find Your Way on Land and Sea by Observing Nature* mich vor zehn Jahren für dieses Thema begeisterte und für mein eigenes Buch, besonders im ersten Kapitel, eine wertvolle Quelle war. David

Burchs *Notfall Navigation* vertiefte mein Verständnis der Himmels- und Meeresphänomene. Mit den traditionellen Navigationsmethoden in Ozeanien konnte ich mich durch *We, the Navigators* von David Lewis vertraut machen. David Minshulls *The Vintage Book of Walking* ist eine unerschöpfliche Quelle von relevanten und wundervollen Zitaten zu diesem Thema. Anthony Avenis *People and the Sky* gab mir Aufschluss über mythologische und antike Bezüge auf den Himmel. Eine wahre Fundgrube ist *Folklore and the Sea* von Horace Beck, und eine lebhafte Schilderung des Lebens in hohen Breiten geben die Anthologien *The Arctic* und *The Antarctic*, die Elizabeth Kolbert und Francis Spufford herausgegeben haben. In *Hunter and Habitat in the Central Kalahari* untersucht George Silberbauer die Beziehung zwischen Mensch und Natur in einer Weise, die mir bei meinen Recherchen eine unschätzbare Hilfe war.

Wo ich keinen konkreten Ort angegeben habe, beziehen sich die Navigationsbedingungen auf die gemäßigten Breiten der nördlichen Hemisphäre, zum Beispiel auf Großbritannien.

Bibliografie

Aczel, Amir, *Der Kompass. Eine Erfindung verändert die Welt*, Reinbek 2005.

Ahel, M.; Barlow, R., und Mantoura, R., »Effect of Salinity Gradients on the Distribution of Phytoplankton Pigments in a Stratified Estuary«, in: *Marine Ecology Progress Series* November 1996, S. 289ff.

Allen, Richard Hinckley, *Star Names: Their Lore and Meaning*, Dover 1963.

Amundsen, Roald, *Die Eroberung des Südpols 1910–1912*, 2 Bde, München 1912, S. 605.

Arago, François, *Sämtliche Werke*, Leipzig 1854.

Arcandam [Antoine Mizauld], *De veritatibus ac praedictionibus astrologiae …*, Paris 1542.

– *Livre d'Arcandam, docteur et savant astrologue …*, Paris 1563.

as-Sufi, Abd-ar-Rahman, *Kitab suwar al-kuwakib*, um 964; *Die Sterne des Abd-ar-Rahman as-Sufi*, hg. v. Gotthard Strohmaier, Leipzig u. a. 1984.

Attenborough, David, *Das Leben auf unserer Erde*, Hamburg 1979.

Orientierung der Tiere, Göttingen und Heidelberg 1963.

Aveni, Anthony, *Dialog mit den Sternen*, Stuttgart 1995.

– *Rhythmen des Lebens. Eine Kulturgeschichte der Zeit*, Stuttgart 1991.

– *People and the Sky*, London 2008.

Bagnold, Ralph, *The Physics of Blown Sand and Desert Dunes* (1874), Dover 1941.

Bailey, Clinton, »Bedouin Star-Lore in Sinai and the Negev«, in: *Bulletin of the School of Oriental and African Studies* 37:3/1974, S. 580ff.

Baker, Robin, *Human Navigation and the Sixth Sense*, New York 1981.

– *Tierwanderungen. Strategien des Überlebens in der Natur*, München 1980.

– et al., »Magnetic Bones in Human Sinuses«, in: *Nature* 301/1983, S. 78ff.

Bechtel, Robert, *Handbook of Environmental Psychology*, New York 2002.

Beck, Horace, *Folklore and the Sea*, Middletown (CT) 1973.

Beda Venerabilis, *De natura rerum et temporum ratione*, Basel 1529.

Binding, Paul, *Imagined Corners: Exploring the World's First Atlas*, London 2003.

Blumenberg, Hans, *Das Lächeln der Thrakerin*, Frankfurt a. M. 1987.

Bonnet, Charles, *Betrachtung über die Natur*, Leipzig 1766.

Borrell, Brendan, »DNA Reveals How Chickens Crossed the Sea«, in: *Nature* 447/2007, S. 620f.

Bowditch, Nathaniel, *The American Practical Navigator* (1938), Bethesda (MD) 1995.

Bradshaw, Kate, »The Great Garbage Swirl«, in: *Maui Time Weekly* 29. Januar 2009.

Brown, Tom, *The Science and Art of Tracking*, New York 1999.

Buchan, Alastair, *Pencil, Paper and Stars: The Handbook of Traditional and Emergency Navigation*, New York 2008.

– *Einmal Karibik und zurück*, Stuttgart 2006.

Burch, David, *Notfall Navigation*, Seattle (WA) 2009.

Burl, H. Aubrey W., »The Recumbent Stone Circles of North-East Scotland«, in: *Proceedings of the Society of Antiquaries of Scotland* 102,1969/70, S. 56ff.

Capote, Truman, *Kaltblütig*, Wiesbaden 1966, S. 20.

Capra, Fritjof, *Das Tao der Physik*, Bern 2006.

Carpenter, Rhys, *Beyond the Pillars of Hercules*, London 1966.

Carthy, John D., *Tiere auf Wanderung*, Frankfurt a. M. 1968, S. 9, 83, 71, 53, 139.

Cary, Max, und Warmington, Eric, *Die Entdeckungen der Antike*, Zürich 1966.

Chapman, Frederick Spencer, »On Not Getting Lost«, in: *The Boys' Country Book*, hg. v. John Moore, London 1955, S. 39ff.

Chatwin, Bruce, *Traumpfade*, Frankfurt a. M. 1992, S. 23.

Cheesman, Evelyn, *Sealskins for Silk: Captain Fanning's Voyage around the World in a Brig in 1797–99*, New York 1956.

Cherry-Garrard, Apsley, *Die schlimmste Reise der Welt. Die Antarktis-Expedition 1910–1913*, Berlin 2006, S. 320, 302, 305, 306, 319.

Cline, Duane, *Navigation in the Age of Discovery: An Introduction*, Rogers (AR) 1990.

Coggeshall, George, *An Historical Sketch of Commerce and Navigation, from the Birth of the Saviour Down to the Present Date*, Harvard (MA) 1860.

Coleridge, Samuel Taylor, *Die Ballade vom alten Seemann*, Kastellaun 1977.

Colton, Harold (Hg.), *The Three Ring Bulletin*, Tucson (AZ) April 1937.

Cook, Frederick, *Die erste Südpolarnacht 1898–1899. Bericht über die Entdeckungsreise der »Belgica« in die Südpolarregion*, Kempten 1903, S. 302, 254f., 180, 230.

Cook, James, *Sämtliche Reisen um die Welt*, 3 Bde, Wien 1803.

– *Entdeckungsfahrten im Pacific. Die Logbücher der Reisen von 1768 bis 1779*, Tübingen 1971.

Creamer, Marvin, *The Globe Star Voyage*, unveröff. MS 1985; s. auch *http://rowanmagazine.com/classnotes/alumniprofiles/profiles/creamer*.

Crowley, Tony, *The Low-Tech Navigator*, Rendlesham 2004.

Cunliffe, Barry, *The Extraordinary Voyage of Pytheas the Greek*, London 2001.

– *Ocean Sailing*, Brighton 2000.

Dening, Greg, »The Geographical Knowledge of the Polynesians and the Nature of Inter-Island Contact«, in: *Polynesian Navigation*, Wellington (NZ) 1972.

Dewey, Jennifer Owings, *The Art of Natural Navigation*, Minneapolis (MN) 2001.

Dicuil, *De mensura orbis terrae*, Berlin 1870, Buch VII, S. 11.

Dodge, Richard Irving, *Thirty Three Years Among Our Wild Indians*, New York 1882, S. 551; Wiederauflage 1960 und 2009.

Duncan, Norman, *Dr. Grenfell's Parish. The Deep Sea Fishermen*, Ann Arbor (MI) 1905.

Ehrlich, Gretel, »Aliberti's Ride«, in: Kolbert.

Empedokles aus Agrigent, »Fragmente. Über die Natur« 55, in: Diels, Hermann, *Die Fragmente der Vorsokratiker* I, Berlin 1922, S. 223ff.

Erickson, Ralph, *Underwater Navigation*, Santa Ana (CA) 1979.

Evans, James, *The History and Practice of Ancient Astronomy*, Oxford 1998.

Falkenberg, Gerald, et al., »Avian Magnetoreception: Elaborate Iron Mineral Containing Dendrites in the Upper Beak Seem to Be a Common Feature of Birds«, in: *Public Library of Sciences One* 5 (2), e 9231/2010.

Fergusson, James, *Tree and Serpent Worship: Illustrations of Mythology and Art in India in the First and Fourth Centuries after Christ*, London 1868, S. 74f.

Firth, Raymond, »Anuta and Tikopia: Symbiotic Elements in Social Organisation«, in: *Journal of the Polynesian Society* 63/1954, S. 87ff.

Fisher, Dennis, *Latitude Hooks and Azimuth Rings*, Camden (ME) 1995.

Florin, Reto, und Bauder, Andreas, »Gletschertische, Mittelmoränen und eingepackte Gletscher«, in: *Die Alpen* 7/2005, S. 30ff.

Foley, Jim, *How to Find Your Way: A Complete Guide to Underwater Navigation*, Northfield (IL) 1979.

Galen, Candace, »Sun Stalkers«, in: *Natural History* Mai 1999.

Galler, Sidney; Schmidt-Koenig, Klaus, et al. (Hg.), *Animal Orientation and Navigation*, Honolulu (HI) 2005.

Gargiulo, Frederico Ezequiel, *Fire Walking: Tales of an Expedition to the End of the Earth; Huellas de Fuego: Relatos de una expedición al Fin de la Tierra*, Ushuaia 2008.

Gatty, Harold, *Nature is Your Guide: How to Find Your Way on Land and Sea by Observing Nature*, New York 1958.

– *Finding Your Way Without Map or Compass*, Dover 1999, S. 31 und 83.

– *The Raft Book*, New York 1943.

Gekakis, Nicholas, »Circadian Mechanism Role of the CLOCK Protein in the Mammalian«, in: *Science* 280/1998, S. 1564ff.

Gifford, Nigel, *Expeditionen. Handbuch für Planung und Praxis*, Stuttgart 1984.

Gladwin, Thomas, *East is a Big Bird: Navigation and Logic on Puluwat Atoll*, Cambrigde (MA) 1970.

Godwin, Francis, *Der fliegende Wandersmann nach dem Mond*, Wolfenbüttel 1659.

Goetzfridt, Nicholas, *Indigenous Navigation and Voyaging in the Pacific: A Reference Guide*, New York 1992.

Gooley, Michael, *Trans-Africa Route Report*, London 1975.

Gould, James, »Sun Compensation by Bees«, in: *Science* 207/1980, S. 545ff.

Graham, Steven, *The Gentle Art of Tramping*, London 1927, S. 236.

Greenway, Keith, *Arctic Air Navigation*, Ottawa 1951.

Grimble, Arthur, *Insel der Geister*, Hamburg 1953.

Gulick Jewett, Frances, *Luther Halsey Gulick: Missionary in Hawaii, Micronesia, Japan, and China*, Boston 1895.

Hagstrum, Jonathan T., »Infrasound and the Avian Navigational Map«, in: *Journal of Experimental Biology* 203/2000, S. 1103ff.

Halberg, F.; Sothern R.; Cornélissen, G., und Czaplick, J., »Chronomics, Human Time Estimation, and Aging«, in: *Clinical Interventions in Aging* 3:4/2008, S. 749ff.

Halpern, Danile, und Frank, Dan (Hg.), *The Nature Reader*, New York 1996.

Hay, David und Joan, *No Star at the Pole*, London 1972.

Heath, Nick, *The Channel Islands*, London 2000.

Heath, Robin, *Sun, Moon and Earth*, Glastonbury 1999.

Heizer, Robert, und Massey, William, »Aboriginal Navigation off the Coasts of Upper and Baja California«, in: *Bureau of American Ethnology Bulletin* 151/1953, S. 285ff.
Herodot, *Historien*, Stuttgart 2005, Buch II,5,2.
Hesiod, *Werke und Tage*, Stuttgart 2004, Zeile 580.
Hewson, J. B., *A History of the Practice of Navigation*, Glasgow 1951.
Heyerdahl, Thor, *Auf Adams Spuren. Das Abenteuer meines Lebens*, München 2000.
– *Kon-Tiki*, Wien 1966.
Hilder, Brett, *Navigator in the South Seas*, London 1961.
Hillaby, John, *Die Reise zum Jadesee*, Frankfurt a. M. 1965.
Hipparch, *Die geographischen Fragmente*, Leipzig 1869.
Homer, *Odyssee*, Stuttgart 1979, S. 81ff.
Hourani, George, *Arab Seafaring*, Princeton (NJ) 1951.
Huntingdon, Henry, *The Chronicle of Henry of Huntingdon*, hg. v. T. Forester (Bohn 1853), Llanerch 1991, S. 199.
Hutson, A. B. A., *The Navigator's Art*, London 1974.
Hyde, Lewis, *Die Gabe. Wie Kreativität die Welt bereichert*, Frankfurt a. M. 2008.
Ibn Fadlan, Ahmad, »Kitab ila Mulk al-Saqaliba«, in: Frähn, Christian Martin, *Ibn Foszlan's und anderer Araber Berichte über die Russen älterer Zeit*, Sankt Petersburg 1823, S. 5.
Isidor von Sevilla, »Über Glauben und Aberglauben«, in: *Etymologien*, Buch VIII, Dettelbach 1997.
Islands Besiedlung und älteste Geschichte (Landnámabók), Düsseldorf u. a. 1967.
Johnson, D. S., »The Distribution and Succession of the Flowers of the Giant Cactus in Relation to Isolation«, in: The American Association for the Advancement of Science Section G, Botany, *Science* 42/1915, S. 874ff.

Johnson, Mark, *The Ultimate Desert Handbook*, New York 2003.
Kals, W. S., *Stars and Planets: The Sierra Club Guide to Sky Watching and Direction Finding*, San Francisco 1990.
Karlsen, Leif, *Secrets of the Viking Navigators*, Seattle 2003.
Keenan, Jeremy, *Sahara Man: Travelling with the Tuareg*, London 2001.
Klinkenborg, Verlyn, »Our Vanishing Night«, in: *National Geographic Magazine*, November 2008.
Kohl, Johann Georg, *Die Geschichte des Golfstroms und seiner Erforschung*, Bremen 1886.
Kolbert, Elizabeth, und Spufford, Francis, *The Ends of the Earth: An Anthology of the Finest Writing on the Arctic and the Antarctic*, London 2007.
Konungs Skuggsjá, hg. v. Rudolph Keyser, Peter Andreas Munch und Carl Rikard Unger, Olso 1848; Meissner, Rudolf (Hg.), *Der Königsspiegel. Fahrten und Leben der alten Norweger, aufgezeichnet im 13. Jahrhundert*, Leipzig 1978, S. 39f.
Kopernikus, Nikolaus, *Über die Umschwünge der himmlischen Kreise*, Frankfurt a. M. 2008.
Kosmas Indikopleustes, *Christliche Topographie*, Turnhout 2010.
Kunitzsch, Paul, und Smart, Tim, *A Dictionary of Modern Star Names*, Cambridge (MA) 2006.
Kyselka, Will, *An Ocean in Mind*, Honolulu (HI) 1987.
Lacey, Robert, und Danzinger, Danny, *The Year 1000*, Boston (MA) 1999.
Lagan, Jack, *The Barefoot Navigator*, London 2006.
Langley, Michael, *When the Pole Star Shone*, London 1972.
Langmuir, Eric, *Mountaincraft and Leadership*, Manchester 2003.

Laundon, Jack, *Lichens*, Oxford 1986.

Lecky, Thornton S., *Wrinkles in Practical Navigation*, London 1881.

Lepsius, Karl, *Totenbuch der alten Ägypter*, Leipzig 1842.

Leuthold, R.; Bruinsma, O., und van Huis, A., »Optical and Pheromonal Orientation and Memory for Homing Distance in the Harvester Termite *Hodotermes mossambicus* (Hagen)«, in: *Behavioral Ecology and Sociobiology* 1/1976, S. 127ff.

Lewis, David, *Ice Bird. Einhand in Eis und Sturm*, Bielefeld und Berlin 1977.

– *The Voyaging Stars*, Sydney 1978.

– *We, the Navigators*, Honolulu (HI) 1972.

– *Unternehmen Pol-Cat. Ein arktisches Abenteuer*, Bielefeld und Berlin 1965.

– *Töchter des Windes*, Bielefeld und Berlin 1981.

Lindsay, Harold, *The Bushman's Handbook*, Sydney 1948.

Longfellow, Henry Wadsworth, *Evangeline*, Heidelberg 1947, IV, 1217, S. 67.

Lopez, Barry, *Arktische Träume*, München 2000.

Lothrop, Samuel, »Aboriginal Navigation off the West Coast of South America«, in: *Journal of the Royal Anthropological Institute of Great Britain and Ireland* 62/1932, S. 229ff.

Lukan, *De bello civili* (»Pharsalia«), Stuttgart 2009, Buch XIII, 172–184, S. 425.

MacDonald, John, *The Arctic Sky: Inuit Astronomy, Star Lore, and Legend*, Toronto 1998, S. 161, 181, 186f., 183.

Macfarlane, Robert, *The Wild Places*, London 2008.

MacLeod, R. B., und Roff, M. F., »An Experiment in Temporal Disorientation«, in: *Acta Psychologica*, Den Haag 1935, S. 381ff.

Marcus Manilius, *Astrologia*, Stuttgart 1990.
Martianus Capella, *Die Hochzeit der Philologie mit Merkur*, Würzburg 2005.
Matthews, Geoffrey V. T., »Navigation in the Manx Shearwater«, in: *Journal of Experimental Biology* 30/1953, S. 370–396.
– *Vogelflug*, München 1971.
McCarthy, Cormac, *Die Straße*, Reinbek 2008.
McCully, James Greig, *Beyond the Moon*, Hackensack (NJ) u. a. 2006, S. 157.
Mills, Enos, *The Adventures of a Nature Guide*, Garden City (NY) 1923.
Minshull, Duncan (Hg.), *The Vintage Book of Walking*, London 2000.
Moore, Patrick, *Stargazing: Astronomy Without a Telescope*, London 1985.
Morton, Jamie, *The Role of the Physical Environment in Ancient Greek Seafaring*, Leiden 2001.
Nansen, Fridtjof, *In Nacht und Eis. Die Polarexpedition 1893–1896*, Bremen 2010, S. 83; Leipzig 1897, S. 220.
Nelson, Richard K., *The Island Within*, San Francisco (CA) 1989.
– *Hunters of the Northern Ice*, Chicago (IL) 1969.
Newman, Bob, *Wilderness Wayfinding*, Boulder (CO) 1994.
Niedner, Felix (Hg.), *Thule. Altnordische Dichtung und Prosa*, Bd. 13: *Grönländer und Färinger Geschichten*, Darmstadt 1965.
Owendoff, Robert, *Better Ways of Pathfinding*, Harrisburg (PA) 1964.
Peary, Robert, *Die Entdeckung des Nordpols*, Berlin 1910, S. 310.

Pirsig, Robert M., *Zen und die Kunst, ein Motorrad zu warten*, Frankfurt a. M. 1976, S. 87.

Plinius Secundus, Gaius, *Die Naturgeschichte*, Wiesbaden 2007, Bde I und III, S. 139, 746, 365, 162, 281, 161f.

Polynesian Voyaging Society, *http://pvs.kcc.hawaii.edu*.

Porteous, Alexander, *The Forest in Folklore and Mythology*, London 1928.

Poseidonios, »Über den Okeanos«, in: *Fragmente*, Berlin 1982, 28ff.

Press, Hans Jürgen, *Der Natur auf der Spur*, Ravensburg 1972.

Pretor-Pinney, Gavin, *Wolkengucken*, München 2006.

Priestley, Joseph, *Versuche zur Darstellung verschiedener Luftarten*, München 1975.

Provins, Guyot de, »Eine Kunst …«, in: *La Bible*, Cluny 1208, zit. in: Aczel, S. 42.

Purvis, William, *Lichens*, London 2000.

Pytheas von Massilien, »Über das Weltmeer«, in: *Die Fragmente*, Weimar und Köln 1959, S. 51.

Qiu, Jane, »Ornithology: Flight of the Navigators«, in: *Nature* 437/2005, S. 804ff.

Ranke-Graves, Robert, *Griechische Mythologie*, Reinbek 1984.

Robinson, D., und Williams, R., »Effects of Aspect on Weathering: Anomalous Behaviour of Sandstone Gravestones in Southeast England«, in: *Earth Surface Processes and Landforms* 25:2/2000, S. 135ff.

Rousseau, Jean-Jacques, *Bekenntnisse*, Frankfurt a. M. 1985, S. 243.

Royal Naval Museum, *www.royalnavalmuseum.org/info_sheets_cloudesley_shovell.htm*.

Royer, C., und Scott, M., *Underwater Navigation*, Van Nuys (CA) 1997.

Ruggles, Clive, *Ancient Astronomy: An Encyclopedia of Cosmologies and Myth*, Oxford 2005.

Scammell, Geoffrey Vaughan, *The World Encompassed*, Berkeley (CA) 1981, S. 16.

Schiek, Heinrich August, *Über die Himmelsgloben des Anaximander und Archimedes*, Hanau 1843.

Scott, Robert, *Letzte Fahrt* (Leipzig 1913), Stuttgart, Wien und Bern 1997, S. 275 und 298.

Shackleton, Ernest, *Mit der Endurance ins ewige Eis. Die Antarktisexpedition 1914–1917*, München 2001.

– *21 Meilen vom Südpol*, Berlin 1909.

Shakespeare, William, *Julius Cäsar* (3i,60–62; Iviii, 218–224); *Sämtliche Werke*, Eltville 1988.

– *Ein Sommernachtstraum*, in: Ebd.

Sharp, Andrew, *Ancient Voyagers in the Pacific*, London 1956.

Shirase, Nobu, und Nankyoku Tanken Koen-kai [Verein der Unterstützer der Antarktis-Expedition], *Report of the Japanese Antarctic Expedition 1910–1912*, Tokyo 1913; *Nankyokuki: The First Japanese Expedition to Antarctica 1910–1912*, Bluntisham 2005.

Shlereth, Hewitt, *Celestial Navigation in a Nutshell*, Dubbs Ferry (NY) 2000.

Sidgwick, J. B., *Direction Finding by the Stars*, London 1944.

Silberbauer, George, *Hunter and Habitat in the Central Kalahari*, Cambridge 1981.

[Pseudo-]Skylax von Karyanda, »Περίπλους τῆς θαλάσσης τῆς οἰκουμένης Εὐρώπης καί 'Ασίας καί Λιβύης« [Beschiffung des Mittelmeeres der bewohnten Teile von Europa, Asien und Afrika], in: *Hecatei Milesii fragmenta*, Berlin 1831.

Slessor, Tim, *First Overland: The Story of the Oxford and Cambrigde Far Eastern Expedition*, London 1957.

Slocum, Joshua, *Erdumseglung – ganz allein!* (1899), Leipzig 1939.

Sobel, Dava, *Längengrad*, Berlin 2002.

Solinus, Gaius Julius, *Polyhistor (De memorabilibus mundi* [Denk- und Merkwürdigkeiten der Welt]), Basel 1538.

Staal, Julius, *The New Patterns in the Sky*, Granville (OH) 1988.

States of Jersey, www.gov.je: »Offshore Reefs and Islands«, in: *Jersey Countryside Character Appraisal*, Saint-Helier 1999, S. 246.

Stevenson, Robert, *Die Schatzinsel*, Stuttgart 1925.

Strabo, *Geographika*, Wiesbaden 2005.

Stuckrad, Kocku von, *Geschichte der Astrologie*, München 2007.

Sturluson, Snorri, *Heimskringla. Sagen der nordischen Könige*, Wiesbaden 2006.

Taylor, Eva G. R., *The Haven-Finding Art: A History of Navigation from Odysseus to Captain Cook*, London 1956.

Thales von Milet, »Fragmente«, in: Diels, Hermann, und Kranz, Walther (Hg.), *Die Fragmente der Vorsokratiker*, Bd. I, Berlin 1922.

Thomas, Stephen, *The Last Navigator*, New York 1987.

Thomson, J. Oliver, *History of Ancient Geography*, Cambridge (MA) 1948.

Thorpe, Benjamin, *Northern Mythology*, Ware 2001.

Tudge, Colin, *The Secret Life of Trees: How They Live and Why They Matter*, London 2005.

Tyndall, John, *Das Licht*, Braunschweig 1876.

– *Die Wärme, betrachtet als eine Art der Bewegung*, Braunschweig 1894.

US Naval Observatory, *http://aa.usno.navy.mil/data/docs/AltAz.php*.

Varen, Bernard, »Descriptio Regrú Jopeniae« Amsterdam 1649.

Vincent, William, *The Commerce and Navigation of the Ancients in the Indian Ocean*, 2 Bde, New Delhi 1807.

Vischer, Hanns, *Across the Sahara*, London 1910.

Walker, Christopher (Hg.), *Astronomy Before Telescope*, London 1996.

Warner, Brian, »Traditional Astronomical Knowledge in Africa«, in: Walker.

Watts, Alan, *Das Wetterhandbuch*, Bielefeld 1998.

Wilde, Oscar, »Panthea«, in: *Sämtliche Werke*, Frankfurt a. M. 1982.

Wilkes, Kenneth; Langley Price, Pat, und Ouvry, Philip, *Ocean Navigator*, London 2000.

– *Drahtlos orten, peilen, sprechen*, Bielefeld 1980.

Winkler, »Über die in früheren Zeiten in den Marschall-Inseln gebrauchten Seekarten, mit einigen Notizen über die Seefahrt der Marschall-Insulaner im Allgemeinen«, in: *Marine-Rundschau* 1898, S. 1418ff.

Winterburn, Emily, *Den Himmel lesen lernen. Astronomie für Sterngucker*, München 2009.

Woodward, David, und Lewis, Malcolm, *Cartography in the Traditional African, American, Arctic, Australian, and Pacific Societies*, Chicago (IL) 1998.

Woolnough, Walter George, *Direction Finding by Sun, Moon and Stars*, Melbourne 1943.

Wordsworth, William, *The Excursion* (1814), Ithaca (NY) 2007.

– und Coleridge, Samuel T., *Lyrical Ballads*, London 1798.

Zacut, Abraham, *Der Almanach Perpetuum. Ein Beitrag zur Astronomie im Mittelalter*, Straßburg 1918.